四川人才发展报告
（2021~2023）

Report on
Talent Development
in Sichuan（2021-2023）

王辉耀　陈　涛　主编

社会科学文献出版社
SOCIAL SCIENCES ACADEMIC PRESS (CHINA)

主编撰者简介

王辉耀　博士，教授，博士生导师，西南财经大学发展研究院院长，全球化智库（CCG）理事长，原欧美同学会/中国留学人员联谊会副会长、国务院参事，中国国际人才专业委员会会长，中国人才研究会副会长，商务部中国国际经济合作学会副会长，九三学社中央经济委员会副主任，中国侨联特聘专家委员会专家，北京市政协委员。曾任中央人才工作协调小组国际人才竞争战略专题研究组组长，《国家中长期人才发展规划纲要（2010～2020年）》起草组专家，主持多个国家部委课题。此外，曾担任世界银行专家，联合国移民署顾问。目前担任法国总统马克龙发起的巴黎和平论坛指导委员会成员，国际大都会国际执委会执委，清华大学全球胜任力委员会顾问，昆山杜克大学顾问委员会成员，耶鲁大学亚洲顾问委员会成员，加拿大毅伟商学院亚洲顾问委员会顾问等。

留学欧美，在加拿大温莎大学、西安大略大学和英国曼彻斯特大学攻读研究生，获得工商管理硕士学位和国际管理博士学位。在全球化战略、人才发展、企业国际化、国际商务、智库研究、中美关系、华人华侨和中国海归创新创业等领域有丰富的研究，出版中英文著作80余部。连续多年主编《中国留学发展报告》《中国国际移民报告》《海外华侨华人专业人士报告》《世界华商发展报告》《四川人才发展报告》《中国企业国际化报告》等蓝皮书和报告；出版《大国智库》《全球化向何处去：大变局与中国策》《国家移民局：构建具有国际竞争力的移民管理与服务体系》《技术移民法立法与引进海外人才》《移民潮：中国怎样留住人才？》等专著。

陈　涛　博士，博士后，长聘副教授，博士生导师，西南财经大学公共管理学院教育管理与政策研究所所长，中国教育学会教育经济学分会理事，中国劳动经济学会就业促进专业委员会高级会员，中国教育发展战略学会教育财政专业委员会、国际组织人才培养工作委员会会员。获得厦门大学高等教育学博士学位，读博期间受国家留学基金委（CSC）资助，赴比利时荷语鲁汶天主教大学（KU Leuven）教育与社会实验室从事联合培养博士学习与研究。博士论文荣获中国高等教育学会第 12 届优秀博士论文奖。曾在电子科技大学经济与管理学院从事人力资源管理、创新创业博士后研究工作。

在青年发展与人才政策、高等教育体制改革、家庭教育经济决策等研究领域，以独立或第一作者身份公开在《教育研究》《北京大学教育评论》《华东师范大学学报（教育科学版）》《高等教育研究》《教育发展研究》《比较教育研究》《开放教育研究》《复旦教育论坛》等学科权威刊物发表论文 40 余篇，其中部分文章被《新华文摘》、人大复印报刊资料等全文转载；主持或主研多项国家社科基金、教育部人文社科基金、四川省委重大招标课题以及委托课题等；合著和参与编写《四川人才发展报告》《中国区域国际人才竞争力报告》《中国留学发展报告》《中国国际移民报告》等多部智库研究成果。

序　言

　　新一轮科技和产业革命给人类社会带来新的机遇，也带来了前所未有的挑战，世界经济增长动能不足，贫富分化日益严重，网络安全、气候变化、新冠疫情等非传统安全威胁持续蔓延，全球安全问题早已超越国界。《全球人才竞争力指数报告2021》显示，人才竞争力高的国家与其他国家间的差距不断扩大，"人才鸿沟"愈加明显，世界经济和人才格局正在重新布局。

　　党的十八大以来，以习近平同志为核心的党中央作出人才是实现民族振兴、赢得国际竞争主动权的战略资源的重大判断，作出全方位培养、引进、使用人才的重大部署，推动新时代人才工作取得历史性成就、发生历史性改变。从省情看，当前四川经济社会发展站在时空交错的新基点。四川正处在"一带一路"、新一轮西部大开发、长江经济带和成渝地区双城经济圈建设多维空间之中。在新时代发展背景下，四川人才工作成效显著，人才强省战略不断升级，如何建设创新人才集聚高地成为四川省区域建设发展的核心课题。

　　《四川人才发展报告（2021~2023）》由西南财经大学、全球化智库（CCG）研究人员联合编写完成，这也是继2017年、2018年、2019年、2020年后第五年推出聚焦四川省人才发展的智库研究报告。报告分为六个部分，包括总报告、专题研究、人才战略、人才政策、人才培养、理论前沿，共17篇，特别邀约四川省人才发展研究专家，精心策划区域人才发展专题，汇集了中共四川省委网信办、成都市委组织部、共青团都江堰市委员会，以及四川省社科院、电子科技大学、西南财经大学、西安铁路职业技术学院、四川中医药高等专科学校、全球化智库（CCG）、成都市双流中学九江实验学校、中稀广西稀土有限公司等多个政府部门、高校及社会智库的研究成果。特别感谢四川省委网信办刘海燕处长、成都市委组织部阳夷部委等领导对研究工作给予的大力支特。

2021~2023年，我们聚焦新时代四川创新人才集聚高地建设研究，总报告结合四川创新人才集聚高地建设面临的发展形势和挑战，提出以"党的建设"为引领、以"产业集群"为路径、以"制造业链"为主线、以"人才存量"为窗口、以"战略平台"为纽带，坚持党管人才原则，夯实党对人才工作的引领和规划，推动以产引才、以产育才、以产聚才、以才促产、以才兴产、产才融合，加快建设国家战略的四川人才力量。报告选题内容丰富，理论、政策和实践兼有，具有较高的学术价值和现实意义，希冀为四川省区域人才发展及其工作乃至整个西部人才高地建设，提供决策建议与智力支持。

王辉耀　陈　涛

摘　要

　　"加快构建全省人才发展雁阵格局，深化区域人才协同发展，建设具有全国影响力的创新人才集聚高地"，是当前四川省人才发展的大方向。四川高质量发展离不开人才支撑，人才发展是四川经济社会发展的关键。要激发人才集聚效应，着力破解"人才集聚陷阱"。为了更好对接国家发展战略，探讨新时代四川地区人才发展现状及其趋势，推动区域人才协同发展，提升区域人才发展质量，组织编写了《四川人才发展报告（2021~2023）》。全书由总报告、专题研究、人才战略、人才政策、人才培养、理论前沿六部分组成。

　　总报告围绕新时代四川创新人才集聚高地建设研究展开论述。党的十八大以来，以习近平同志为核心的党中央作出人才是实现民族振兴、赢得国际竞争主动权的战略资源的重大判断，作出全方位培养、引进、使用人才的重大部署，推动新时代人才工作取得历史性成就、发生历史性改变。新时期我国人才工作的新方向和新内容是坚持教育优先发展、科技自立自强、人才引领驱动的战略定位，夯实教育、科技、人才的系统性基础性支撑，加快建设世界重要人才中心和创新高地，全方位培养、引进、用好人才。结合四川创新人才集聚高地建设面临的发展形势、挑战，应科学选择战略着力点，紧扣"党建+人才+产业"深度融合精准融合发展，以"党的建设"为引领、以"产业集群"为路径、以"制造业链"为主线、以"人才存量"为窗口、以"战略平台"为纽带，坚持党管人才原则，夯实党对人才工作的引领和规划，推动以产引才、以产育才、以产聚才、以才促产、以才兴产、产才融合，加快建设国家战略的四川人才力量。

专题研究包括两个部分：一是聚焦四川网信人才培养，精准发力、精准施策，为加快建设网络强省、数字四川、智慧社会提供坚实的人才保障和智力支撑；二是关注成渝地区双城经济圈，发挥党对人才工作全面领导的核心优势，创新党建组织和宣传模式，优化运行模式和发展路径，支撑人才高地建设。

人才战略包括三个部分：一是以成都市为例，探索加快建设具有全国影响力的科技创新中心，加强人才培养赋能，构筑人才价值生态；二是以四川省为例，探究体制机制改革以及平台建设在进一步发挥高校科技人才在科技强国、人才强国战略中的重要作用，通过科技创新体制机制改革激发科技人才创新活力；三是以都江堰市为例，深化"党委领导、政府主责、共青团协调、各方齐抓共管青年发展事务"的服务青年发展格局，优化适宜青年发展的城市环境，引导青年参与城市建设。

人才政策包括五个部分：一是以成眉协同建设为例，突出人才发展顶层规划，健全人才流动机制，增强人才协同活力，打造文化品牌，提升地方文化人才吸引力；二是以乡村振兴战略提出以来，中央、四川省政府和有关部门发布的涉及大学生群体的返乡创业政策文件为研究对象，探究四川省大学生返乡创业政策的有效性；三是以2018~2021年成都市紧缺选调生群体作为研究对象，对当前成都市紧缺选调生激励机制的现状、问题及成因进行多方面分析；四是以四川来华留学生现状为基础，从高等教育、经济、社会及文化四个方面分析四川省的独特条件，总结近年得以持续吸引来华留学生的经验，并针对其现有不足提出相关政策建议；五是在创新创业背景下，探索留学归国人员对成都创新创业的影响机制。

人才培养包括四个部分：一是根据实践教育理论，结合西南财经大学公共管理学院的"政产学研用"合作培养公共管理人才模式，探索填补高校人才培养与国家现实需要之间"知识体系与国家情怀""能力结构与现实需求"两大鸿沟的模式；二是通过对四川省"产学研用"育人模式的现状分析，提出协同创新模式下研究生培养的对策与建议；三是根据"新工科"

创新型人才的特点，结合四川省培养现状，总结"新工科"建设背景下创新型人才的培养目标，以电子科技大学为例，探索教学体系的培养方案；四是以2005~2021年63份国家和四川省、市政府相关政策文本为研究对象，发现四川省高职院校混合所有制办学人才培养在制度建设中的改进之处，并提出了政策支持、构建多级协作、塑造先进典型的建议。

理论前沿包括两个部分：一是关注四川省人力资源服务业的发展特点，探寻人力资源服务行业向高端化、数字化、品牌化和标准化等方向的发展；二是基于2017~2022年《斯坦福人工智能指数报告》的纵向分析，对我国人工智能教育、科研和人才发展提出启示。

目 录 ⌐

Ⅰ 总报告

Ⅱ 专题研究

Ⅲ 人才战略

Ⅳ　人才政策

Ⅴ　人才培养

Ⅵ　理论前沿

CONTENTS ⟨⟩

I General Report

II Monographic Studies

Ⅲ　Talent Strategies

Ⅳ　Talent Policy Studies

V Talent Cultivation

VI Theoretical Frontiers

总 报 告

General Report

新时代四川创新人才集聚高地建设研究

四川人才发展研究课题组*

摘 要： 新时期我国人才工作的新方向和新内容是坚持教育优先发展、科技自立自强、人才引领驱动的战略定位，夯实教育、科技、人才的系统性基础性支撑，加快建设世界重要人才中心和创新高地，全方位培养、引进、用好人才。在新阶段，四川加快构建全省人才发展雁阵格局，深化区域人才协同发展，着力建设具有全国影响力的创新人才集聚高地，坚持党管人才原则、紧扣重大战略部署、依托人才工程平台、分类构建育人体系、深化体制机制改革、完善人才管理服务，推动人才事业高质量发展。结合四川创

---

* 课题组成员：王辉耀（组长），博士，教授，博士生导师，原国务院参事，西南财经大学发展研究院院长，全球化智库（CCG）理事长，中国人才研究会副会长，欧美同学会副会长；陈涛（副组长），博士，长聘副教授，博士生导师，西南财经大学公共管理学院教育管理与政策研究所所长；王思懿，西南财经大学公共管理学院讲师；吴戈，博士，西南财经大学公共管理学院副教授；陈小满，西南财经大学公共管理学院讲师；李文，西南财经大学公共管理学院讲师；刘鉴漪，西南财经大学公共管理学院博士生；孙阳阳，西南财经大学中国西部经济研究院博士生；杨越，西南财经大学中国西部经济研究院博士生；徐轲凡，西南财经大学中国西部经济研究院博士生；彭洋意，西南财经大学公共管理学院硕士生；袁梦，西南财经大学工商管理学院在校生。

新人才高地建设的新形势和新挑战，应科学选择战略着力点，紧扣"党建+人才+产业"深度融合精准融合发展，以"党的建设"为引领、以"产业集群"为路径、以"制造业链"为主线、以"人才存量"为窗口、以"战略平台"为纽带，坚持党管人才原则，夯实党对人才工作的引领和规划，推动以产引才、以产育才、以产聚才、以才促产、以才兴产、产才融合，加快建设国家战略的四川人才力量。

关键词： 创新人才　人才集聚　产才融合　人才战略　四川人才

一　新时代四川创新人才高地建设的背景与视角

（一）研究背景

从世情看，当今世界正经历百年未有之大变局，新一轮科技和产业革命给人类社会带来新的机遇，也提出了前所未有的挑战，世界经济增长动能不足，贫富分化日益严重，网络安全、气候变化、新冠疫情等非传统安全威胁持续蔓延，全球安全问题早已超越国界。特别是以美国为首的一些西方国家以意识形态和价值观为由，通过"贸易竞争""科技竞争""金融竞争"等单边行为恣意破坏国际政治经济秩序，全球发展深层次矛盾日益突出。但是，无论何种"竞争"，其根本都是"人才竞争"。进入疫情防控新阶段，全球人才竞争白热化常态化，人才流动面临巨大挑战。《全球人才竞争力指数报告2021》显示，人才竞争力高的国家与其他国家间的差距不断扩大，"人才鸿沟"愈加明显，世界经济和人才格局正在重新布局。

从国情看，党的十八大以来，以习近平同志为核心的党中央作出人才是实现民族振兴、赢得国际竞争主动权的战略资源的重大判断，作出全方位培养、引进、使用人才的重大部署，推动新时代人才工作取得历史性成就、发生历史性变革。据统计，2019 年全国人才资源总量增长到 2.2 亿人，其中专业技术人才增长到 7839.8 万人，各类研发人员全时当量达到 480 万人年，居世界首位。我国全球创新指数排名由 2012 年的第 34 位上升到 2021 年的第 12 位，我国的国际专利申请量 2021 年超过 6.9 万件，连续第三年居申请量排行榜第 1 位。[①] 党的二十大报告指出，教育、科技、人才是全面建设社会主义现代化国家的基础性、战略性支撑，这是继党的十九大报告提出人才是民族振兴和赢得国际竞争主动战略资源后，对人才在党和国家事业工作中的新定位，表明了人才工作在实现党的"第二个百年奋斗目标"中具有极为重要和极为突出的地位作用，我国人才工作站在了新的历史起点上。在中央人才工作会议上，习近平总书记深刻回答了为什么建设人才强国、什么是人才强国、怎样建设人才强国的重大理论和实践问题，并精辟概括了新时代人才工作的"八个坚持"，这既是长期以来我国人才工作的规律性认识，也是新时代人才工作的纲领性文献。基于此，深入实施新时代人才强国战略，其主要任务是要加快建设世界重要人才中心和创新高地，深化人才发展体制机制改革，加快建设国家战略人才力量，全方位培养、引进、用好人才，这是新时期我国人才工作的新方向和新内容。

从省情看，当前四川经济社会发展站在时空交错的新基点。从时间上看，未来五年是我国国民经济和社会发展第十四个五年计划时期，也是"第二个百年奋斗目标"的历史交汇期；从空间上看，四川正处在"一带一路"、新一轮西部大开发、长江经济带和成渝地区双城经济圈建设多维空间之中。在新时代发展背景下，四川人才工作成效显著，人才强省战略不断升级，已迈入 3.0 时代。截至 2020 年底，四川共有专业技术人才 371 万人，其中高级职称 48 万人；技能人才 1012 万人，其中高技能人才 211 万人。[②]

---

① 《中共中央组织部：我国人才资源总量达到2.2亿人》，中国新闻网，2022 年 6 月 30 日，https://baijiahao.baidu.com/s?id=1737029002370447503&wfr=spider&for=pc。

② 《黄强在〈学习时报〉发表署名文章：坚决扛起高水平科技自立自强时代重任，在"振芯铸魂固根"上为国家作出新贡献》，四川省人民政府，2021 年 10 月 11 日，https://www.sc.gov.cn/10462/c105962/2021/10/11/72834630cfd74cfa980279bc6fa250eb.shtml。

党的二十大提出"实施科教兴国战略，强化现代化建设人才支撑"的战略任务，首次从教育、科技、人才三位一体进行统筹安排、一体部署，明确了科教兴国战略在新时代的科学内涵和使命任务。社会主义现代化强国不仅是经济实力、科技实力、综合国力大幅跃升，更是要坚持创新在我国现代化建设全局中的核心地位，顺应教育内外部关系规律，实现教育、科技、人才三者相互统筹和协调配合，坚持教育优先发展、科技自立自强、人才引领驱动的战略定位，夯实教育、科技、人才的系统性基础性支撑，建成教育强国、科技强国和人才强国，推动中国式现代化，实现高质量发展。党的二十大报告提出，要加快建设世界重要人才中心和创新高地，促进人才区域合力布局和协调发展，着力形成人才国际竞争的比较优势。建设"世界重要人才中心"，并将其与建设创新高地紧密联系，这是一个新的提法，是对新时代人才工作提出的新的要求，是"实施科教兴国战略，强化现代化建设人才支撑"的战略性举措，将有助于深入实施科教兴国战略、人才强国战略、创新驱动发展战略，不断塑造发展新动能新优势，也是新时代四川人才事业发展的根本指引和遵循。

在中央人才工作会议上，习近平总书记强调，加快形成战略支点和雁阵格局。面对四川经济社会发展新形势和人才工作新格局，四川省委书记王晓晖强调，要深入实施新时代人才强省战略，加快建设创新人才集聚高地，全方位培养引进用好人才，源源不断把各方面优秀人才汇聚到新时代治蜀兴川事业中来。中共四川省委十二届二次全会明确提出，"加快构建全省人才发展雁阵格局，深化区域人才协同发展，建设具有全国影响力的创新人才集聚高地"，着力破解"人才集聚陷阱"，激发人才集聚效应，这为我省人才工作指明了方向、明确了目标、清晰了路径。省政府规划部署在2025年，四川人才发展以"1+3+N"① 作为主要雁阵格局的功能布局基本形成，成都将成为全省创新人才集聚高地主要承载区，这要求人才工作必须从战略上、整

---

① "1"即成都作为"头雁引领"，要发挥核心引擎作用；"3"即"三翼驱动"，要求绵阳、宜宾—泸州组团、南充—达州组团建设省域经济副中心；"N"即"多点支撑"，要求其他市（州）加快建设特色产业人才集聚地，共同形成四川省创新人才集聚高地的多个支点。

体上进行系统谋划推动，将人才链、产业链、创新链、资金链一体布局，更好适应新阶段新任务新要求。从中央和省委的要求来看，新时代四川人才工作应把握好几个关键点，具体包括：一是要建设适应四川高质量发展需要的人才队伍；二是要统筹推进人才"引、育、用"一体发展；三是要进一步优化人才发展区域布局；四是要用好改革关键一招更好激发人才活力；五是要加强党对人才工作的全面领导。在新的人才强省战略要求下，四川人才工作必须紧密围绕高质量发展谋新篇布新局，加快省域人才治理体系的整体性建设，全面提升四川人才治理能力现代化水平，紧扣新时代西部大开发、成渝地区双城经济圈建设、"四化同步、城乡融合、五区共兴"、乡村振兴等重大战略，坚持党管人才，厚植人才根基，加强基层党建对人才工作的引领，大力引进和培养高水平创新人才队伍，深化科技、人才、教育、创新体制机制改革，加快推进创新人才高地建设，加紧塑造以人才优先发展引领创新驱动的先发优势，着力打造具有全国影响力的人才高地和创新中心。

（二）研究视角

新时期四川人才发展亟须突破"政策惯性"，适应国际国内新形势，主动调整人才工作思路。基于此，本课题研究视角主要基于以下 3 个方面内容。

第一，人才工作的基础是人才培育。以往人才政策倾向于"引字当头"，这是我国人才发展及工作的阶段性特征。但随着国际人才"封锁战"和国内人才"抢夺战"的接连上演，采取独立自主的人才培养政策已成为当前全球和区域人才竞争的核心角力点。加快建设国家战略人才力量，特别是强调青年人才奠基未来的战略作用，把政策重点和工作重点放在培育青年科技人才上，完善优秀青年人才全链条培养制度，加强高校优秀毕业生接续培养。

第二，突出以产引才育才的精准性。在人才"抢夺战"的影响下，"一把抓"的粗放型引才模式难免陷入政策内卷，致使人才"南橘北枳"问题凸显，未能发挥好人才效能，最终导致人才外流。显然，单向度"以人才引领产业"的做法失之偏颇，只有基于地方产业发展的引才育才，才是人才工作精准发力的关键，即什么样的产业、引进什么样的人才、培育什么样的人才。因此，四川人才工作提质增效创新，就是努力打造"产业—人才—产业"的产才融合循环生态链，从而良性推动四川经济社会高质量发展。

第三，用好人才存量激活人才增量。第七次全国人口普查数据显示，四川省人口总数8370万人，其中具有大学及以上学历的有1110万人；据2020年教育部最新统计，作为高等教育大省的四川，高校本专科（含成人和网络教育）及以上学历在校生数为275万人。以上两项人数总和，已超过许多欧洲发达国家人口数。从一定意义而言，四川人才资源存量仍具有显著优势。当前，面对四川省产业结构和资源禀赋，不仅需要"塔尖"人才带头引领，更要夯实"塔基"人才队伍，聚焦青年人才成长和发展，充分发挥党的基层基础作用，用好275万大学生这一战略人才资源，让他们能深度融入新时代治蜀兴川的伟大事业。在用好人才存量的基础上，深化人才评价体制机制改革，为青年人才发展铺设"快车道"，激活人才增量，把流失人才"唤"回来。特别是在乡村振兴建设中，着力营造产业文化、企业文化和乡贤文化，让农村成为吸引青年人才回流的"资源库"。

总之，新时代四川人才强省战略实施过程中，必须从四个方面集中发力：党建引领、突出培育、精准引育、用好存量。首先，坚持党管人才原则，加强党对人才工作的全面领导，特别是基层党建对人才工作的引航，这是做好人才工作的根本保证；其次，聚焦青年（大学生）人才培养，准确把握教育规律、人才成长规律和人才工作规律；再次，促进产才融合发展，推动产业链—教育链—人才链—创新链"四链合一"，以产聚才、以才兴产，从产业需求端牵动人才供给端；最后，挖掘和盘活四川青年人才资源存量，为四川高校人才培养提供更广阔的"教室"和机遇。

本课题的研究目标：一是回顾2016年以来四川人才强省战略举措及成效，系统梳理四川实施人才强省的"四川经验"及其成效；二是提炼四川人才强省发展形势及面临的新挑战，围绕四川省"十四五"期间经济社会转型升级发展的战略要求，以"产才融合"为切入点，挖掘和总结当前四川实施人才强省的规律性特征，在此基础上提出面临的新挑战；三是借鉴省外人才体制机制改革的经验，特别是省外产业发展和人才发展的关系及人才工作的整体性思路；四是探究四川基层党建与人才强省同频共振的方法论，梳理党建、人才和产业三者之间的内在关系，并提出具体的方法论策略；五是提供四川实施人才强省战略的思路和策略，为"新时期四川人才工作怎么走"提供战略目标、任务及整体性举措，回答如何育好人、引好人和用好人问题。

二 2016年以来四川创新人才高地建设的举措及成效

（一）坚持党管人才原则，注重制度顶层设计

四川坚持党管人才原则，把人才工作摆到突出位置、提到重要日程。四川省委省政府高度重视党中央关于人才发展的指示和精神，系统谋划人才发展战略，为人才工作举旗定向；四川省委省政府主要领导亲自研究重大人才问题，成立省委人才工作领导小组，构建起党委统一领导、组织部门牵头抓总、职能部门各司其职、社会力量广泛参与的人才工作格局。坚持"聚天下英才助川发展"理念，围绕"引育用管"等环节，不断优化人才治理体系，提高人才政策精准度、协同性和落地率，构建定位清晰、层次分明、相互衔接的人才政策体系，支撑四川社会经济发展。

从四川现有人才政策看，大体可分为六大类，即综合政策类、引进聚集类、培养开发类、评价激励类、基层流动类和管理服务类。通过梳理2016年以来的省级人才政策可以发现，一是人才政策更加细致化具体化。作为"十三五"的开局年，2016年省级人才政策以综合政策类为主，侧重顶层设计、总体规划。此后，人才政策更加多样化，分别从引进、培养、评价激励等方面出台更加细致、具体的政策措施。二是人才政策逐步向育才用才倾斜。面对人才供需失衡的客观现实，四川省坚持人才强省不能过度依赖外

引，加大内培力度，并着力人才使用推出一系列改革措施，积极搭建干事创业平台，不断优化人才生态环境，用好用活各类人才。

（二）紧扣重大战略部署，围绕中心服务大局

一是紧扣创新驱动发展战略。创新驱动本质是人才驱动。四川省出台《激励科技人员创新创业十六条政策》《关于进一步支持科技创新的若干政策》《关于支持两院院士在川创新创业十条措施》《组织实施博士后创新人才支持项目》等高含金量人才新政，打造创新人才"强磁场"；建设中国西部（成都）科学城、天府实验室等高能级创新平台以及院士专家工作站、博士后科研流动站等；以"天府英才"工程为统揽，培养引进约2800名高层次人才和120余个创新创业团队。

二是紧扣成渝地区双城经济圈建设。抢抓成渝地区双城经济圈建设重大战略机遇，推动人才协同发展。在四川、重庆党政联席会议框架之下，建立由四川省、重庆市组织，科教文卫等部门及成都市共同参与的双城经济圈人才协同发展联席会议工作机制，签署川渝人才协同发展战略合作协议；实施"天府英才卡"A卡和"重庆英才服务卡"A卡服务互认共享，惠及高层次人才约5000人；打通外籍高端人才工作许可互认，明确川渝职称互认、技能人才评价互认及养老保险待遇、社保等公共服务互认；联合开展政策推介、项目洽谈、人才招引（协同举办重庆英才大会、"蓉漂人才日"）、专家帮扶、互派年轻干部挂职等活动，推动人才在成渝地区双城经济圈高效集聚、合理流动。

三是紧扣"一干多支"发展战略。适应主干带动引领、多支竞相发展的区域发展格局，为五区协同发展提供人才保障。四川省出台推进成都平原经济区人才一体化发展"10条措施"，推动五大经济区内部全覆盖签署干部人才协同发展协议，并建立联席会议制度；开展人才工作先行区建设，遴选30个县（市、区）打造区域人才高地，示范引领各地人才工作提档升级；推动建设"创新共同体"，构建"研发设计在成都、转化生产在其他市（州）"等人才资源共享新模式；进一步优化人才发展区域布局，加快构建

以成都为龙头、区域中心城市为支撑和其他市（州）及县（市、区）为基点的全省人才发展雁阵格局。

四是紧扣乡村振兴战略。乡村振兴，人才是关键。在脱贫攻坚取得伟大成绩的基础上，四川鼓励高校毕业生向乡村流动；实施"乡村人才振兴五年行动"，从人才招引、定向培养、在职培训、人才援助、人才激励等 5 个方面实施 34 个重点人才项目，以人才振兴推动乡村振兴。

（三）依托人才工程平台，高端人才充分汇聚

一是筑巢引才。"筑巢"是引才的基础。一方面，四川省积极采取"人才+项目"的方式，以实施高层次人才引进计划为牵引，统筹推进"天府高端引智计划""留学人员回国服务四川计划"等引才引智工程，通过"留学四川"计划，吸引取得硕士及以上学位且毕业 1 年以内的优秀留学生在川就业；另一方面，四川积极搭建高端科学技术创新、科技双创人才孵化以及省校院企战略合作等平台。据 2020 年底统计，四川省建成工程研究中心和工程实验室 215 个，其中国家级 7 个、国家地方联合 44 个、省级 164 个；国家企业技术中心 89 家，位居全国第 2；国家级科技企业孵化器 41 个、省级科技企业孵化器 130 个；国家级大学科技园 5 个、省级大学科技园 14 个；国家级众创空间 76 个（其中专业化示范众创空间 2 个）、省级众创空间 153 个；国家级星创天地 96 个；国家级国际科技合作基地 22 个、省级国际科技合作基地 64 个。①

二是柔性引才。不唯地域引进人才，不求所有开发人才，不拘一格用好人才，提高全球配置人才资源能力。四川省充分利用中国（成都）海外人

---

① 《我省新批建 26 个省级工程研究中心和工程实验室》，四川省人民政府，2020 年 7 月 9 日，https：//www.sc.gov.cn/10462/10464/10465/10574/2020/9/7/77bf6bcad9374b7081a5e3bcf875bc98.shtml；《关于发布 2020 年（第 27 批）新认定及全部国家企业技术中心名单的通知》，中华人民共和国国家发展和改革委员会，2020 年 12 月 28 日，https：//www.ndrc.gov.cn/xwdt/tzgg/202012/t20201228_1260482_ext.html；《全省投入研发经费迈上千亿元台阶，总量居西部第一》，四川省经济和信息厅，2021 年 7 月 22 日，https：//jxt.sc.gov.cn/scjxt/cydt/2021/7/22/8c3d4f1c53c149a7a1e646fd09d8aa3c.shtml。

才离岸创新创业基地，积极探索"区内注册、海外孵化、全球经营"的双向离岸柔性引才模式，对人才"使用弹性、管理软性、服务个性"，共引进各类海外高层次人才200余人、海外高层次人才项目67个，形成高端人才和创新成果高效聚集转化效应。鼓励省内各地、各部门和企事业单位采取挂职兼职、特聘岗位、项目合作、技术联姻等方式柔性引进人才。如德阳、资阳、自贡等市相继推出柔性引才实施方案；广安市"周末工程师"柔性引才成功入选四川省全面深化改革典型案例。据统计，"十三五"期间四川先后引进4100多名高端人才、2.3万余名海外人才来川工作，促成一批海内外青年学者和名校毕业生选择四川、扎根四川。

（四）促进人人皆可为才，分类构建育人体系

一是高端领才。四川省以"天府万人计划"为抓手，实施高层次人才培育工程，整体推进天府科技英才培养计划、创新型企业家培养计划、高技能人才振兴工程、优秀青年马克思主义者培养工程等项目，加快培养打造四川创新发展急需紧缺的本土高层次人才队伍。为激励用人单位对高层次人才的培育，明确在川单位每培养一名两院院士、国家级科技领军人才将分别给予500万元、200万元奖励。2018~2020年，约800余名本土优秀人才入选"天府万人计划"。[①]

二是高校育才。为培养青年科技创新人才后备力量，四川省推出"科技创新创业苗子工程"，按照"早起步、早发现、早培养"的工作思路，对具有一定专业基础知识和创新创业潜质、将来能成为优秀科技人才的苗子进行选拔和培养，并对在川高校及科研院所学生和毕业在4~5年内且在川工作的毕业生进行资助。截至2021年，该工程共支持电子信息、装备制造、能源化工、新材料、医药健康、现代农业和现代服务业等国家和四川省重点发展的产业和技术领域项目超过1000个，影响数万人，产出一大批成果。

---

① 《四川启动2020年"天府万人计划"申报！入选者享11项支持政策》，中西部地区经济带网，2020年7月2日，http：//www. iic21. com/iic-zxbtz/index. php？m＝Home&c＝Articles&a ＝showart&artid＝249489&areaid＝14。

为实现产学研深度融合，四川省积极推动"双一流"建设大学、行业特色高校和龙头企业建设一批高端校企合作基地，在人才培养、合作创新等领域开展充分合作，推动科研成果转化和技术创新。先后与清华、北大等国内外23所知名高校和中科院、工程院等科研院所以及50多家知名企业签订战略合作协议，示范带动市县签署校地合作协议450余份，建设产学研平台900余个；开展重大科技和人才项目合作2200余项，采取"项目化+责任制"方式推动重点项目落地实施；建成131个国家、省级重点实验室，近1000个大学生实习实践基地以及300余位院士专家工作站等。

三是技能成才。四川省政府积极推进"技能四川"建设，打造享誉全国的"天府工程"，培养宏大的"技能川军"，为四川高质量发展提供坚实的技能人才支撑。第一，不断提升技工培养质量。据统计，2019年四川建有技工学校90所，毕业生达3.7万人，较2015年分别增长8%和26%；培训社会人员10.54万人，其中培训农村劳动者2.53万人。第二，推行终身职业技能培训制度。2019年四川共设职工技术培训学校、农村成人文化技术培训学校以及其他培训机构4158所，毕业人数达180余万人。第三，实施"高技能人才振兴计划"和"天府工匠培养工程"。全面推行技能等级认定制度，着力打造四川技能大赛品牌，技能成才氛围愈加浓厚。截至2020年底，四川技能人才总量突破1000万人，比2016年增加320万人、增幅47%，专业技术人才总量达371万人。第四，大力开展农民工培训。坚持线上线下、省内省外多轨运行，全省开展劳务品牌和返乡创业带头人培训26.6万人次，同比增长206%。大力实施优秀农民工回引培养工程，选任1.2万名农民工担任村支书。加大优秀农民工定向招考力度，招录500余名农民工进入乡镇政府部门和事业单位。①

---

① 《2019年四川省国民经济和社会发展统计公报》，四川省人民政府，2020年3月25日，https：//www.sc.gov.cn/10462/c105630/2020/3/25/91984c54465b460fb4081c9a40d5a373.shtml；《四川技能人才总量突破1000万人》，央广网，2021年1月25日，https：//baijiahao.baidu.com/s？id=1689873889697519895&wfr=spider&for=pc。

（五）深化体制机制改革，破除人才发展瓶颈

一是向用人主体充分授权。根据需要和实际向用人主体充分授权，为选才用才留足自主空间。四川省先后出台《扩大高等学校科研院所和医疗卫生机构人事自主权十条政策》《关于扩大高校和科研院所科研自主权的若干政策措施》，在全国率先将涉及高校职称系列评审权限全部下放给高校。2021年，"天府峨眉计划"和"天府青城计划"新增前置改革项目，给予重大创新平台和重点用人单位人才计划配额，建立"国家人才计划入选者""国防科技重大工程型号总设计师"直接认定机制。

二是为科研人员减压松绑。四川省出台《四川省激励科技人员创新创业十六条政策》，建立科技研发风险资金池，制定针对不同创新主体开展创新活动的尽职免责清单；改革科研立项方式，实施重大科技项目"揭榜挂帅""赛马"等制度；优化科研经费管理，实行包干制与负面清单制相结合，使科研人员能专注研究；在出入境上给予科研人员便利。

三是为成果转化提质增效。积极探索高等学校、科研院所担任领导职务科技人才获得现金与股权激励管理办法。西南交通大学在全国率先开展职务科技成果权属混合所有制改革，形成一套调动职务科技成果发明人积极性、提高科技成果转化质效的体制机制，被誉为科技成果转化的"小岗村实践"。试点以来，四川完成职务科技成果分割确权700余项，作价入股创办高科技企业100余家，带动社会投资近70亿元。

四是对评价机制优化完善。面对产业与职业的演变，积极拓宽职称评定范围、完善职称评定类别。2021年，四川省委网信办率先在全省事业单位开展网络安全与信息化专业职称首评工作，并有计划地推进面向非公有制经济组织和社会组织、自由职业者开展职称评审，有序推进与重庆网信职称互认工作；人社厅颁布《四川省高技能人才与专业技术人才职业发展贯通实施方案》，打破专业技术职称评审与职业技能评价界限，支持高技能人才参加职称评审，实现高技能人才和专业技术人才融合发展；成都市在打破"四唯"评价方面，率先提出差异化设置评审条件、建立评审

协作机制、健全层级设置、下放评审权、推行网上办五大职称制度改革举措；率先探索创新项目非常规评审及支持机制，在评价机制中引入代表性成果和多元评价制度，在科研机构评估中建立与评价结果挂钩的评估制度。

（六）完善人才管理服务，营造人才生态环境

一是保障体系日趋完备。为使人才能安心在川工作，四川坚持以人为本，不断完善人才服务保障体系，在《四川省高层次人才特殊支持办法》的基础上配套制定了人才安居、子女入学、医疗服务 3 项实施办法。积极推行"天府英才卡"，整合全省服务资源，建立高端人才公共服务跟随机制。省人才办协调 114 家单位为"天府英才卡"A 卡专家集成提供政务、金融、科技、安居、医疗、交通、参观 7 方面的 16 项具体服务，为院士卡专家提供政务、金融、科研等 10 个方面 20 项具体服务。此外，推出"天府科创贷"、院士科技创新股权投资等创新创业引导基金，为人才提供金融服务支持；创新"天府科技云服务"，对接人才智力和科技服务需求，已经累计完成交易订单 6 万余单。①

二是爱才敬才蔚然成风。四川不仅在"硬件"层面为引才聚才搭平台，而且在"软件"层面大力弘扬识才爱才敬才社会风尚，推出了一系列人才活动。特别是近年来成都市委市政府以城市之名致敬"蓉漂"，设立"蓉漂人才日"，以专属节日礼敬人才；发布"蓉漂"双创指数、举办"蓉漂"高峰荟、开展招聘会活动；在重要时段、重大活动期间，在地铁、公交、户外LED 屏播放"蓉漂"形象广告片；定制上线"蓉漂"主题航班、主题高铁、主题公交、主题单车，营造"让蓉漂成为时代风尚"的社会氛围，塑造"以文化人"的向心力软实力。

---

① 《我省发放首批"天府英才卡"A 卡 持卡人可享受 16 项服务》，四川省人民政府，2019 年 10 月 21 日，https://www.sc.gov.cn/10462/10464/10797/2019/10/31/d0e34e109660407fb8cfd9d50debf09f.shtml。

三　新时期四川创新人才集聚高地建设面临的
挑战及战略着力点

（一）面临新挑战

1.产业结构合理化高级化水平具有潜在风险

2014~2020年四川省第一、二、三产业产值占地区生产总值的比重发生了明显变化。第一产业产值所占比重总体呈现下降趋势，由2014年的12.2%下降到2020年的11.4%；第二产业产值所占比重在2015年之前高于第一、三产业，但在2015年之后逐渐下降，2020年所占比重为36.2%；第三产业所占比重在2016年为47.6%，超过第二产业。2020年四川省三次产业产值所占比重分别为：11.4%、36.2%、52.4%（见图1）。

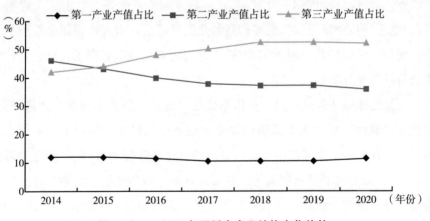

图1　2014~2020年四川省产业结构变化趋势

资料来源：根据2015~2021年四川省政府工作报告整理。

为衡量以上三次产业结构是否合理，本部分通过泰尔指数检验三次产业的合理化水平，即产业之间协调程度和资源有效利用程度。研究发现，四川产业结构偏差总体呈下降趋势，泰尔指数从2014年的8.46下降到2019年的7.12。显然，近年来四川产业结构越来越趋向合理化。但是，产业合理化水平较低，三次产业之间还不够协调，资源利用率也远未达到最大化，与发达地区还存在一定差距。另外，为衡量产业结构转型升级中是否达到高级化水平，研究发现四川省产业结构高级化水平逐渐提升，由2014年的0.94上升至2019年的1.41，这反映出四川省经济结构的"服务化"倾向，显示产业结构在朝着"经济服务化"方向发展，产业结构不断优化升级（见图2）。然而，必须警惕制造业占比下降过快带来过早"去工业化"的潜在风险，有必要加快构建三次产业均衡发展的协同局面。

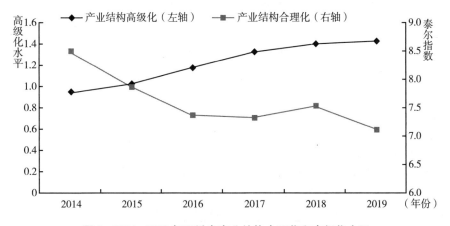

图2　2014~2019年四川省产业结构合理化和高级化水平

资料来源：2015~2021年四川统计年鉴。

2.产业结构与就业结构匹配性复杂且不均衡

为认识四川产业和人才的关系，从宏观层面考察产业结构和就业结构之间匹配情况。为此，利用《四川统计年鉴》数据，从"就业吸纳力""就业协调度"两个维度进行分析。

其一是从"就业吸纳力"来看，主要考察三次产业产值变化所引起的三次产业对人员就业吸纳能力的变化（见表1和图3）。研究发现：一是第一产业的就业吸纳力为负，即第一产业对劳动力吸纳能力逐渐降低；二是第二产业的就业吸纳力随着时间变化呈现逐年下降的趋势；三是第三产业的就业吸纳力除 2017 年有所下降外，其余年份都维持在相对较高水平，并在 2018~2019 年高于第二产业。相比 2018 年，2019 年第一产业产值增加 1% 时，第一产业从业人数会下降 0.24%；第二产业产值增加 1% 时，第二产业从业人数增加 0.07%；第三产业产值增加 1% 时，第三产业从业人数会增加 0.23%。这表明第三产业的就业吸纳力在三次产业中最大，第三产业对就业增加不仅具有促进作用，并且明显大于第二和第一产业。当国内生产总值增量一定，即经济增长速度保持稳定时，通过大力发展第三产业能更好地促进就业增加。但是，需要认识到，第三产业带有脆弱性特点。特别是由于新冠疫情影响，首先受到冲击的就是旅游、餐饮等服务行业。

表1　2014~2019 年四川省就业吸纳力分析

年份	产值(亿元)			就业人数(万人)			就业吸纳力		
	第一产业	第二产业	第三产业	第一产业	第二产业	第三产业	第一产业	第二产业	第三产业
2014	3524.74	13082.69	12283.90	1909.00	1275.90	1648.10	—	—	—
2015	3660.96	13192.45	13488.60	1870.91	1289.31	1686.79	-0.52	1.25	0.24
2016	3900.60	13450.13	15787.75	1827.40	1302.50	1730.10	-0.36	0.52	0.15
2017	4262.51	14569.17	19073.46	1792.90	1315.40	1763.70	-0.20	0.12	0.09
2018	4427.43	16056.94	22417.73	1752.30	1327.60	1801.10	-0.59	0.09	0.12
2019	4807.24	17365.33	24443.25	1716.00	1334.70	1838.30	-0.24	0.07	0.23

资料来源：2015~2021 年四川统计年鉴。

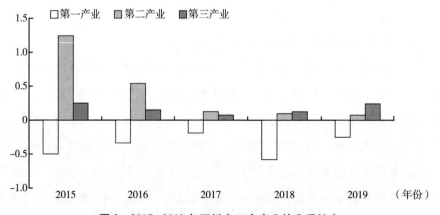

图3　2015~2019 年四川省三次产业就业吸纳力

其二是从"就业协调度"来看，产业结构的变迁，必然会带来就业结构的调整，但二者之间的这种联系却表现得并不均衡，就业结构变化较产业结构存在较大的滞后性。为了描述某地区产业结构与就业结构的协调发展或者均衡程度，本部分结合联合国工业发展组织构建的产业结构相似性经验公式，构建用来衡量产业结构和就业结构协调程度的协调系数，通过对四川省产业结构和就业结构协调系数与全国层面的产业结构和就业结构协调系数进行计算研究发现，四川省产业结构和就业结构协调系数同全国的产业结构和就业结构协调系数基本呈现同样的趋势。2014~2019 年，四川省产业结构和就业结构协调系数从 0.84 上升至 0.88，产业结构和就业结构的协调性、均衡性均有所改善。同期，全国产业结构和就业结构协调系数由 0.92 上升至 0.94（见表2）。四川省产业结构和就业结构间的协调度略低于全国水平，表明四川产业结构和就业结构仍有进一步完善和提升空间。

表2　2014~2019 年四川省及全国产业结构和就业结构协调系数

单位：%

年份	四川省							全国
	第一产业产值占比	第二产业产值占比	第三产业产值占比	第一产业就业占比	第二产业就业占比	第三产业就业占比	协调系数	协调系数
2014	12.2	45.3	42.5	39.5	26.4	34.1	0.84	0.92
2015	12.1	43.5	44.4	38.6	26.6	34.8	0.86	0.93
2016	11.8	40.6	47.6	37.6	26.8	35.6	0.87	0.93
2017	11.2	38.4	50.4	36.8	27.0	36.2	0.87	0.93
2018	10.3	37.4	52.3	35.9	27.2	36.9	0.87	0.94
2019	10.3	37.3	52.4	35.1	27.3	37.6	0.88	0.94

资料来源：2015~2021 年全国、四川统计年鉴。

3. 人才培养与人才留用"倒挂"问题日渐凸显

从 2016~2020 年《四川省高校毕业生就业质量报告》分析发现，人才培养规模与人才留用规模不匹配现象突出，留川比例不高。据统计，"十三五"期间在川高校为本省培养近 215 万名全日制大学毕业生，而这一庞大群体中除升学及留学外，2019年专科毕业生就业比例为81.65%、本科毕业生就业比例为69.68%、研究生毕业生就业比例为76.19%（见图4）。据统计，"十三五"期间四川省高校毕业生中专科毕业生留川就业比例为83.42%、本科毕业生留川就业比例为69.81%、研究生毕业生留川就业比例为56.13%。显然高校毕业生就业群体中高层次人才属地就业比例①并不高（见图5）。

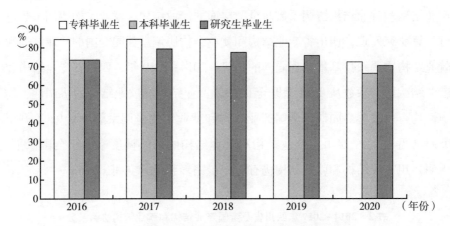

图4　2016~2020年四川省高校毕业生就业比例

资料来源：四川省教育厅官网。

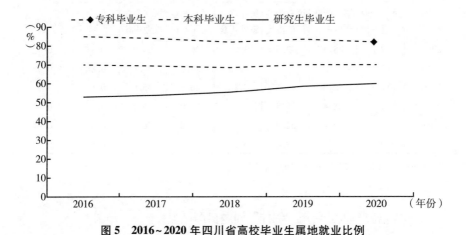

图5　2016~2020年四川省高校毕业生属地就业比例

---

① 高校毕业生属地就业指高校毕业生在就业时，由于受经济发展因素及其他社会资本因素影响，通常选择高校所在区域（省、市）进行就业的现象。

为进一步探寻四川省高校毕业生留川就业规模及比重，本部分将四川省高校毕业生就业比例与属地就业比例进行整合分析发现，一是川校毕业生留川就业比例整体不高，且培养层次越高留川就业比例越低。2016~2020年平均来看，专科毕业生留川就业比例超过60%，本科毕业生留川就业比例低于50%，研究生毕业生留川就业比例维持在40%左右。二是留川就业人数占总毕业生人数比例整体上呈现下降态势。据统计，专科毕业生留川就业比例从2016年的71.54%下降到2020年的59.29%；本科毕业生留川就业比例也呈现下降态势，5年间共下降4.71个百分点，年平均下降0.94个百分点；研究生毕业生留川就业比例则呈现先上升后下降的不稳定态势（见表3）。综合来看，川校毕业生中留川就业规模增长幅度不及总毕业生规模增长幅度，出现人才培养与人才留用"倒挂"现象。鉴于此种趋势，经预测分析，"十四五"期间四川省高校毕业生中留川就业规模及比例并不能达到"双增长"预期，即高校毕业生中留川就业比例会逐步降低，而留川就业规模却增长（此处规模增长源于四川省高校毕业生规模总基数的增加）。同时，四川省高校毕业生"外流"人数也将会持续增长，且增长的规模也会大于留川规模。

表3 2016~2020年四川省内高校大学生留川规模及占比

单位：%，人

类别	2016年		2017年		2018年		2019年		2020年	
	占比	规模	占比	规模	占比	规模	占比	规模	占比	规模
专科毕业生	71.54	130955	70.90	144301	69.70	148791	69.73	141599	59.29	127759
本科毕业生	51.29	94746	48.40	89793	47.96	90453	48.96	102620	46.58	104844
研究生毕业生	41.42	10223	42.36	10670	42.94	10957	44.56	11868	42.17	13069

资料来源：四川省教育厅官网。

4. 高水平高层次"产才融合"存在互为性断裂

《四川省"十四五"制造业高质量发展规划》提出"3+4+N"的制造业发展格局，明确提出打造"世界级电子信息产业集群""汽车产业研发制造基地""医药健康产业基地"。为此，本部分选择以上3类制造业（电子信息产业、汽车产业和医药产业），并分析它们和在川高校相关学科专业的规模与结构匹配情况，挖掘其"产才融合"的特征及问题。

一是电子信息产业的"产才融合"。四川省电子信息业布局主要集中在成都以及环成都经济圈。成都高新区电子信息产业体系完善，重点发展"芯屏端网"四大产业集群。由于电子信息产业分布领域较为广泛，四川省不少高校开设与电子信息产业相关的专业。收集了2016~2021年电子科技大学、四川大学、西南交通大学、成都理工大学和成都信息工程大学等5所川校电子信息相关专业（包括大类招生）毕业生数据。研究发现成都理工大学、成都信息工程大学相关专业毕业生留川渝比例相对较高，达到70%左右。但电子科技大学、西南交通大学等"211工程"高校相关专业毕业生留川渝就业渝比例仅有40%左右。换言之，有60%的电子信息专业优势高校毕业生"外流"，陷入"王牌"专业毕业生难留之困（见表4）。四川省一方面面临着高层次人才的不断外流，另一方面电子信息产业存在极大的人才缺口。根据《成都市人才开发指引（2021）》和《成德眉资人才开发指引（2021）》，电子信息业产业人才紧缺指数达到三星（最高）的岗位有14个之多，且这些岗位均存在数量紧缺、结构紧缺与供给紧缺，显然人才培养与产业发展不匹配。

表4　2016~2021年四川省电子信息业代表性高校毕业生就业状况

单位：人，%

学校	年份	毕业生数量	就业率	留川渝比例	行业就业比例		
					信息传输软件和信息技术服务业	科学研究和技术服务业	相关制造业
电子科技大学	2021	9573	96.42	41.29	52.78	13.05	8.15
	2020	9356	96.65	45.09	60.09	9.60	7.95
	2019	8299	95.69	39.22	57.48	9.60	7.95
	2018	8575	97.06	45.07	51.94	12.34	13.70
	2017	8699	96.77	42.93	52.73	11.65	12.31
	2016	8672	96.83	40.50	57.40	7.93	10.77

学校	年份	毕业生数量	就业率	留川渝比例	行业就业比例		
					信息传输软件和信息技术服务业	科学研究和技术服务业	相关制造业
四川大学	2021	16129	92.54	55.52	14.78	11.59	13.61
	2020	16022	92.07	44.56	14.27	7.90	13.13
	2019	15257	92.64	45.68	15.27	7.37	15.61
	2018	15151	95.99	51.81	13.51	6.19	17.36
	2017	15055	96.60	51.94	12.09	7.03	15.66
	2016	15299	96.37	51.54	10.51	8.36	18.84
西南交通大学	2021	10869	96.61	43.20	12.46	10.01	18.86
	2020	10603	97.09	42.87	12.12	7.46	16.46
	2019	9921	93.63	39.39	12.00	8.50	16.66
	2018	9214	96.98	40.71	10.01	7.39	16.50
	2017	9166	96.85	41.11	10.60	5.71	13.79
	2016	10716	96.80	44.20	11.80	3.91	13.74
成都信息工程大学	2020	5403	84.71	67.84	34.91	5.82	6.79
	2019	5311	92.15	72.48	29.00	6.85	9.41
	2018	4399	94.89	70.56	28.13	7.27	12.95
	2017	4496	91.55	—	28.71	8.78	9.90
	2016	4246	92.56	—	32.35	6.12	5.42
成都理工大学	2020	8271	85.85	68.12	18.19	8.41	8.89

资料来源：四川省教育厅官网。

二是汽车产业的"产才融合"。近年来，汽车产业发生深刻变革，汽车产业正向电动化、智能化和网联化转型升级，亟须提升创新能力和产业化水平，大力支持新能源与智能汽车产业发展。通过四川高校工学类（本科生、研究生）和制造类（专科生）毕业生数据，大致测算四川省汽车产业相关专业人才供需状况。研究发现，相关专业本科毕业生中留川就业比例相对稳定，从2016年的69.62%上升至2020年的70.24%；专科毕业生留川就业比例从2016年的85.04%下降至2020年的82.33%（见表5）。尽管专科毕业生留川就业比例略有下滑，但相较本科生和研究生而言，仍占较大比例。整体来看，不同学历层次人才选择留川就业比例存在较大差异。其中，研究生毕业生留川就业比例低于本科和专科毕业生，这表明汽车行业高层次人才留川就业意愿相对较低。

表5　2016~2020年四川高校毕业生留川就业比例

单位：%

年份	研究生毕业生留川就业比例	本科毕业生留川就业比例	专科毕业生留川就业比例
2016	52.77	69.62	85.04
2017	53.55	69.81	84.13
2018	55.50	68.87	82.43
2019	58.80	70.51	83.17
2020	60.05	70.24	82.33

资料来源：四川省教育厅官网。

此外，四川高校在高层次汽车人才培养上仍面临巨大挑战。现阶段，四川汽车产业高端人才培养平台较少，尽管有一定的研发平台和科研基础，但存在平台规模小、人才集聚效应低等问题。据2016~2020年《中国汽车工业年鉴》，发现部分高校开设汽车专业人才培养。本部分选择浙江、江苏与四川进行对比分析。以以"汽车"命名的高校学院或研究院为对象（四川有西南交通大学机械工程学院汽车工程研究院、西华大学汽车与交通学院，浙江有浙江大学动力机械及车辆工程研究所，江苏有江苏大学汽车与交通工程学院），发现三个省份高校汽车专业人才培养呈现不同特点。其中，四川、江苏汽车专业本科生最多，硕士生其次，博士生最少；浙江汽车专业以硕博研究生培养为主，本科生相对较少。相较而言，四川省汽车专业本科生数量高于江浙两省，但硕士生少于江苏，博士生均低于江浙（见表6）。因此，表明四川省高校汽车人才培养主要以应用型和技术型本科为主，而以创新研发为主的高层次、研究型人才仍相对缺乏，这会制约汽车产业整体创新能力提升，不利于产业升级转型。

表6　2015~2019年四川、浙江、江苏高校汽车专业教育情况

单位：人

年份	省份	博士研究生			硕士研究生			本科生		
		招生	毕业	在校	招生	毕业	在校	招生	毕业	在校
2015	四川	2	2	16	96	65	243	764	761	2609
	浙江	5	3	33	18	22	52	49	48	192
	江苏	16	8	44	150	147	472	372	347	1546
2016	四川	2	2	16	80	94	231	790	734	2649
	浙江	5	3	30	22	18	49	50	52	196
	江苏	16	8	44	150	147	486	372	347	1522
2017	四川	3	1	18	87	88	230	950	870	2715
	浙江	5	4	28	20	20	42	48	50	194
	江苏	13	8	41	223	159	536	423	349	1597
2018	四川	3	2	19	92	82	250	784	807	2690
	浙江	5	3	30	22	20	44	42	48	188
	江苏	12	6	24	104	89	200	293	196	680
2019	四川	5	3	21	115	87	271	1003	977	2703
	浙江	6	3	50	20	18	67	48	42	182
	江苏	16	6	52	216	164	426	479	361	1314

资料来源：四川省、浙江省、江苏省教育厅官网。

三是医药产业的"产才融合"。医药产业作为关乎国计民生的重要产业，是国家未来重点发展和支持的产业之一。"十四五"期间四川省将围绕现代中药、生物制剂、创新化学药等产业，加快推动产业提档升级，建强医药产业体系，打造具有较强影响力的医药产业生态圈。四川省医药专业毕业生以专科学历为主，其增长率也最高，而每年研究生毕业人数不足本科生的1/4、专科生的1/6。但医药产业的高精尖属性使其对硕博研究生需求旺盛，尤其在前端研发阶段，人才培养结构制约产业高质量发展。

随着四川省高等教育发展，四川省内医药专业的毕业生人数逐年增加，但这些高校毕业生是否留川才是影响四川省医药产业发展的关键。据2016~2020年《四川省高校毕业生就业质量年度报告》统计，尽管高校医学毕业生留川比例在不断提高，但毕业生中专科毕业生留川比例最高，均在80%

以上，而研究生留川比例最低，基本在 60% 左右（见图 6）。由此可见，川校医学专业毕业生留川就业以专科生为主，而研发创新环节所需的高层次人才留川意愿较低，同样存在较为严重的医学高层次人才外流问题。

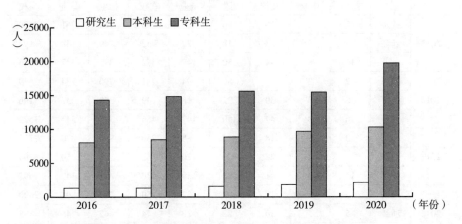

图 6 2016~2020 年四川省医药专业相关毕业生留川人数

资料来源：四川省教育厅官网。

四川省内高校的医药专业毕业生，主要在成都就业，造成区域间医药人才从业人数分布不均衡。选取医药专业从业人数前 5 的城市（成都市、绵阳市、南充市、达州市、内江市）来比较分析四川省区域之间人才的发展结构。从图 7 可以看出，除成都市的医药从业人数突破了 15 万，其余的城市仅有南充市在 2019 年、2020 年，内江市在 2020 年的从业人数突破 5 万人，其他城市的医药从业人数还没有突破 5 万人大关，其他城市从业人数不足成都的 1/3，区域人才分布失衡是制约医药产业高质量发展的重要因素。

综合来看，通过对以上三类产业的"产才融合"情况分析，不难发现三类产业均存在一个共性问题：当前"产才融合"面临互为性断裂，即产业升级转型，特别是高新技术和研发创新急需高层次人才的支撑，但高层次人才却由于产业平台等因素导致其留川意愿较低，人才外流较为严重。以上三类产业的"产才融合"，特别是在成都，均面临高层次人才短缺问题。如此一来，"产才断裂"会严重影响人才强省战略的推进。面对当前四川产业

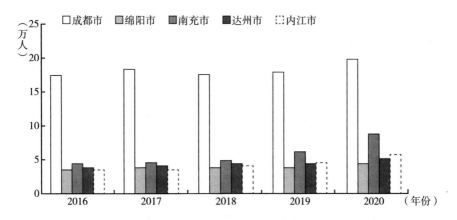

图7　2016～2020年四川省5市医药相关从业人数比较

资料来源：四川省教育厅官网。

发展与人才发展的现实状况，必须加强基层党建引领以及对在川人才存量资源的高效利用。省委强调成都要面向全国乃至全球集聚更多高端人才资源，建设全国创新人才集聚高地。

（二）战略着力点

第一，人才问题本质上是产业问题。当前，社会各界盛行"产业问题归根到底是人才问题"的观点。这一观点虽有一定道理，但从人才外流经济学来看，人才流动的首要动机就是获得更多收入、寻求良好的学习和就业机会，可以说经济发展是人才发展的基础。据第七次全国人口普查统计，人口流出排名前5的省（市）依次是广东（262万人）、浙江（136万人）、重庆（113万人）、江苏（62万人）和上海（52万人）。四川省人口主要流向经济发达地区，产业和经济优势影响成为人口人才流动的最根本、最直接的原因。譬如，电子科技大学2021届本科和研究生毕业生中，有47.21%的人前往广东、江浙沪、京津冀就业，高于川渝的41.29%。2019～2021年毕业生前往深圳华为技术有限公司、深圳中兴通讯股份有限公司、深圳普联技术有限公司等民营企业就业的占就业人数的32.85%。因此，应该重新理解产业和人才之间互为因果的关系，即第一层面，产业发展是人才发展的基础，没有具有竞争力的产业，就无法吸引和聚拢人才；第二层面，人才发展是产业发展的动力，是推动产业创新发展、提质增效的动力源，是引领高质量发展的硬核。

第二，人才强省要首抓"成都主干"。从2021年四川各州市GDP数据看，成都GDP达到19916.98亿元，占全省GDP的近四成。在一定程度上，经济规模决定着人才规模。从《2020年四川省急需紧缺人才目录编制报告》中可以发现，成都现代农业"10+3"产业发展、现代工业"5+1"产业发展、现代服务业"4+6"产业发展在整个省域相对最全，其人才需求也最多，分别达到5450人、9847人和60244人。从产业角度看，在新发展格局下，产业和人口将加速向优势区域集中，作为省会的成都无疑是引领四川经济社会发展的龙头，吸引着复杂多元的产业落户，造成产业发展的"全而不大"或"大而不强"的现实状况，致使产业人才高质量集聚效应不凸显。从人才角度看，相较于省内其他区域，一家独大的成都必然会形成越来越严重的"虹吸效应"。2021年底《成都都市圈发展规划》的出台，有助于缓解成都的人才虹吸问题，同时在推动成德眉资"三区三带"一体化建设中，必须把握"人随产业走"的人才流动规律，促进人口、产业、经济等要素的布局，把"虹吸效应"转变为"辐射效应"。必须要构建主干带动引领、多支竞相发展的区域发展格局，加快构建以成都为龙头、区域中心城市为支撑、其他市（州）和县（市、区）为基点的人才发展雁阵格局。基于此，成都产业和人才发展是四川实施人才强省的关键，成都（包括成都都市圈、环成都经济圈、成都平原经济圈、成渝地区双城经济圈）产业布局规划是人才发展的基础。因此，当前四川实施人才强省的首要工作是重新梳理和制定成都产业发展的顶层设计与规划，加强产业引导治理。

第三，制造强省是驱动经济的引擎。党的十九大以来，明确我国经济已由高速增长阶段转向高质量发展阶段。五年来，四川经济社会在高质量发展转型中成绩突出。国家统计局2021年数据显示，四川省GDP达到53850.79亿元（全国排名第6），实际增速8.2%（全国排名第11），两年平均增速6%，均高于全国平均水平，其中全省规模以上工业增加值比上一年增长

9.8%，两年平均增长 7.1%。第三产业是三次产业中增长最快的产业（第一产业增长 7.0%、第二产业增长 7.4%、第三产业增长 8.9%），第二产业中高技术制造业增长较快，如计算机及办公设备制造业增长 44.1%，航空、航天器及设备制造业增长 32.5%，电子及通信设备制造业增长 17.9%，医药制造业增长 10.3%等。正如《2022 年四川省人民政府工作报告》中所提出的，要"大力推进制造强省建设……不断提升制造业的核心竞争力"。根据人才发展与产业发展的互动关系，当前四川实施人才强省首先要做大做强制造业，带动经济发展，通过具有竞争力的制造业聚集各类人才，再进一步推动建设制造强省。四川产业升级转型既不能简单效仿"去工业化"，过分推崇金融旅游等服务业，使实体经济空心化；也不能大肆开展"再工业化"，不顾生态环境和资源负荷。四川推进制造强省必须在"新工业化"发展中积蓄人才力量，特别是面向国家需求的战略人才，如新能源新材料、人工智能等未来产业人才。

第四，育人宏观结构深度转型。高校为社会培养和输送人才，是区域经济社会发展的基础，是推动社会文明进步的关键人力资本，是促进四川社会经济高质量发展的"动力源"。作为高等教育大省，四川拥有高等院校 132 所（其中全日制本科院校 53 所、全日制专科院校 79 所；"双一流"高校 8 所），全日制高校数量居全国第 5 位、西部第 1 位。据统计，"十三五"期间四川省内高校共培养全日制大学毕业生 215 万人，其中专科毕业生为 102 万人、本科毕业生为 99 万人、研究生毕业生为 13 万人。当前，四川高等教育发展已进入普及化阶段，适龄青年学历不断提高。据测算，"十四五"期间，四川省高校本科生规模将反超专科生成为"第一大群体"，研究生规模虽有所增长，但比例仍很小，提升研究生招生及培养规模至关重要。青年大学生是实施创新驱动发展战略、抢占科技战略制高点的战略资源，是科技进步及文化传承的核心动力，是四川建设具有全国影响力创新人才聚集高地和科技创新中心的重要力量。如何"留下""用好"四川省高校培养的大学毕业生，使之更好地为四川省高质量发展服务，是四川省实施人才强省战略的基本向度与主要内容。

四　新时期四川创新人才集聚高地
建设战略目标、任务及举措

（一）战略目标

2021年底，四川省委人才工作会议召开，这是四川省第一次以省委名义召开的高规格人才工作会议，也是四川人才事业发展史上具有里程碑意义的一次重要会议。会议指出，要坚持守正创新，坚持服务中心大局，以更有效举措更完善制度更广阔舞台聚才用才，加快建设具有全国影响力的创新人才集聚高地和科技创新中心。这是新时期四川人才强省和四川创新人才集聚高地建设的战略目标，对当前和未来一个阶段推动四川省人才工作高质量发展作出战略谋划和系统部署，要求必须深入贯彻落实新时代人才强国战略的总体要求；深度参与融入世界重要人才中心和创新高地建设以及国家战略人才力量建设，聚焦高水平科技自立自强；深刻学习把握习近平总书记有关我国人才事业发展"八个坚持"的规律性认识，坚持党建引领，夯实基层基础。

四川省"十四五"规划和2035年远景目标擘画全面建设社会主义现代化四川新征程的宏伟蓝图，作出实施人才强省重大战略部署，与进入新发展阶段、贯彻新发展理念、构建新发展格局同步谋划、整体推进，体现了对新时代四川经济社会支持体系的战略考量，意义重大深远。四川是人口人才大省，但还不是人才强省，实现建成人才强省和创新人才集聚高地建设的目标，既有机遇也有挑战，必须坚定不移地坚持党管人才原则，以更加务实举措，深化人才发展体制机制改革，摒弃不合时宜的思想观念和制度藩篱，不断完善有利于四川人才事业发展的法律制度、政策体系、社会环境和创新机制。

（二）战略任务

进入新发展时期，围绕四川经济社会高质量发展重大需求，实施人才强省战略的宏观思路核心就是要紧扣产才深度融合精准融合发展；其基本要求是着力推动以产引才、以产育才、以产聚才、以才促产、以才兴产、产才融合；其战略路径是以育促用用好青年人才存量，加快建设国家战略的四川人才力量；其根本方法是坚持党管人才原则和夯实党的基层对人才工作的引领和规划。

围绕新时期四川经济社会高质量发展需求，实施人才强省战略的核心任务是紧扣"党建+人才+产业"的深度融合发展。新时期四川实施人才强省战略和夯实党的基层基础的任务是党建引领、突出培育、精准引育、用好存量。

第一，党建与人才工作要同频共振。一是推进党建组织阵地实体化、人员实体化、工作实体化和活动实体化，二是推进基于人才工作的党建内容本地化阐释和融入，三是推进基层党建的组织嵌入、行动嵌入和职能嵌入的乡村治理人才。第二，人才工作的基础是人才培育。采取独立自主的人才培养政策已成为全球人才竞争的核心角力点。加快建设国家战略人才力量，特别是强调青年人才奠基未来的战略作用，把政策重点和工作重点放在培育青年科技人才上。第三，突出以产引才育才的精准性。基于地方发展需要的人才引育是精准发力的关键，人才工作提质增效创新亟须打造"产业—人才—产业"的产才融合循环生态链。第四，用好人才存量激活人才增量。四川经济社会高质量发展不仅要"塔尖"人才引领，更要夯实"塔基"人才队伍，用好 275 万大学生资源，特别在乡村振兴建设中让农村成为青年人才回流的"资源库"。

（三）战略举措

1.以"党的建设"为引领，推动人才工作全面领导

四川实施人才强省战略建设创新人才集聚高地的关键是要夯实党的基层基础建设，这是加强党对人才工作全面领导的深刻体现。习近平总书记在2021 年中央人才工作会议上深刻总结概括了我国人才事业发展 8 条规律性认识及重要经验，其中最核心最重要的就是坚持党对人才工作的全面领导。中国特色社会主义最本质的特征是中国共产党领导，中国特色社会主义制度

的最大优势是中国共产党领导，只有充分发挥党总揽全局、协调各方的作用，加强党对四川人才工作的全面领导，才能保证四川创新人才集聚高地建设始终沿着正确的方向前进，取得一个又一个胜利。当前，创新人才集聚高地建设已经不只是高悬的顶层设计，而是具体落实的基层行动。换言之，四川持续推动创新人才集聚高地建设，就是要将人才工作落实到基层党组织建设上，坚持党管人才原则，做好管宏观、管政策、管协调、管服务，重点是把方向、定政策、聚力量，充分发挥基层党组织在人才工作第一线的领导核心作用，推动基层党建与人才工作同频共振。新时代四川创新人才集聚高地建设的最末端在基层，这要求我们必须树立抓牢基层基础的用人导向，着重关注选什么样的人、从哪里选人、怎样选人。让贤才能人上一线，精兵强将下基层；加强基层党员队伍建设，可以深入实施"干部队伍能力素质提升工程""专家服务团下基层""大学生基层特定岗位"，从源头上保证基层党建工作的创新活力；畅通选人用人渠道，加大从优秀基层负责人中选拔干部的力度，充分激发基层人才活力，以人才振兴打开乡村振兴"活力源"。因此，建议遵循以下思路。

一是组织实体化。2021年12月四川人才工作会议指出，各级党委（党组）要站在坚决拥护"两个确立"、坚决做到"两个维护"的政治高度，构建完善党委统一领导、组织部门牵头抓总、职能部门密切配合、社会力量广泛参与的人才工作格局。创新人才集聚高地建设要坚持党建引领，推进组织实体化运行，即阵地实体化、人员实体化、工作实体化和活动实体化。其中，基层党建最核心的力量就是干部党员，干部党员要起到"稳定器"的作用，党建组织实体化有助于倒逼干部加强自身能力建设。具体包括：第一，党委主责、高位推动，注重基层党委总揽全局、协调各方将人才工作落实；第二，部门联动、整体推进，要党建部门牵头协调，行政部门配合履责，业务部门融入党建。

二是内容本地化。四川人才工作会议指出，要进一步优化人才发展区域布局。成都要面向全国乃至全球集聚更多高端人才资源，建设全国创新人才集聚高地；绵阳要依托在绵大院大所集聚更多高端紧缺人才；省内各区域要因地制宜探索人才发展路径，形成分工协作、协同高效的区域人才梯队。显然，人才工作必须因地制宜，要深入认识区域产业和人才间的布局关系，因此基于人才工作的党建内容亟须本地化。一方面，政策内容的本地化阐释，干部党员通过正确理解和分析，将政策信息转化为人才和当地群众可理解可接受可使用的政策常识；另一方面，工作内容的本地化融入，党组织要和产业人才拉近距离，通过组织会议等形式规划和交流产才融合具体事务。

三是治理嵌入化。2021 年 4 月，十三届全国人大常委会第二十八次会议表决通过《乡村振兴促进法》，首次将乡村振兴的"人才支撑"上升到立法高度。"人才"在乡村振兴战略中的地位和作用越来越重要。四川人才工作会议也指出，聚焦推动乡村全面振兴，引导人才向乡村建设、产业发展、基层治理一线集聚。在乡村振兴背景下，基层党建嵌入人才乡村治理已经成为战略实施的可行路径。面对四川乡村人才振兴，须从组织、行动和职能三个方面开展治理嵌入。第一，组织嵌入以夯实治理基础，将农村基层党委作为乡村人才振兴工作的核心领导机构，进一步突出组织实体化建设；第二，行动嵌入以优化治理方式，实施"党支部引领、合作社领办、企事业创建"三维联动，开展面向农村产业外需和教育医疗养老等生活内需的人才发展行动；第三，职能嵌入以重塑治理属性，坚持以人民为中心的治理属性，形塑人才服务乡村振兴的公共性精神和意识。

四是模式一体化。党建强，则人才聚；人才聚，则产业兴。要引导人才向乡村建设、产业发展、基层治理一线集聚，始终坚持正确政治方向，引导广大人才坚定不移听党话、跟党走。在基层党建工作中，亟须探索更加契合实际需要的"党建+"模式，加强党建工作领导，强化产业发展内动力，坚持以党管人才为核心，最终形成"党建+人才+产业"良性互动、一体化的人才协同发展模式。第一，党建引领把方向，扩大乡村基层党建工作范围，树立"党建强村、党建富民"理念，实现基层党建人才工作理念革新；第二，坚持产业引人才，拓展产业发展思路，以党建引领产业发展和人才发展，特别是引进和培育"三农"优秀人才、农村青年党员和新农民人才队伍；第三，因地制宜兴产业，根据当地特色和优势产业，盘活集体资产资源，激活产才融合机制，推动集体经济向优发展，构建乡村经济新业态。

2.以"产业集群"为路径，整合补强成都产业基础

深入实施人才强省战略，加快创新人才集聚高地建设是一项宏大而特殊的制度构想和制度安排。但面对当前四川人才工作现状及特征，必须从"抓重点工作、抓关键环节"入手。据"人才问题本质上是产业问题"研判，新时期四川实施人才强省战略推动创新人才集聚高地建设的首要任务就是整合补强成都产业基础，以成渝地区双城经济圈、成都都市圈、环成都经济圈等建设为战略牵引，深化拓展"一干多支"发展战略，加快构建"一轴两翼三带"区域经济布局，着力把以成都为核心的产业"蛋糕"做大做香，带动周边地区产业协同发展，为吸引、集聚和用好人才提供产业基础。

大力发展产业集群是整合补强成都及周边地区产业基础的关键路径。但当前四川区域产业布局需要利用好"群效应"，就是要从产业集群入手，统筹协调产业群和城市群的战略关联，促进人才集聚。以区域优势产业为目标，以龙头企业为重要载体，如培育电子信息万亿级产业集群和生物医药、汽车装备制造等千亿级产业集群，推进"龙头企业+产业园区+创新孵化器+产业基金+产业联盟"一体化建设。不断完善城市群综合职能，加强城市群对产业群的支撑。城市群职能的不断完善是产业群得以持续发展的重要基础，也是实现产业群和城市群耦合的重要途径。在产业群和城市群互动发展中，促进人才流动、管理和服务体系一体化建设，以产业一体化、大城市一体化促进人才一体化。

一是完善区域创新布局。以成渝地区双城经济圈建设为战略牵引，深化区域经济布局，推动优势科研力量和重大科技基础设施集群发展，提高显示度和影响力。二是优化布局高水平创新平台。以国家战略需求为导向，瞄准国际科技前沿，优化整合现有国家科技创新基地，与科研机构、大学、企业研发机构形成功能互补、良性互动的协同创新格局。三是做强战略性新兴产业集群。深入实施战略性的新兴产业集群发展工程，推动产业链创新链深度融合发展，加快建设具有全球影响力的科技和产业创新高地。

3.以"制造业链"为主线，优化地方产业就业布局

四川资源禀赋和工业基础良好，全省经济社会发展势头稳中有进，有条件有能力实施制造强省战略。只有制造强省、驱动经济，才能为吸引和聚拢人才提供坚实的物质基础，才能伸开拳脚实施人才强省战略，进而才能实现四川产业提质增效和转型升级，为创新人才集聚高地建设提供产业和科技支撑。以"制造业链"为主线的发展，有助于完善地方产业结构和就业结构的协调度，培育特色产业，实现产业错位竞争。特别是针对就业滞后产业、区域发展不均衡等问题，从而进一步优化地方产业布局，建立基于产业的就业市场，引导人口人才合理集聚。

因此，要以大力发展"制造业链"为主线，促进就业链、人才链有序建设和协同发展。通过拉长产业发展链条，增强企业间的关联度与合作，加快产业补链强链延链建设，促进制造业链稳定发展，提升产业链与就业链的互动水平。因此，必须聚焦重点制造业全产业链的强链补链延链建设，坚持以科技创新为引领，坚持高质量集群化发展，坚持项目化机制化落实，增强实施"链长制"的针对性实效性，提升新区产业发展的带动能力。压紧压实"链长""链主"等各方责任，加强"链长制"实施情况的跟踪问效和督促检查，确保"链长制"工作任务落到实处。具体包括：一是从"补链"中找产业链短板，找人才缺位，打通产业痛点，开展以人促产；二是从"强链"中找产业优势，找人才聚合，促进产业协同，促进以产聚才；三是从"延链"中找产业链价值，找人才创新，推动产业升级，推动以人兴产，形成制造业的"产业链—人才链—教育链—创新链"四链合一，提升制造业核心竞争力。

4.以"人才存量"为窗口，创新育才联动用才机制

四川作为高等教育大省，拥有丰富的高层次高技能人才存量资源，特别是275万之多的在校大学生，有必要将大学生"在校期"作为人才资源发展的"窗口期"，积极借助大学生人才力量推动四川经济社会高质量发展。这就要求在川高校在人才培养期间，一方面不仅要传授科学原理和专业知识，更要在知识中融入课程思政，让青年人才了解和认识治蜀兴川的最新进

展和改革成效；另一方面，要为各级各类大学生提供走向基层的实践机会和发展通道，让青年人才深度融入新时代西部大开发、成渝地区双城经济圈建设、乡村振兴、生态环境保护等改革现实和重大需求中，从而培养学生建立识川观念、爱川情感、兴川志向并落实留川行动。

青年人才是战略人才。用好青年人才存量，意味着要树立"不求所有、但求所用"的开放型人才观。这就需要创新育才联动用才机制，一是以爱国爱川奋斗精神引领人才成长。爱国爱川精神的培养离不开学校教育，增强学生爱党报国、敬业奉献的精神，鼓励学生扎根基层，为乡村振兴贡献青春力量，奋力推动治蜀兴川再上新台阶。二是打造基础学科人才培养新格局。加快"双一流"建设，引导高校瞄准科技前沿和关键领域，高起点布局支撑国家原始创新能力和可持续发展能力的基础学科专业，吸引最优秀的学生立志投身基础研究。三是加快推进应用型本科高校高质量发展。应将部分省属本科高校转型为应用型本科高校，优先支持优质高职院校升格为职教本科高校，扩大本科层次职业教育资源，努力打通技术技能人才成长通道。四是积极打造多层级产教融合平台。深化"政府+高校+院所+企业"合作模式，调动多元主体办学积极性，围绕城市发展目标和重点产业，打造校企命运共同体。

5. 以"战略平台"为纽带，促进产才城校深度融合

以创新驱动引领四川高质量发展是事关战略全局的重大任务，面对这一任务首先要解决的就是高水平高层次"产才融合"问题，即高层次人才支撑推动产业转型升级。把高层次人才引进来留下来，不仅需要优势企业平台，关键还需要产才融合型战略平台。如浙江省建立的之江实验室，是由浙江省人民政府、浙江大学、阿里巴巴集团共同举办的，具有独立法人资格的混合所有制事业单位，以创建国家实验室为发展目标，依托浙江大学和阿里巴巴集团为主要研究力量，将类似实验室、研究院的战略平台作为联结多元主体的纽带。由此看来，推进产才城校新型研发机构等高能级平台建设，有助于聚拢高新技术人才开展研发实验。

一是要建立基础研究稳定投入机制。健全政府投入为主、社会多渠

道的投入机制，促进全社会加大研发投入。以立法形式实施财政支持基础研究补短板工程，加大对基础前沿研究支持，强化企业创新主体地位，激励企业加大研发投入，支持企业联合科研院所和上下游企业开展技术研发。二是组织推进关键核心技术攻关。要进一步完善激励机制和科技评价机制，改革重大科技项目立项和组织管理方式，给予科研单位和科研人员更多自主权。三是积极构建科技金融服务体系。通过和中介机构、金融机构和科研院所合作，为入驻企业提供更丰富的孵化服务。通过"先中试、后孵化"模式的规模化，大力发展研发孵化平台，完善科创企业"全生命周期"金融服务链条。四是促进科技成果转化。要聚焦高端高新产业和攻克"杀手锏"关键技术，加快科技成果转化和产业化进程，在加快建成成德绵成果转移示范区、大力引进和培育技术转移示范机构和示范企业外，进一步完善校院企地科技成果供需对接平台，推动校企共建市级产学研联合实验室。完善高校和科研院所科技成果转化自主决策和市场化定价机制，健全科技成果转化收益分配制度，形成更强改革综合效应和终端转化成果。

6. 以"基层治理"为突破，提升基层人才发展水平

坚持党管人才是人才工作最根本的原则，是充分发挥党的领导核心作用的重要方面，也是中国特色社会主义制度优势的重要体现。落实党管人才原则，必须夯实党的基层基础，要把原则深入具体工作中。因此，四川人才工作不仅需要顶层的宏观规划，更需要基层的具体规划，基层人才规划可视为检验党管人才的"路线图""任务书""绩效表"，建立健全党管人才的科学性、引导性和统筹性。如面对四川高校人才外流，党建工作亟须在人才培养过程中引导学生参与治蜀兴川的伟大事业，特别是面对青年人才成长与发展，基层党建部门应重视以"人才规划"为牵引的基层人才队伍建设。

一是拓宽选人视野，建立灵活的基层人才体制。各地应结合本地实际情况，制定有针对性和可操作性的人才政策。如在以农业为主的乡镇，改变以教育卫生为主的常规人才引进政策，结合农业产业发展方向，提高从事农林水电等实用型人才的占比；在以旅游业为支柱产业的乡镇，积极引进和培育

旅游业发展急需紧缺人才。二是促进人才回引，加强基层人才队伍建设。做好基层人才队伍建设，要破除制约人才流动机制，让真正想干事、能干事的人进得来；做好相应的政策配套安排，保证人才在基层岗位中的基本利益和合法权利。建立健全各类政策、措施，引导本乡在外青年人才返乡创业。三是开展基层职称制度改革，激发基层专业技术人才活力。在基层农业、工程等系列，打破基层优秀专业技术人才职称晋升"天花板"，对非基层优秀人才倡导"凡下必用"，开通职称评聘"直通车"，包括先行开展基层高级职称评审、增设基层高级职称、提高基层岗位设置比例。

参考文献

王辉耀：《全球化：站在新的十字路口》，生活·读书·新知三联出版社，2021。

叶忠海：《人才学基本原理研究》，高等教育出版社，2009。

陈振明主编《政策科学》，中国人民大学出版社，2003。

谢迪、王梅斯、熊思：《国家中心城市科技人才政策比较及其优化——以汉、蓉、郑为例》，《经济研究导刊》2022年第3期。

王全纲、赵永乐：《全球高端人才流动和集聚的影响因素研究》，《科学管理研究》2017年第1期。

裴玲玲：《科技人才集聚与高技术产业发展的互动关系》，《科学学研究》2018年第5期。

孟华、刘娣、苏娇妮：《我国省级政府高层次人才引进政策的吸引力评价》，《中国人力资源》2017年第1期。

王辉耀：《为建设创新型国家提供人才保证》，《经济日报》2016年10月13日，第13版。

专 题 研 究

Monographic Studies

坚持政治引领　创新发展模式

——四川省网信人才发展报告

刘海燕　罗　伟　邹肖潇*

摘　要：　四川省委网信办认真贯彻中央和省委关于网信人才工作的系列决策部署，聚焦四川网信人才培养的"三个短板""三个不相适应""六大培训需求"，精准发力、精准施策，坚持政治引领、深入调研、产教融合、联合培养、多点发力，汇聚网信人才发展力量，加强网信人才培养基地建设，不断积蓄网信人才发展动能，推动网信事业高质量发展，为加快建设网络强省、数字四川、智慧社会提供坚实的人才保障和智力支撑，各项工作走在全国前列。

关键词：　网信人才　党管人才　产教融合　四川省

---

* 刘海燕，四川省委网信办信息化协调处处长、一级调研员，主要从事网络强国重要思想、网信人才体制机制改革研究；罗伟，四川省网络治理研究中心七级职员，主要从事网络人才培养开发、产教融合研究；邹肖潇，四川省网络治理研究中心专技岗十一级职员，主要从事网信人才培养管理、课程体系研究。

四川省委网信办 2018 年 11 月正式组建以来，始终坚持以习近平新时代中国特色社会主义思想特别是习近平总书记关于网络强国的重要思想为指导，认真贯彻中央和省委关于人才工作的系列决策部署，全面落实中央网信人才发展规划及四川省贯彻落实方案，以"四川网信菁英培养计划"为引领，确立网信人才优先发展战略布局，推动网信事业高质量发展，为加快建设网络强省、数字四川、智慧社会提供坚实的人才保障和智力支撑。目前，该项工作已经走到全国前列，得到中央网信办的高度肯定。

一　背景与意义

（一）重要意义

习近平总书记强调，"网络空间的竞争，归根结底是人才竞争。建设网络强国，人才要强，没有一支优秀的人才队伍，没有人才创造力迸发、活力涌现，是难以成功的。念好了人才经，才能事半功倍"。网信人才对国家互联网安全、互联网经济发展等有着至关重要的作用，只有牢牢抓住网信人才这一着力点，加强网信人才引进和培养，努力为网信人才提供发光发热的平台，才能有效推动全国网信事业高速高质量发展。网信人才是以互联网为代表的新一代信息技术迅猛发展和市场博弈下，在我国网信领域逐步培养成长起来的新一代人才，在网络强国建设中发挥着重要支撑作用，应当具有对中国特色社会主义的政治领悟能力、技术向善的伦理价值品质、应对网络媒体事件的理性素养、融合跨界架构的知识思维水平、面对新兴变化应用的创新格局理念、挑战复杂困难岗位的担当精神。紧紧把握"人才是第一资源"的深刻内涵，认真落实中央和省委关于人才工作的重要决策部署，立足新发展阶段、贯彻新发展理念、构建新发展格局，以联合培养网信人才为切入点，以高质量网信人才引领网信事业发展的初心和使命，助推经济社会高质量发展，是新一代网信人的共同愿景和共同使命。

（二）政策背景

四川省委网信办建办之初，明确"以学习起步、以调研开局"工作思路，坚持把网信人才发展作为事关网信事业长远发展的系统性、关键性课题来抓。2019年10月，省委常委、宣传部部长甘霖同志在网信办举办的"浙江大学网络风险防范与应对专题培训班"总结上批示"应考虑在川内打造常态化网络培训基地"。2019年12月，中央《网络安全和信息化人才发展规划》正式出台，要求"努力建设一支政治强、业务精、作风好的网信人才队伍"。2020年3月，省委书记彭清华主持召开省委网信委第二次会议审议通过《四川省贯彻落实〈网络安全和信息化人才发展规划〉实施方案》，明确要求加强网信人才队伍的教育培训，将建设互联网学院作为四川网信人才发展规划的重要目标和任务。2021年3月，省委明确将"四川网信菁英培养计划"纳入省委人才工作计划。同时，规划建设互联网特色学院正式写入《四川省国民经济和社会发展第十四个五年规划和二〇三五年远景目标纲要》，建设网络安全工程学院纳入《四川省"十四五"网络安全和信息化规划》。

（三）社会需求

近年来，我国出台了很多鼓励引进人才的政策，培养了一大批互联网领域杰出的科研人员和企业家，但高端人才匮乏、网络空间安全人才缺口大等问题，仍然是网信事业"发展中的烦恼"。省委网信办建办以来，工作职能逐渐从网络安全、内容建设、信息化拓展到网络空间治理、网络文明建设、数字经济发展等管网治网多个方面，新技术新岗位新职业应运而生，但懂管理、懂技术、熟悉意识形态工作的学科交叉型人才以及应用型、综合型人才缺口较大。同时，在推动网信事业发展的实践中，发现网信人才发展有"三个短板""三个不相适应""六大培训需求"亟待解决。"三个短板"即党政领导干部网信素养和数字治理能力亟待转型提升，经济发展产生的新职业、新需求和新技术的空白亟待填补，未来新生力量青少年的互联网启蒙教育与发展空缺亟待完善。"三个不相适应"即四川省网信人才规模与经济大省地位不相适应、网信人才结构与四川省高质量发展要求不相适应、网信人才培养质量与社会需求不相适应。"六大培训需求"即政企互联网思维培养需求、网信人才职业发展需求、网信机构资质准入需求、专业技能岗位适用需求、青少年启蒙教育需求、职业教育"1+X"培训需求。要填补这些"缺口"、解决这些"短板"和"需求"问题，就要念好"人才经"，吸引人才、培养人才、留住人才，聚天下英才而用之。

二　主要做法

（一）始终坚持政治引领，全力汇聚网信人才发展力量

坚持党管人才原则，加强政治引领，以网信人才发展规划和四川网信菁英培养计划为牵引，整合各方面力量，统筹形成"一方案、三体系、多主体"的"1+3+N"网信人才工作新生态。一是出台一个方案，强化顶层设计。2020年初，省委网信委第二次会议审议通过《四川省贯彻落实〈网信人才发展规划〉实施方案》，搭建起统揽全省网信人才工作的制度框架体系，统筹协调各地各相关部门力量，全力抓好方案贯彻落实。二是做实三级体系，强化组织支撑。着眼于构建"横到边、纵到底"的省市县三级网信工作体系，横向上强化"一张网"思维，及时调整充实省委网信委成员单位，明确职能职责，将30项网信人才工作任务细化分解到33个部门，形成工作合力。纵向上强化"一盘棋"思维，在省级层面，顺利完成省舆情监测与研究中心和网络治理研究中心改革，赋能其升级为科研机构；在市级层面，推动多个市（州）增设内设机构或增加人员编制，完成21个市（州）应急指挥中心规范化建设，增强网信专责力量；在县级层面，积极推进县级融媒体中心加挂互联网信息中心牌子，覆盖率87%。三是凝聚各方力量，强化协同推进。2021年9月，正式组建以高校和企业为主体，科研机构、媒体等68家会员单位共同参与的四川省网信人才发展促进会，同步成立网

络信息服务、网络直播、青少年网信启蒙、互联网行业党建等6家民办非研究机构，在网信领域建立更加紧密一体、广泛深入的事业共同体。组建包括网络传播与舆论引导、网络安全、信息化与数字经济、网络空间法治建设4个工作组60余名专家的省委网信委专家咨询委员会，着力发挥"智库"决策咨询作用。加强网络人士队伍建设，建立全国、全省网络名人动态数据库，着力凝聚网络正能量和骨干力量。

（二）始终坚持深入调研，积极探寻网信人才发展路径

为全面摸清四川省网信人才队伍现状及发展方向，坚持"以学习起步，以调研开局"，先后开展三轮调研，进一步摸清家底、理清思路，找准推动网信人才发展的切入点和突破口。一是针对家底不清问题，首次开展网信人才队伍现状摸底调研。联合高校共同开展省社科项目立项课题研究，通过查阅政策文件、实地调查、走访座谈、在线问卷等方式方法，初步掌握四川省网信人才队伍结构、分布及发展趋势，形成了全国第一份《四川省网信人才分析报告（2020）》，对全省党政机关及其事业单位、高校、网站、企业和网络安全企业的基本情况进行分析研判，为网信人才发展科学决策提供有益参考，先后得到省委副书记邓小刚，省委常委、组织部部长于立军的肯定性批示。二是针对方向不明问题，重点开展网信人才培养机制专题调研。聚焦网信人才培养领域的痛点难点，成立专题调研组先后赴浙江、重庆等先行地区，川大、电子科大等知名高校，中国光谷、奇安信等头部企业调研，学习借鉴先进经验，结合四川省实际情况积极探寻网信人才培养新模式新路径。三是针对需求不准问题，深入开展网信人才培训需求专项调研。为准确掌握分众化、差异化培训需求，书面征集省直相关单位、21个市（州）党委宣传部、网信办以及高校、企业、科研院所等网信人才培训需求和意见建议共150余条，找准网信人才培养存在的党政干部网信素养和数字治理能力亟待转型提升等"三个短板"和政企互联网思维培养需求、网信人才职业发展需求等"六大培训需求"。

（三）始终坚持产教融合，布局建成网信人才培养基地

在深入调研、充分研判的基础上，坚持把建设四川省网信人才培养基地作为网信人才工作的第一抓手和突破口，形成"一年起步、三年成形、五年建成"三步走构想分期推进，积极填补全国网信人才培养空白区域。一是建成四川省网信人才培养基地。在省委组织部、省委宣传部的指导下，联合教育厅、人社厅，采取"产研训融合、政企社协作"模式，整合高校、企业、科研机构等多方资源，在成都、宜宾"一体两地"布局建成四川省网信人才培养基地，引进指导封面传媒、奇安信等头部互联网企业，出资建造网络舆情管理、网络安全、数字治理等多功能教室。2020年9月14日，四川省网信人才培养基地正式揭牌开班，副省长罗强、中央网信办培训中心主任孙爱萍出席揭牌仪式，目前基地已被纳入全国网信人才培养重要支撑基地和全省干部教育培训体系，成为全国首家省级层面独立组建的网信人才培养基地。同步打造"四川网信云课堂"线上教学平台，与基地有效互补、科学衔接。二是开发"政治引领实战为先"教学体系。在理论武装上，坚持把习近平总书记关于网络强国的重要思想作为"开班第一课"和"从业必修课"；在师资队伍上，采取党政干部、专家学者、实战先锋各占1/3的方式配置师资；在培训供给上，自主研发教学大纲，设置主体班、专题班、研修班、资质班4类班次和教学、演练、实训、竞技4大系统50余类子系统，将课堂教学、案例教学、现场教学、实战演练融为一体，突出场景式、体验式、浸入式教育特色，"网络安全攻防对抗与应急演练""网络舆情引导处置应急演练"等实操课程广受欢迎。三是开展网信人才示范培训。依托四川省网信人才培养基地，全面落实全省网信人才培训计划。截至2021年12月，已开设网络风险防范化解培训班、网络空间安全治理培训班等各类培训班次48期，其中中央网信办4期、省委网信办14期、各市（州）网信办11期，其他涉网信专题19期，共3800余人次参训；"四川网信云课堂"上线网课66课时（节），近5万人次访问学习。

（四）始终坚持联合培养，全面架构新型开放互联网学院

着眼跨界型、复合型网信学科人才培养，抢抓建设互联网特色学院机遇，联合高校、科研院所开展网信特色学科体系研究，打通网信人才专本硕博学历成长通道。一是建设四川省互联网（网络安全工程）学院。到2025年，聚焦网信人才高质量发展、治理体系和治理能力现代化、数字经济加速发展，依托成都信息工程大学，大力培养网信领域急需紧缺、跨界融合应用型人才，建成一所走在全国前列的体系化正规化产业化新型互联网学院——四川省互联网（网络安全工程）学院。在体系架构上，实行"双重领导、联合办学、多轨运行、共建共享"，由省教育厅、省委网信办实行双重领导，成都信息工程大学负责日常管理运营；设置由相关部门、高校共同组成的理事会，对学院发展、重大事宜进行决策，全面整合中央网信办以及省内相关高校、科研院所、企业资源，加强学科人才培养，积极开展社会化培训。在师资队伍上，采取"专职为主、专兼结合"的方式，由成都信息工程大学专任教师、其他高校兼职教师、网信企业产业工程师共同组成，形成以网信为主、多学科交叉融合、结构合理、共建共享的高水平师资队伍。二是建好国家智能社会治理教育特色实验基地。以成功申报打造国家智能社会治理实验基地为契机，以国家级"招牌"为统揽，坚持智慧社会智慧教育智慧校园建设特色，全面推进四川省网信人才培养基地、四川省互联网（网络安全工程）学院、青少年网络科技实践教育中心、网信人才服务平台等应用场景打造，建设网信科研智库，建立网信行业社会组织，成立民办非机构研究院，构建社会治理示范园区，促进全省网信教育现代化发展，为全国提供可复制示范案例和经验样板。三是探索建立网信领域特色学科人才培养体系。2021年以来，省委网信办与四川大学、四川师范大学、成都铁路运输第一法院（成都互联网法庭）及成都信息工程大学签署联合培养网信人才合作框架协议，联合培养硕博层次创新型研究型高端跨界人才；联合四川信息职业技术学院、宜宾职业技术学院、成都电子信息学校等院校大力推进计算机网络技术、电子技术应用、信息安全技术应用等现代学徒制试点专

业，拓展培养专科层次应用型职业技术人才。同时，依托四川省互联网（网络安全工程）学院的建设与发展，逐步打通网信领域高职专科、应用本科、专业硕士、博士工作站等网信人才专业学历通道，分步探索构建网信特色学科体系，向教育部申请开设"普通高校本科专业目录"中尚未开办的网络舆情管理、智慧治理、网络心理行为、互联网法治等网信相关跨界融合、细分领域专业，逐步形成网信人才特有学科专业，建成网信基础人才、应用人才、综合人才、管理人才一体化培养的学科体系。

（五）始终坚持多点发力，不断积蓄网信人才发展动能

坚持抓重点、带多点，把创新人才评价与激励机制作为推动网信人才工作立体式发展的重要抓手，着力激发各级各类网信人才干事创业活力。一是建立网信人才表彰激励机制。针对过去四川省从未对网信工作进行过评选表彰，而网信部门和网信事业作为新机构、新领域、新工作，迫切需要通过评选表彰发挥精神引领、典型示范作用的实际，2020年3月，省委网信委第二次会议审议通过《四川省网信工作先进评选表彰办法（试行）》，将网信先进个人评选表彰事项纳入省级评选表彰范围，选树典型、强化激励，对获得表彰奖励的集体，相关部门对其网信工程建设、技术改造和科研项目开展等方面予以倾斜支持。2021年10月，经省委省政府同意，省委网信办、人力资源社会保障厅决定对200名网信工作先进个人和100个网信工作先进集体予以表彰。二是建成全国首批网信人才职称评价体系。针对四川省现有新闻系列、工程系列和社科系列职称均难以适应网信领域从业人员职业发展需求的问题，积极推动网信人才评价机制改革。在工程系列下新增网络信息安全专业职称，下设网络生态治理、网络舆情管理、网络信息传播、网络安全服务4个子专业。在专业设置上，将网络内容建设管理与网络安全及信息技术有机结合；在评审对象上，由国有企事业单位体制内人员拓展到非公有制经济和社会组织人员、自由职业者等体制外人员，畅通网信人才职业发展通道。2021年1月，省委网信办和人社厅联合印发《四川省网络信息安全专业职称申报评审基本条件（试行）》，在全国首批建成网信职称评价体系，入选全省

人才工作 2020 年度创新发展典型案例。2021 年 11 月，在全省范围内开展首评工作，拟通过高级工程师职称 13 人、中级职称（委托评审）19 人、初级职称（委托评审）7 人。三是探索网信人才特殊政策。积极与中央网信办、省委组织部、省人社厅、省财政厅等相关部门对接，争取设立网信高层次人才特殊引进政策及人事薪酬制度改革试点，研究制定《省委网信办直属事业单位兼职兼薪和创新创业管理办法（试行）》，确保专业人才引得进、留得住。

三　经验启示

（一）要在"政治"上作引领，坚持党管人才基本原则

必须旗帜鲜明、毫不动摇坚持党管互联网、党管人才基本原则。把习近平总书记关于网络强国的重要思想作为网信人才培养和培训的"开班第一课"和"从业必修课"，从严把牢政治关口。加强党中央对网信人才工作的集中统一领导，树牢"四个意识"，坚定"四个自信"，坚决做到"两个确立"，把广大网信人才团结凝聚在党的领导下，确保网信事业始终沿着正确方向发展。

（二）要在"调研"中找思路，探索网信人才发展路径

网信人才发展没有现成模式，需要凝心聚力、不断探索、积累经验。要学习借鉴先行地区、知名高校、互联网头部企业的有益成果，吸取一些地方和行业的失败教训，强化中台思维、迭代思维、品牌思维和用户思维，打造多主体共建的新生态，对各类网信人才发展资源要素进行有效聚集、有机整合，探索一条可复制、可推广、可造血、可持续发展路径，逐步形成"产研训融合、政企社协作"发展新路子。

（三）要在"统筹"中聚合力，发挥社会优质资源优势

网信人才培养必须立足全省网信人才发展，加强网信部门牵头总抓和统

筹协调力度，充分调动企业、高校、科研机构和社会组织积极性、主动性和创造性，为提高网信事业自主创新能力提供智慧和力量，推动网信人才发展、各项业务工作落地落实，着力打造一支政治强、业务精、作风好的网信人才队伍。

（四）要在"育才"上下功夫，建立网信人才培育体系

网信人才培养必须紧密结合党中央和省委关于网信人才工作系列决策部署，加强长远规划、整体推进，健全培养制度体系。通过建立网信人才培养基地、特色互联网学院、网信人才发展服务平台等途径，实现培育网信人才常态化、规范化、制度化，形成网信基础人才、应用人才、综合人才、管理人才一体化发展的培育体系。

（五）要在"用才"上做文章，激发网信人才潜在能力

人才引进和培育，最终是为了服务社会。要通过建立网信人才在政府、企业、高校、科研机构之间实现合理、高效流动的制度机制等方式，让网信人才的创造活力竞相迸发、聪明才智充分涌流，最终让他们的智慧转化为核心技术、科技成果，为推动网信事业走向新的发展提供人才保障和科技支撑。

（六）要在"长远"上谋突破，强化网信人才保障机制

要着眼网信事业和网信人才长远发展，真正从心底里尊重知识、尊重人才，建立灵活的网信人才保障机制，为人才发挥聪明才智创造良好条件。要进一步深化人才发展体制机制改革，破除体制机制障碍，出台留住网信人才的优惠政策和措施，打造拴心留人的良好环境。要积极选树网信领域的人才典型，加大宣传力度，让作出贡献的网信人才有成就感、获得感。

党建引领成渝双城经济圈人才高地建设的优势、困境与路径创新

柴剑峰　张瑾　王景＊

摘　要： 成渝地区双城经济圈是构建新发展格局、推动高质量发展的重大区域布局，其建设成效关键在于人才高地建设，发挥党对人才工作全面领导的核心优势，通过党建引领，推动党建与人才工作同频共振。本文分析党建引领人才高地的内涵与逻辑理路，在实践探索中发挥优势、分析存在的困境和短板，创新党建组织和宣传模式，优化运行模式和发展路径，以支撑人才高地建设。

关键词： 党建引领　人才高地　成渝地区双城经济圈

在中国共产党百年奋斗历程中，我们党始终重视培养人才、团结人才、引领人才、成就人才，团结和支持各方面人才为党和人民事业建功立业。党的二十大报告将"实施科教兴国战略，发挥全面建成社会主义现代化人才支撑"单独成篇，进一步凸显当前复杂国际国内形势下，人才基础性和战略性支撑作用。成渝地区双城经济圈是继京津冀、长三角、粤港澳大湾区区域发展战略后的又一重大的国家战略，需要且必须通过"建设世界重要人才中心"这一重要平台和抓手，发挥党建引领组织和宣传优势，赢得战略主动和竞争主动。

＊ 柴剑峰，四川省社会科学院研究生院常务副院长，博士，研究员，主要从事劳动经济学和生态经济、民族问题研究；张瑾，四川省社会科学院研究生，主要从事劳动经济学研究；王景，四川省社会科学院研究生，主要从事劳动经济学研究。

一　党建引领人才高地建设的本质内涵及逻辑理路

（一）党建引领人才高地建设的本质内涵

人才是经济社会发展的第一资源，是兴国之本、富民之基、发展之源，我们党推进中国式现代化、全面建成社会主义现代化强国、实现中华民族伟大复兴离不开人才的支撑作用。培养造就大批德才兼备的高素质人才，事关国家长远发展和民族复兴的大计。在新形势下，通过人才高地建设，为党育人、为国育才，造就拔尖创新人才，聚而用之，显得尤为重要、迫切，这也决定了其理应成为党的建设的优先事项。坚持党对人才工作全面领导，才能确保人才工作的政治方向。通过党建引领，发挥党组织的先锋示范、战斗堡垒作用，支撑区域人才高地搭建高端人才多样人才池。发挥党建引领驱动作用，能盘活社会资源助推人才资源从而最终达成发展的目的。党组织有目标有计划的带领能切实提高人才工作效率，党的领导是人才工作顺利推进的根本保证，是人才高地成功建设的根本保证。

党建工作与人才工作在性质上的契合度较高，二者有共同的现实基础和奋斗目标，可以同时开展、相互交织。在建立了完善的规章制度的前提之下，制定详尽的工作计划，选择合适的工作方法，确定完备的工作流程，是党建工作成功开展的重要基础，也是人才工作有效开展的重要前提。在党建的工作内容里，有体系化的干部管理内容，同样人才工作也可被囊括进去，其与党建工作的其他内容并行不悖且丰富了党建体系，增加了党建的活动和形式。此外，党建工作与人才工作紧密联系、高度耦合。坚持党的全面领导是走中国特色人才发展道路的根本保证，党管人才是基本原则，通过"真心爱才、悉心育才、精心用才，把各方面优秀人才集聚到党和人民的伟大奋斗中来"。人才的培养、引进和使用也会促进党建工作开展，丰富党建内容，吸纳党建人才。对于党的人才建设事业而言，党应该建设什么样的人才、怎样建设人才、人才如何发挥作用，这是党建引领人才高地建设的主题。

党建引领人才高地须在理论和实践上创新突破。我们党作为全世界第一大执政党，正在推动世界上人口规模最大的国家的现代化道路，这一伟大工程需要在工作上创新突破。同时，对中国特色人才事业发展和具体细节的持续探索和不断深入的认知，促进了我国人才资源更优化的配置，推动了党和国家人才事业的发展，也为党和国家的事业提供了人才支撑。人能尽其才则百事兴，人才是治国安邦不可或缺的基石。我们党始终重视人才对国家方方面面发展的支撑作用，将人才强国战略作为国家一项重大战略，始终重视引进吸纳外来人才，自主培养本土人才，鼓励他们在不同的领域各显其能。以更具前瞻性和开阔性的视角来分析我国人才事业的现状，制定切实可行的方案，去更好地发现和选拔合适的人才，科学地任用人才，可持续性地培育和发展人才，提升人力资本的质量，为党和国家未来重大方针战略的制定提供强有力的智力支持。

（二）党建引领人才高地的逻辑理路

中国特色社会主义人才制度之所以具有科学性，是因为它结合了中国实际情况，扎根于中国大地上，从人民现实生活的土壤中生长出来。遵循社会发展和人才培养的科学规律，鼓励人的自由全面发展。党建引领人才，是一项具有历史性和时代性的重要任务，丰富人才强国战略的内涵。

自 1921 年，党领导人民一步步实现站起来、富起来、强起来，走进中国特色社会主义新时代。党能够取得胜利的一个重要因素就在于其对于人才的高度重视。在党的革命事业的感召之下，人才济济，群贤毕集。来自不同领域、各行各业的人才汇聚在中国共产党的旗帜之下，形成了群英荟萃、将星灿烂的格局。在我国革命斗争和建设的过程中，毛泽东等国家领导人十分重视人才，具有选人用人的独到眼光，为无产阶级革命事业和社会主义建设事业聚集了大批人才。20 世纪后半叶，国与国之间综合实力的竞争越来越体现在科技实力的较量。1977 年 5 月，邓小平提出："一定要在党内造成一种空气，尊重知识，尊重人才。"呼吁社会对知识分子的重视，也鼓励知识分子积极投入社会主义的建设中来。①

2002 年全国组织工作会议上，"党管人才"被首次提出。2003 年，第一次全国人才工作会议召开、中央人才工作协调小组成立，中共中央、国务院出台《关于进一步加强人才工作的决定》正式确定党管人才的原则。同年，中央组织部设立人才工作局对人才进行宏观管理。2012 年《关于进一步加强党管人才工作的意见》进一步加强党对人才工作的领导。人才强国战略与党管人才的原则的结合以及党中央人才工作局的设立和人才工作会议的召开意味着我国党建与人才工作的进一步联动，极大地推进了我国人才工作的进展。

党的十八大以来，以习近平同志为核心的党中央领导集体将人才视为第一资源，深入实施人才强国战略和科教兴国战略，立足于新时代对人才工作提出新挑战，全方位统筹把握人才的引进、培养和使用，制定人才政策、优化人才配置、推进人才机制体制改革、建设人才工程项目，加强党对人才建设的领导、强化党管人才的原则，构建党建引领人才发展的工作体系，统筹把握中华民族伟大复兴的战略全局和世界百年未有之大变局，走一条中国特色人才发展道路，开启了从人才大国迈向人才强国的新征程。党的领导是人才发展的根本保证，党管人才是原则，党建引领是关键，通过"培育人才、团结人才、引领人才、成就人才"方能形成"聚天下英才而用之"的人才高地。

二　成渝地区双城经济圈探索党建引领人才高地建设的优势与短板

近年来，成都、重庆两地相继出台了一系列的人才政策以达到吸引并留

---

① 韩萌：《加强党对人才工作的全面领导》，《党建》2022 年第 2 期，第 38~40 页。

住优质人才的目的。为紧跟国家人才强国战略步伐，要贯彻中央人才工作会议精神，促进成渝地区双城经济圈建设，努力建设具有全国影响力的人才高地、创新高地。

（一）党建引领人才高地的优势

为协助成渝地区吸引人才流入，帮助其聚集并留住人才，保证人才的正向流入，促进建立人才高地与创新高地的战略目标的实现，国家出台了一系列政策，如2017年教育部印发《关于坚持正确导向促进高校高层次人才合理有序流动的通知》，2019年人力资源和社会保障部印发《关于充分发挥市场作用促进人才顺畅有序流动的意见》，2021年科技部印发《关于加强科技创新 促进新时代西部大开发形成新格局的实施意见》，均积极引导东部地区的人才向中西部流动以及为西部地区留住人才。这一系列政策，鼓励人才流入成渝地区，促进了成渝地区人才聚集。《2021年主要城市在校大学生数量》中成都、重庆分别位于第4、第5位。《中国城市人才吸引力排名：2022》显示，成都和重庆的吸引力指数排名靠前，成都更是位居全国第6。大量一线城市的人才纷纷流入成渝地区，成都和重庆则是互相进行人才流动的首选。为解决"卡脖子"技术，中组部牵头制定工程类博士人才培养方案，是党管人才在关键领域人才培养重大举措。

成渝地区双城经济圈在多方面都具有不容小觑的优势。一是成渝地区双城经济圈具有丰富的人力资源。四川和重庆两地的人口数量向来十分可观，第七次全国人口普查公报显示，2020年成渝地区人口总量约为1.16亿人，在全国人口中占比约为8%，依然具有相当的人口红利。二是成渝地区经济发展前景良好，对人才资源具有较为强劲的吸引力。成渝地区双城经济圈自然气候宜人，适宜居住，蜀地文化富有历史底蕴，人文气息浓厚，吸引大批人才前往。同时其科研实力不断增强，产业架构不断优化升级、自我完善，总体经济水平也保持着良好的发展趋势，具有很大的发展潜力，这吸引了大量优质的科技创新人才。三是成渝两地地理位置相邻、文化相通。地理位置、风土人情、生活习惯等方面的相通降低了人才在两地间流动的成本，有利于人才资源的相互融合。四是成渝人才工作部门间有着丰富的人力资源交流合作的经验。近年，在公共就业、人力资源产业发展等多个方面都有着密切的往来，为成渝地区双城经济圈人才建设奠定了良好的基础。

（二）党建引领人才高地的短板

成渝地区双城经济圈在存在显著优势的同时，也有着不可忽视的短板。

首先，成渝地区虽然人口数量较多，但是人才占总人口的比重较低，与成渝地区双城经济圈建设规模和经济发展体量不相适应。第七次全国人口普查数据显示，2020年成渝地区人才总量占人口总量的13.86%、GDP占全国总量7.24%。对比其他经济圈，京津冀人口占全国7.82%、GDP占比8.48%，长三角人口占全国16.66%、GDP占比23.42%，粤港澳人口占全国8.93%、GDP占比10.90%。这些地区的人口中人才比重较高，对经济的发展起到了更强的促进作用。相比较而言，成渝地区的人才占比较低，还需要吸引更多的人才，更好地支撑经济发展，争取早日跻身世界级城市群。

其次，成渝地区在研发方面的实力依然较为薄弱。研究开发的人员数量虽然增速较快但原本基数较小，且研发投入的经费较少，无法支撑产业创新、结构转型等需求，无法匹配产业的发展速度。根据《中国科技人才发展报告（2020）》，我国科技人才分布不均，主要集中在东部地区的长三角、粤港澳和京津冀等经济圈，西部地区科技人才流失较严重。依统计年鉴数据总结出2015~2020年各城市圈研发方面的情况，成渝地区的研究开发人员年均增速为11.31%，仅低于粤港澳的12.14%，超过京津冀6.64%、长三角10.39%的年均增速。研究经费投入方面，重庆的投入强度为2.11%、四川为2.17%、全国为2.40%、北京为6.44%、上海为4.17%。重庆和四川在全国范围内仅超过河北，分别排名倒数第2

和倒数第 3。①

最后，新兴产业、关键技术领域缺乏领军人才，难以支撑经济发展中心、科技创新中心的要求。近年来，大数据、物联网、人工智能等新兴产业兴起，是未来科技进步的重要方向。但在成渝地区，这些产业面临着严重的人才紧缺。尤其是研发方面的投入不足、研发人员的缺失，导致其陷入着科技创新进步的瓶颈，难以实现进一步的提升。②

三 探索党建引领人才高地建设的实践困境

党管人才是我们党的一项创举，是适合我国现阶段国情的一项制度安排，在实际执行中，党建引领人才作用发挥不够突出，党建与人才工作如何结合一定程度上存在认识不到位、体制机制不健全、方式方法不够适应、保障不够有力等问题。党的组织建设要抓住人才在工作、生活中面临的痛点和难点施策发力，尊重人才、用好人才，让他们愿意来、愿意留。在党的思想建设方面，如何将践行初心、担当使命的要求，敢于斗争、善于斗争的精神传导给人才工作部门、人才个体和用人单位。在党的作风建设上，如何发扬党的优良传统和作风，将党的创造力、凝聚力和战斗力渗透到人才高地建设过程中。

（一）党管干部与党管人才高效运行但仍有待提升

党管干部与党管人才虽都属于党建的工作内容，但其管理模式却有很大差异，不能直接套用。前者侧重强调党的干部方针政策的落实和领导班子建设管理情况，包括各级干部的选拔、任用、培训、考核、激励等要素，是实

---

① 《成渝地区加速打造"中国人才集群第四极"》，人才成都，https：//mp. weixin. qq. com/s？＿＿biz＝Mzk0OTQ4NzMxOQ＝＝&mid＝2247545890&idx＝3&sn＝72acae19c3ae93d45074a12b7dc061a0&source＝41#wechat＿ redirect。

② 刘兰、乔万勇、王浩：《发挥成渝两地协同力量 打造"中国人才集群第四极"》，《中国人才》2022 年第 8 期，第 50~52 页。

施管理、推动工作、保障落实的有力举措。后者主要强调协调各类资源要素和公共服务领域，为人尽其才、才尽其用创造条件、提供保障。人才与干部的工作内容、性质特点不同，科层制的管理结构对于人才而言不利于其开展科研活动和提升创新能力。党建引领人才高地建设过程中，要处理党管干部与党管人才的区别和联系，在实际工作中加以区分。特别是党委组织部门，人才工作要牵头抓总，并协调好与职能部门的联动关系。目前党管人才工作已经形成共识，但相关职能体系、权责关系仍有完善空间。中央和地方之间、党委部门和政府部门之间的关系协同性还有待提高。在民主集中制的组织原则之下，加强和改进党对人才工作的领导，并以此构架权力的内部体系。由于职责权限的边界存在模糊地带，部门间在一定程度上存在职能不明、职责不清的情形，使人才工作聚拢不起来、凝聚不起来，作用和效能发挥得不完全、不充分。

（二）党建引领人才高地建设跨区域协调不顺畅

首先，成渝地区双城经济圈人才高地是以成都、重庆双核为塔尖人才的聚集地，以绵阳、宜宾、泸州、南充、达州、江津、涪陵、万州为塔身，德阳、遂宁、璧山、永川等为塔基的人才金字塔。然而区域内人才流动和深入合作仍面临种种困难，如各区域之间的人才政策、福利待遇、科研工作条件等存在较大差异，各城市人员流通政策、社保缴纳、住房保障等政策不能在人才流动时有效衔接，人才市场相互割裂，区域内部之间无法实现深度合作，大城市的辐射带动作用被削减。

其次，成渝双城经济圈人才合作与人才共享的制度不统一、不完善也导致人才高地跨区建设不协调。成渝地区并未在各城市之间建立互通的人才工作平台，人才流通机制不统一，各地区之间的人才信息不透明，不利于人才发挥作用和实现价值，不利于各地区搜寻对口人才并引进培养。成渝地区各区域人才合作缺乏统一规划，区域内部各城市间的人才合作混乱，人才开发共享的目标不明晰，相应的发展步伐和战略制定不统一。

最后，成渝双城经济圈的区域协调机制的灵活性不高，限制了其作用的发挥。区域人才协调发展需要一个专门的协调机构、各地各级政府之间的相互合作以及各部门的极力配合。因此各部门机构之间的协调和沟通显得尤为重要，需要高度灵活、有效沟通，提高人才共享工作的效率。若在协作过程中缺乏高效灵活的机制，便会产生信息壁垒和步调的不一致，从而影响内部人才政策发挥作用，引发人才区域合作的整体性、结构性问题。

（三）党管人才与法治建设的关系不够清晰

法治是党治国理政的基本方略，是市场经济条件下实施管理的基本手段，党自身也要在法治的轨道上行驶。因此，党要通过一定的程序和形式，把自己的主张和意志上升为国家的意志，成为共同遵守的基本规范。其中很重要的一点就是要通过人才工作立法，以党建引领人才法治化建设，通过地方性法规、规范性文件，使党建引领人才高地建设更有抓手。党建引领成渝双城经济圈的人才高地建设需要坚持法治化、规范化，要推进立法体系覆盖人才引进、人才培养、人才管理、人才保障、人才使用等方方面面，在执法方面充分保障人才的合法权益、成果的知识产权不受侵害等。通过人才管理的法治化，推动成渝地区双城经济圈人才工作的各个方面都有章可循、有据可依。

（四）党建战略思想与人才高地建设的耦合度不高

党建在思想上的战略指引与人才高地的战略性支撑耦合度有待提高，提高党建的战略思维、创新思维、长远眼光、系统思维，对党建引领人才高地建设有更全面的思考、更完善的体系架构以及更清晰的目标，对人才高地建设这个战略支撑提供更为长远的谋划。从更高的视野、更长远的考量，统筹谋划，避免出现"空对空"无法实现的倾向。除此之外，党建引领成渝双城经济圈人才高地建设应结合成渝地区的特色、自身定位和发展目标，制定适合成渝发展的人才规划，使人才建设能为成渝双城经济圈的发展起到更大的助推作用。

四　党建引领人才高地建设的提升路径

（一）强化政治引领和精神引领，推进党建工作与人才工作的深度融合

强化对人才的政治引领。习近平总书记强调："做好人才工作必须坚持正确政治方向，不断加强和改进知识分子工作，鼓励人才深怀爱国之心、砥砺报国之志，主动担负起时代赋予的使命责任。"加快成渝地区双城经济圈建设，需强化党管人才，将坚定的理想信念贯彻到人才个人和人才主体中，用科学真理和实践真知来讲述，激发人才的爱国情怀，使其心怀远大理想、埋头深耕脚下。在强化人才的政治引领时党建发挥着重要作用，组织各类人才定期参加党史学习课程、游览参观红色旅游景点、研修国情省情、定期开展思想交流会活动等帮助各类人才坚定内心信念、竖立政治正确立场、积极学习生活工作。在党建对人才的政治引领下，深度融合党建与人才工作，为人才成长发展搭"桥梁"竖"阶梯"。

加强对人才的精神引领。我们党在一百年来的奋斗历程中，构建起了自身的精神谱系，如长征精神、改革开放精神、脱贫攻坚精神、抗疫精神等。这些伟大的精神来之不易，是一次次面对牺牲不怕牺牲、面对困难解决困难后凝聚的大山，是这些伟大的精神，引领了中国共产党和中国共产党人一路披荆斩棘，立下丰功伟业。这些精神也能对各行各类人才起到教育、启发和鼓舞的作用，加强对人才的精神引领能使其在新时代努力拼搏、攻克难题、承担新时代的使命和责任。成渝地区双城经济圈的党建工作要引领人才学习并发扬光大党的精神财富，以积极的面貌、乐观的心态、坚韧不拔的毅力、拧成一股绳的齐心共同支撑人才高地建设。

（二）党建引领打造高端人才体系

新时代人才引进、自主培养、挖掘使用在加快形成成渝地区双城经济圈

人才资源竞争优势和快速发展的过程中既并驾齐驱又环环相扣。在党组织的带领下打造高端人才体系能从根本上解决人才建设与成渝地区发展需求及步调相融合的问题，充分激发人才的潜力，发挥人才第一资源的作用，建设成渝地区更高质量的人才高地，促进成渝经济社会高质量可持续的发展。

人才引进要做到既畅通又优质。人才引进是人才高地建设的源头性问题，引进人才的优质与否对人才高地建设的质量有重要的影响。人才的引进方式应多种多样，不应局限于次数有限的政府计划或过于依赖相关人才负责部门。人才可以毛遂自荐、他人推荐，相关部门和企业大胆使用，择优录用。除此之外，人才引进衔接工作需要畅通，相关部门对接好相关手续，为人才的自由流通提供便利。人才引进需要大力宣传，这就需要成渝双城经济圈党建工作在人才引进政策宣传、企业和科研单位空缺岗位招聘等方面能与人才进行对接等。

人才培养内容要做到既具体又个性。"不要都用一把尺子衡量，让有真才实学的人才英雄有用武之地。"党建引领人才工作需要创新人才体制机制建设，为人才的成长提供充足的空间，满足各类人才的发展需求和创造活动，提供高度灵活的规则激发人才活力和创造力。人才的发展要具体到每个人才个体，而不是一刀切，这样才能发挥出人才的最大价值。这就要求成渝双城经济圈党建工作对人才深入了解，并制定出不同的、个性化的人才发展规划和成长路径。同时成渝地区人才的培养内容应结合成渝区域特色，如党建引领人才工作应包含编制成渝双城经济圈的人才目录，包含各领域的人才数量、研究内容以及紧缺人才的岗位和领域，引领区域人才合作共建活动，成渝两地人社保障共建以及"巴蜀工匠"协同培养融合区建设等。

人才培养过程要做到既松缓又严格。松缓是指培养人才的过程不应对人才的成果过于苛责，对复杂的难题应给予人才足够多的时间和空间，创造优质条件、营造舒适氛围，对成果的孕育保有足够的耐心。严格是指人才的培养过程中应把握人才的政治方向正确，紧跟党的领导。规范其科研行为，不出现造假和抄袭现象。针对成渝双城经济圈的人才建设应把握人才的科创内容能服务于成渝地区建设。

人才工作的社会联动要做到既广泛又深入。广泛是指培养人才在党的领导下盘活社会各个方面的资源，提高培养和吸引人才的效率。如科教资源助力，拓展市场主体触及领域；金融资源协同，以事业成功率吸引人才；人力资源机构赋能，增强产业人才集聚成效。深入是指与各方联动合作要深入，如成渝双城经济圈在开展科研项目时要提供充足的经费支持、先进的设备，放松对调研和人员的限制等。党建要调动社会资源，拓宽人才的交流面，除了高校、科研机构外，应更多与企业、海外人才合作等。在人力资源机构为人才赋能、打造成渝智库集群、强化产业融智能力时应多向国外专业的人才服务市场看齐，为人才提供更多福利保障和大展拳脚的空间，为企业部门提供精准的人才信息和人才中介服务，举办人才交流活动等。

（三）以党建引领破除人才区域不协调壁垒

成渝地区双城经济圈的党组织牵头，将成渝人才一体化作为支持两地协同的优先措施。有计划的按时召开成渝地区有关人才建设协同发展的协调会议，就重大事项进行讨论，突破区域壁垒，推动协调工作的进展。

人才高地建设应在"十四五"规划的指导下，党建引领成渝两地相关部门针对人才的区域协调工作进行统一规划，成立独立的机构协调各地各级政府及相关部门关于人才的交流和对接工作。编制人才的专项方案，并形成体系，推动"党建+人才+X"的模式，搭建高质量人才交流合作平台、积极争取国家基金项目、提升成渝地区聚集人才的能力。

党建工作应拓宽人才工作的资金支持路子。联合国家相关部门与成渝双城经济圈的企业、投资融资机构等，设立人才发展基金、项目研发基金、成果转化基金、高新技术产业协同发展基金等。对国家重大政策、研发计划和建设项目等加大支持、优先布局。除此之外，可在申报各类国家级基金项目、职称、人才称号、荣誉嘉奖时，对投身成渝双城经济圈建设的人才有所倾斜。

党建工作应着重推进"成渝人才管理改革试验区"建设，敢于在人才政策上需求突破。成渝地区要强化宏观管理人才机制，制定相关政策法规规范各区域人才共享工作大纲和细则，人才政策在成渝地区收益度深、覆盖面广、公平性强，建立统一的人才认定、评价、筛选、任用、上升机制，政府高效推进公共服务，扩大市场对人才的开放性，分离监督和管理机制，推动区域内人才的筛选和认定标准一致，同时也使人才的福利待遇、工作环境、绩效奖励等一致，实现成渝地区人才一体化。

成渝两地党组织应携手制定人才服务的配套政策并示范带动其他城市，人才服务的配套政策能全方位推动区域内人才联动。成渝两地联合对人才工作的具体细节进行规范统一，配套政策的制定使得成渝地区的人才建设更加清晰明了，有所溯源，从而使人才的流动更加自由，人才的引进、使用和评价更加透明，人才的培养更加具体。此外，人才政策与其他政策的体系化联动，能为人才工作提供更好的支撑，如购房政策等相关政策的一体化和配套化，使不同领域的人才得到更加合理、公平、高效的配置，使区域内不同城市的人才流动的衔接更加通畅，人才的预期与现实相符，社会对人才的需求也得到满足。人才跨区域服务体系的完善也可通过统一的保障政策得以实现，成渝双地通过发放成渝人才一卡通，使人才在各城市都能享受相应的住房保障、配偶就业、购车资格、家人就医、人才落户、子女入学等全链条服务。在注重人才服务的公平对等的同时要注意人才需求的差异性，从而对症提供个性化的服务和不受清单局限的多样化服务。建设成渝地区人才一网通平台，使各地人才政策聚集一处、各项人才事务一键办理、人才供需一点匹配，从而实现跨区人才一体化和人才流通零壁垒。

（四）党建引领搭建成渝双城经济圈高端平台引才聚才用才

高质量平台的建设对人才的引进、培养和发展有重要作用。首先，多功能的平台为人才带来生活服务、科学研究、社会交流的方便，节省了其搜集信息、拓宽渠道的时间，使其可以专注在自己的领域里潜心钻研创新，提升能力。其次，栽好梧桐树，引得凤来栖。党建引领成渝双城经济圈搭建高端平台，十分有利于吸引和聚集人才。如吸引国内外顶尖的科研机构在成渝双城经济圈组建科研队伍、开设科研项目、建立研发中心等，地方放宽博士后工作站设立的限制条件，并设立有长期合作、灵活性强、逆行政化、待遇福利好的科研工作岗位，增强与企业和相关部门的合作，推动科研成果的转化。再次，党建引领成渝双城经济区圈向国家争取更多的科研实验室的搭建和科研经费投入，聚焦于新兴领域和重点产业领域，攻克科研难题。最后，应联手地方企业和高校合作搭建工作平台，聚焦本土问题，关注地方产业发展，走因地制宜的平台搭建和人才引进培育之路。

2022年11月24日，四川首个博士后创新创业园区在天府新区正式授牌。园区充分发挥科研机构和青年人才智慧优势，致力建设"高端人才集聚、成果转化集中、新兴产业集群"的博士后人才创新汇聚中心和成果转化中心，推动政产学研深度融合，在新一轮科技创新和产业发展中做强主阵地功能、发挥示范引领和辐射带动作用。将大力汇聚创新人才，鼓励引导科研企业、机构广泛设立博士后工作站，按照"产业选型明确、科研特质突出"的思路，聚焦重点产业、重点领域、重点项目，加快设立创新实践基地，为高层次科研人才提供成就事业的平台；将大力促进成果转化，全面汇聚各类创新创业资源要素，加快形成"人才引进+科技创新+产业孵化"的全链条成果转化体系，推动博士后科研成果向现实生产力有效转化，构建创新转化的良好生态。

（五）党建引领成渝双城经济圈建构人才高地发展保障体系

建立健全人才发展全链条、全过程、全方面的保障体系，加强党建支撑引领，完善"适应高质量发展的人才制度体系"，实现人才全面发展与成渝地区双城经济圈建设同频共振。运用"前瞻性思考、全局性谋划、战略性布局、整体性推进"的系统思维，在党组织的领导下，党建引领全方位、多维度的经济社会资源，挖掘成渝地区独特的文化土壤，优化各行各地人才资源配置，营造适宜各类人才成长的和谐良好氛围。结合成渝双城经济圈发展特点，建立健全两地互认的人才评价体系，建立"高精尖"人才自由涌现的配套机制，探索两地共享的模式。将党的建设自我革命融入人才高地日常建设中，构建人才的外部监督机制、激励机制、互评机制、自律机制、竞争机制、使用机制等全面的机制体系促进成渝地区人才高地建设。明晰成渝两地区域间人才工作的联动共享机制，促使人才的相互引进、共同培养、合作使用、自由流动规范有序，鼓励科学、公平、良性的竞争。

人才的自身成长和外部管理不同于干部，科层制行政化的管理模式会抑制人才的创造性和科研活力，因此党建引领人才建设需要创新人才体制机制，自主摸索成渝特色的发展道路。在人才引进机制方面，充分放权给用人主体，使用人主体如高校、科研机构、企业等自主建立符合自身需求条件的人才引进机制。[①] 在人才流动机制方面，进一步扩大市场的开放性和信息透明度，使市场在人才资源配置中发挥决定性作用，人才按照自身条件和用人单位需求自由流动，使人才和用人单位之间都能实现自身效益最大化。在人才聚集机制方面，党建引领政策制定带动体制机制改革，吸引人才、留住人才，聚而用之。

参考文献

范巍、岳群智、赵宁：《人才因何而聚》，《光明日报》2015 年 1 月 21 日，第 7 版。

彭川宇、李嘉芙、郑顺虹：《基于三维框架的城市群科技人才政策比较研究——以长三角城市群和成渝城市群为例》，《城市观察》2022 年第 5 期。

王久高、赖信添、陈熠舟：《新时代党建学科建设主体探析——基于三螺旋理论的视角》，《思想教育研究》2022 年第 8 期。

李晚春：《"一主题、两围绕、三提升"的高校党建工作样板支部建设方法与路径》，Proceedings of 2022 the 6th International Conference on Scientific and Technological Innovation and Educational Development，2022。

章榕：《加强成渝地区双城经济圈人才协同发展》，《重庆日报》2020 年 5 月 12 日，第 7 版。

李臻：《新时代国有企业党建工作与人力资源管理互动模式研究》，《中国集体经

[①] 龚剑飞、盛方富：《以改革激发人才创新创造活力》，《中国社会科学报》2021 年 12 月 2 日，第 1 版。

济》2021 年第 2 期。

《坚持党对人才工作的全面领导》，《经济日报》2022 年 8 月 24 日，第 1 版。

董金喜：《大力培育新时代高素质青年人才》，《浙江日报》2020 年 9 月 21 日，第 8 版。

杨皓然：《坚持党对人才工作的全面领导》，《当代广西》2021 年第 20 期。

李阳：《坚持党管人才，加强党对民航机场人才工作的全面领导——大兴机场人力资源管理实践与探索》，《民航学报》2022 年第 4 期。

李贵兵：《新时代党管人才的全面深化与整体提升》，《中国人才》2022 年第 7 期。

人　才　战　略

Talent Strategies

为成都加快建设具有全国影响力的科技
创新中心提供人才支撑的路径研究

阳　夷[*]

摘　要： 成都深入实施创新驱动发展战略，创新人才供给持续加强、科研人员活力持续激发、创新主体持续壮大、创新能力持续增强、创新生态持续优化，但对比国内外创新中心人才高地建设的做法及成效，还存在"塔尖"人才集聚不够、高能级平台建设缓慢、人才创新产出不多、科技金融供给不足、科技创新投入不高、吸引海外人才政策有待创新、区域协同创新体系仍须完善等方面的问题。新阶段成都加快建设具有全国影响力的科技创新中心，应当建强高能级创新平台，深化科技体制机制改革，推动高水平开放合作，加强人才培养赋能，构筑人才价值生态，不断激发人才创新创造活力。

关键词： 科技创新中心　科技人才　创新平台　四川省

* 阳夷，成都市委组织部部务委员，市人才发展促进中心副主任，市委人才办专职副主任，主要从事组织与人力资源管理研究。

习近平总书记深刻指出，要坚持把科技自立自强作为国家发展的战略支撑，深入实施科教兴国、人才强国、创新驱动发展战略。中共中央、国务院印发《成渝地区双城经济圈建设规划纲要》，进一步提出以支持成都建设践行新发展理念的公园城市示范区为统领，建设区域科技中心，打造带动全国高质量发展的重要增长极和新的动力源。

创新是第一动力，人才是第一资源。作为成渝地区双城经济圈极核城市，成都科技创新人才队伍建设关乎区域整体发展水平和战略目标的实现。本文立足成渝地区双城经济圈建设、加快建设具有全国影响力的科技创新中心开展专题调研，对标分析国内外先发地区的经验做法，深入研究加强区域科技创新人才支撑的主要成效与短板，并结合实际提出对策建议，最终形成了专项调研报告。①

一 习近平总书记关于加强科技创新人才支撑的重要论述

党的十八大以来，习近平总书记着眼全局、面向未来，将创新摆在国家发展全局的核心位置，对科技创新人才队伍建设提出一系列奠基之举、长远之策，全面吹响了深入实施人才强国战略、加快建设科技强国的进军号角，为做好新时代人才工作指明了前进方向、提供了根本遵循。

（一）突出了集聚科技创新人才的战略地位

习近平总书记多次强调，国家科技创新力的源泉根本在于人，创新驱动实质上是人才驱动，谁拥有一流的创新人才，谁就拥有了科技创新的优势和主导权。在中央人才工作会议上，习近平总书记深刻指出，战略人才站在国际科技前沿、引领科技自主创新、承担国家战略科技任务，是支撑我国高水平科技自立自强的重要力量，要把建设战略人才力量作

---

① 本文引用数据统计时间截至 2022 年底。

为重中之重来抓。战略人才力量，归根到底要从科技创新主战场中涌现出来，从科技创新主力军中成长起来。这些重要论述深刻阐明了人才与创新驱动的关系，要求始终坚持"把人才作为创新最关键因素"，加快建设一支规模宏大、结构合理、素质优良的创新人才队伍，筑牢创新驱动发展的人才根基。

（二）指明了激发人才创新活力的主攻方向

习近平总书记在全国组织工作会议上指出，要深化人才发展体制机制改革，最大限度把广大人才的报国情怀、奋斗精神、创造活力激发出来。在中央人才工作会议上，习近平总书记进一步强调，要加快建立以创新价值、能力、贡献为导向的人才评价体系，基础前沿研究突出原创导向、社会公益性研究突出需求导向、应用技术开发和成果转化评价突出市场导向，形成并实施有利于科技人才潜心研究和创新的评价体系。这些重要论述深刻阐明了以改革激发人才创新活力的方法途径，要推进松绑放权赋能，为各类人才创新创业营造良好制度环境，让人才聪明才智竞相涌流，让创新成果源源不断涌现出来。

（三）提出了建设人才创新平台的重点任务

习近平总书记指出，要强化国家战略科技力量，布局建设综合性国家科学中心和区域性创新高地，推进国家实验室建设，瞄准重要领域关键核心技术特别是"卡脖子"问题加快攻关，真正掌握竞争和发展的主动权。在中央人才工作会议上，习近平总书记强调，要集中国家优质资源重点支持建设一批国家实验室和新型研发机构，发起国际大科学计划，为人才提供国际一流的创新平台，加快形成战略支点和雁阵格局。这些重要论述深刻提出了建强国家和区域各级创新平台的重大要求，要求集群化建设高能级创新平台，充分发挥其对科技创新主力军的吸附效应，全面提升城市创新策源功能，抢占产业科技竞争制高点。

（四）标定了释放人才创新效能的实现路径

习近平总书记在科学家座谈会上指出，要发挥企业技术创新主体作用，推动创新要素向企业集聚，促进产学研深度融合，使企业成为创新要素集成、科技成果转化的生力军，使创新成果更快转化为现实生产力。在中央人才工作会议上，习近平总书记进一步强调，人才怎样用好，用人单位最有发言权，行政部门应该下放的权力都要下放，用人单位可以自己决定的事情都应该由用人单位决定，发挥用人主体在人才培养、引进、使用中的积极作用。这些重要论述深刻阐明了突出市场在创新资源配置中决定性作用的战略导向，抓住了推动成果转化的要害，要求坚持产业化方向，为创新企业配置最优质的资源要素，让企业在科技创新中唱主角、挑大梁、当龙头。

（五）明确了营造尊才重才环境的时代要求

习近平总书记指出，要在创新实践中发现人才、在创新活动中培育人才、在创新事业中凝聚人才，在全社会营造鼓励大胆创新、勇于创新、包容创新的良好氛围，让创新在全社会蔚然成风。在中央人才工作会议上，习近平总书记进一步强调，必须积极营造尊重人才、求贤若渴的社会环境，公正平等、竞争择优的制度环境，待遇适当、保障有力的生活环境，为人才心无旁骛钻研业务创造良好条件。这些重要论述深刻阐明了识才爱才敬才的鲜明态度，要求加强政治引领，构建发达人才根系，加强创新文化建设，让创新人才人尽其才、才尽其用、用有所成。

二 国内外先发地区建设科技创新中心人才高地的经验做法

近年来，全球创新活动呈现多极化、全球化和集群化的发展趋势，硅谷、上海等世界城市或区域坚持将科技创新人才的全生命周期与经济高质量发展的时间轴线紧密融合,不断释放创新创造蓬勃兴起、生产链价值链持续攀升、城市发展势能稳步跃升的良性循环效应。

(一)硅谷——构建创新生态系统,激发人才双创活力

上海信息中心《全球科技创新中心评估报告》将位于美国旧金山的硅谷排名第1,是全球公认首屈一指的全球科技创新中心。硅谷的成功离不开大学、企业、政府三方通力合作营造可持续的、国际化的创新创业生态环境,主要体现在以下三个方面。

一是高校策源体系完善。依托斯坦福大学等世界一流高校持续不断为企业输送高端人才和最新知识成果,与产业界保持密切合作。二是企业创新创业活跃。拥有 Facebook、Apple、Intel 等"引擎"企业,联合中小企业、初创企业和各类中介机构通过物质流、信息流、技术流而形成竞争和合作共存的创新网络。三是政府政策支持多样。以湾区城市集群为格局,布局创新政策,比如制定出台政府采购、低息贷款、人才计划、职业培训、科技基础设施建设等全链条政策。同时,构建完善的高度互联互通的交通网络、基础配套设施,实现从城市化走向城郊化布局,城市环境得以改善。大学、企业、政府三者螺旋共生、共促繁荣,以接近美国1%的人口创造出全美12%的专利产出,吸引了全美超过40%和全球14%的风险投资,企业研发投入、创新能力、发展绩效和人均产出列美国第1、世界首位。

(二)上海——搭建高能级人才创新平台,提升创新策源能力

上海正加快建设具有全球影响力的科技创新中心。科研投入和产出方面,2022年,全社会 R&D 经费投入超1981亿元,R&D 经费投入强度为4.44%;牵头承担国家重大专项项目(课题)929项,牵头承担国家重点研发计划项目554项,获国家自然科学基金委项目4472项;上海科学家在CNS 三大国际期刊上发表论文107篇,占全国总数的29.8%;获国家科学技术奖48项,占全国获奖总数的17.5%。平台和市场主体方面,在沪国家重点实验室达45家,拥有国家工程技术研究中心21家,国家企业技术中心

100家；超强超短激光装置、软X射线装置、转化医学设施等一批重大科技基础设施建成并试运行，上海有效期内高新技术企业数超过2.2万家，同比增长16.8%（见表1）。

表1　2022年上海科技创新相关指标

指标	上海
全球创新指数排名	5
GDP（万亿元）	4.47
人均GDP（万元）	17.99
第三产业比重（%）	74.1
985、211大学（所）	14
人才总量（万人）	675
高端人才（人）	两院院士178
全社会R&D经费投入强度（%）	4.44
高新企业数（万家）	2.2
大科学装置数量（个）	13

上海积极融入国际创新网络，参与国际科技竞争合作，主要表现在以下两个方面。

一是增强创新辐射功能。重点依托张江高科技园区以及上海交通大学等高校的学科基础和上海综合性国家科学中心建设的集聚作用，配置全球科技创新资源、控制全球创新活动的能力不断提高，在部分领域开始具备主导国际科研的实力，并在此基础上持续加大政策支持力度，加强科创中心与自贸试验区联动，推进开放创新实质性进展，提高创新策源能力。

二是促进科技产业融合发展。推动新一批重大专项、研发与功能型转化平台布局建设，强化产学研合作新机制的探索，加大对成长型创新创业企业以及产业链创新龙头企业的扶持力度，着力打造科技成果产业化的领先优势，并在产业发展的关键技术上取得重大突破。

（三）深圳——坚持产业化导向，激发企业创新内生动力

深圳以科技创新为城市灵魂，经历了"科技体制改革—发展高科技—区域自主创新—综合创新生态系统—引领式全面创新"以科技创新推动城市转型发展的五个阶段，形成了适时布局前沿科技领域与能力建设，培育创新型人才队伍，以市场为导向推动产业核心技术自主可控的"深圳经验"，可概括为以下三个方面。

一是加强科技创新顶层设计。充分发挥政府引领、市场主导作用，先后出台了自主创新"33条"、创新驱动发展"1+10"、《关于发展壮大战略性新兴产业集群和培育发展未来产业的意见》、《关于促进人才优先发展的若干措施》等系列政策，加强对全球顶尖人才及创新资源的吸引力，以强有力的政策"组合拳"，全面夯实科技创新的支持力度。2021年，深圳拥有人才总量达679万人、占常住人口的38%，高层次人才2.4万人，留学回国人员超20万人（见表2）。

二是超前布局前沿产业发展。深圳出台《深圳市关于加强基础科学研究的实施办法》，启动十大重大科技基础设施、十大基础研究机构、十大诺贝尔科学家实验室等"十大行动计划"，增强源头创新能力。出台《关于深入贯彻落实习近平总书记重要讲话精神加快高新技术产业高质量发展更好发挥示范带动作用的决定》，聚焦新一代信息技术、生命健康、新能源等重点产业，全力打造"可持续发展的全球创新之都"。

三是强化企业创新主体作用。深圳对国家高新技术企业培育入库企业按入库当年研发费用实际支出的10%予以最高300万元资助，鼓励企业加大研发力度，推动产业核心技术自主可控。近年来，深圳早已实现了90%以上的创新型企业是本土企业、90%以上的研发机构设立在企业、90%以上的研发人员集中在企业、90%以上的研发资金来源于企业、90%以上的职务发明专利出自企业、90%以上的重大科技项目发明专利来源于龙头企业等"6个90%"。

表2　2022年深圳科技创新相关创新指标

指标	深圳
全球创新指数	2（深圳-香港-广州科技集群）
GDP（万亿元）	3.24
人均GDP（万元）	18.33
全社会R&D经费投入强度（%）	5.49
第三产业比重（%）	61.6
高新企业数（万家）	2.3
985、211大学（所）	1
人才总量（万人）	679
高端人才（人）	两院院士86

综合来看，国内外先发地区建设科技创新中心人才高地均拥有标志性引领性的三大功能：高品质创新要素聚集功能、高质量创新成果转化功能、高能级创新辐射引领功能。其高效的创新系统也集成配置了创新人才、平台、企业等先进要素，这些要素在科创中心建设中都发挥了不可替代的作用。其中，一流高校院所和顶尖人才是核心引领，前沿科研创新平台是关键支撑，充满生机的创新企业集群是活力源泉，优越完善的创新生态环境是发展保障。

三　成都加快建设具有全国影响力的科技创新中心的探索实践

近年来，成都深入实施创新驱动发展战略，聚焦"四个面向"（面向世界科技前沿、面向经济主战场、面向国家重大需求、面向人民生命健康），服务国家战略科技力量布局，加快建设成渝（兴隆湖）综合性科学中心和西部（成都）科学城，入选"科创中国"试点城市，2022年创新指数排名全球第29、全国第9，城市创新力创造力持续跃升。

一是创新人才供给持续加强。全市拥有高校65所、居全国重点城市第5位，其中"双一流"高校8所、居中西部第1位。全市人才总量达622.32万人、居全国第4位，在蓉两院院士33人，入选国家、省、市级重大人才工程专家 5417 人，入选国家有突出贡献中青年专家 134 人，享受国务院政府特殊津贴专家 460 人。截至 2022 年，全市专业技术人才总量 259.7 万人，技能人才总量 262.8 万人，累计吸引新落户青年人才超 71 万人，成为新一线城市中最受年轻人喜欢的城市，荣登《财富》杂志大学生和青年求职者吸引力城市"榜首"，连续 4 年荣获"中国最佳引才城市"奖、蝉联"外籍人才眼中最具吸引力的中国城市"。

二是科研人员活力持续激发。成都在全国率先探索职务科技成果权属改革，进行先行先试，推动高校科技成果由"书架"搬上"货架"，4 所在蓉高校入选国家赋予科研人员职务科技成果所有权或长期使用权试点单位、占全国试点单位的 10%，900 余项成果完成分割确权或赋权，2500 余项成果在蓉转移转化。同时，以成果转化激发科研人员等创新主体活力的成效愈发显现，如四川大学魏于全院士的抗肿瘤药物、基因治疗技术等 7 项成果评估作价 3.6 亿元，研发团队占 90% 股权，以作价入股的方式与西藏承亿医药科技、深圳恒泽生物科技等 3 家企业合作，在成都落地转化，实现了科研人员"合理合法富起来"，充分激发科研人员等创新主体活力。

三是创新主体持续壮大。截至 2022 年，成都市场主体总量达 363 万户、居全国第 2 位，全市国家高新技术企业达到 11510 家、居副省级城市第 5 位；科创板上市企业、专精特新"小巨人"企业分别达 17 家、288 家，均居中西部第 1 位、副省级城市第 3 位，其中成都先导成为西南地区首家科创板上市企业。企业高水平技术研发成果不断涌现，诞生了第一代 X86CPU 芯片等一批原创产品，"成都造"氢燃料电池柯斯达客车、碲化镉发电玻璃等高科技产品成功护航北京冬奥会。

四是创新能力持续增强。聚力筹建国家实验室，加快建设天府兴隆湖实验室、天府永兴实验室、天府绛溪实验室、天府锦城实验室四个方向天府实验室体系，聚集中国环流器二号 M 装置等大科学装置以及高分子材料工程等 12 个国家重点实验室。2022 年拥有中科院成都分院等中央在蓉科研院所 35 家，建成布局国家级创新平台 146 个。国家川藏铁路技术创新中心、国家精准医学产业创新中心在蓉落地，成都超算中心纳入国家超算中心序列。2021 年发明专利申请量 29776 件、居全国第 4 位；专利授权 88414 件、居副省级城市第 5 位。

五是创新生态持续优化。初步构建起具有成都特色的"创业投资+债权融资+上市融资"多层次科技金融投融资体系。引导组建 27 只天使投资基金、知识产权运营基金，在全国率先推出"人才贷""成果贷""研发贷"科技金融组合产品，累计投放贷款超 45 亿元。"科创通"创新创业平台汇聚双创服务机构 945 家、成果 6863 项，服务企业（团队）31254 家。拥有国家双创示范基地 5 个，国家级科技企业孵化器和众创空间 75 家，建成科创空间总面积超 1100 万平方米，在孵企业、团队超 1 万个。

成都科技创新工作虽已取得一些进展，但对标上海、深圳、广州、杭州等先发地区，在创新源头供给、创新效能释放、创新要素保障等方面还存在一些亟须补齐的短板。

（一）能够基本解决的问题

1."塔尖"人才集聚依然不够

2021 年，在蓉两院院士仅 33 人（2021 年仅新增 3 人），较北京（831人）、上海（173 人）等还有差距。"国家海外高层次人才引进计划"专家570 人，在全国排名前列，但分布在高校院所较多、企业偏少，较为缺乏具有标志性、引领力的科技企业领军人才。

2. 高能级平台建设有待加快

成都创新平台数量能级依然不够，对"塔尖"人才的吸引力、承载力相对不足。成都拥有大科学装置 2 个，不及北京（19 个）、上海（13 个）、深圳（5 个）。成都拥有国家重点实验室 12 个，不及北京（107 个）、上海（46 个）。缺乏综合性国家科学中心等承载战略人才力量的重大创新平台。

3. 人才创新产出仍需提升

2021 年成都国家发明专利授权量（8.8 万件），但对比深圳（22.24 万件）、北京（16.3 万件）、广州（15.58 万件）、上海（13.98 万件）还有差距。国家高新技术企业 7821 家，落后于北京（29000 家）、上海（18822 家）、深圳（18650 家）（见表 3）。根据 2020 年胡润全球独角兽榜，成都拥有独角兽企业 4 家，远不及北京（93 家）、上海（47 家）、深圳（20 家）、杭州（20 家）（见图 1）。

表 3　2021 年成都与全国部分城市创新平台的产出情况对比

指标	成都	北京	上海	广州	深圳
两院院士(人)	33	831	173	58	74
国家重点实验室(个)	12	107	46	21	6
大科学装置(个)	2	19	13	—	5
国家发明专利授权量(万件)	8.8	16.3	13.98	15.58	22.24
国家高新技术企业(家)	7821	29000	18822	11610	18650

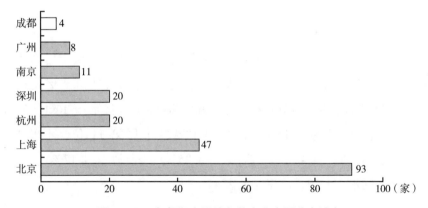

图 1　2020 年胡润中国独角兽企业主要分布城市

4. 科技金融供给较为不足

本地创投机构偏少、规模不大、实力不强。截至 2020 年底，成都共有私募基金机构 387 家，均不及上海（4648 家）、北京（4337 家）、深圳（4467 家）的 1/10；管理规模 1320.82 亿元，仅相当于上海（40516.23 亿元）的 1/30、北京（37759.98 亿元）的 1/28，深圳（20655.12 亿元）的 1/15（见图 2）。成都的全球金融中心指数排名第 35 位，远不及上海（第 3 位）、北京（第 6 位）、深圳（第 8 位）。

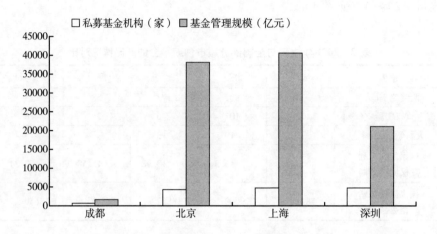

图 2　成都与全国主要城市科技金融对比

5. 科技创新投入不高

2020 年，成都 R&D 经费支出 551.4 亿元，在全国主要城市居第 7 位，不及北京（2326.6 亿元）、上海（1615.7 亿元）、深圳（1510.8 亿元）、广州（774.8 亿元）、苏州（761.6 亿元）和杭州（578.8 亿元）。R&D 经费投入强度方面，成都为 3.11%，在全国主要城市居第 11 位，不及北京（6.44%）、深圳（5.46%）、西安（5.05%）、上海（4.17%）、苏州（3.78%）、杭州（3.59%）等（见表 4）。

表 4　2020 年成都与全国主要城市 R&D 经费支出与投入强度对比

单位：亿元，%

城市	R&D 经费支出	排名	R&D 经费投入强度	排名
北京	2326.6	1	6.44	1
上海	1615.7	2	4.17	4
深圳	1510.8	3	5.46	2

续表

城市	R&D 经费支出	排名	R&D 经费投入强度	排名
广州	774.8	4	3.10	12
苏州	761.6	5	3.78	5
杭州	578.8	6	3.59	6
成都	551.4	7	3.11	11
武汉	548.1	8	3.51	7
重庆	526.8	9	2.11	15
南京	515.7	10	3.48	8
西安	506.1	11	5.05	3
天津	485.0	12	3.44	9
无锡	389.4	13	3.15	10
长沙	357.5	14	2.94	13
宁波	354.8	15	2.86	14

（二）需要深入研究的问题

1.吸引海外人才政策有待创新

外籍人才永久居留申办流程仍需简化，技术移民先行先试的政策权限不足，更加开放便利的海外人才引进和出入境管理制度优势还未形成，需要加大对上争取力度，争取相关改革试点，充分释放海外人才红利。

2.区域协同创新体系仍须完善

成渝地区双城经济圈区域创新资源配置效率不高，西部（成都）科学城、天府实验室等高能级创新平台共建共享仍需深化，科技人才自由流动、柔性使用、评价互认等机制还不完善，需要加快推动创新人才配置从行政区思维向经济区思维转变，加强政策共用、人才共引、平台共建、产业协作与服务共享，着力建设科学发现、技术发明、成果转化、产业创新一体贯通的区域协同创新体系。

四　为成都加快建设具有全国影响力的科技创新中心提供人才支撑的对策建议

全面贯彻中央关于成渝地区双城经济圈建设的战略部署，以提升全球创新资源配置能力和创新策源能力为核心，大力营造互利共生、高效协同、开放包容的创新生态系统，围绕加快建设全国创新人才高地，突出"高精尖缺"导向，培养和引进战略科技人才、科技领军人才、优秀青年人才和高水平创新创业团队，全面激发创新创业活力，为加快建设具有全国影响力的科技创新中心、打造带动全国高质量发展的重要增长极和新的动力源提供坚实的人才支撑。

（一）建强高能级创新平台，激发人才创造活力

一是积极争创综合性国家科学中心，集聚战略人才。围绕国家重大科技基础设施、前沿科学交叉研究平台建设，聚焦新一代信息技术、生命健康、空天技术等前沿领域，编制高精尖缺人才目录，在全球范围内靶向招引战略科学家和科技领军人才（团队），全面支持成都争创综合性国家科学中心。突出"高精尖缺"导向，实施"蓉漂计划"，面向海内外精准引进高水平创新创业人才（团队），厚植全市战略人才力量。

二是加快推进天府实验室建设，吸引全球顶尖人才。对标国家实验室建设标准，高标准规划建设天府实验室，采取"一人一策"方式面向全球招募天府实验室首席科学家。支持天府实验室设立攻克"卡脖子"关键核心技术的研发岗位，面向全球"揭岗挂帅"，引聚一流科学家、学科领军人才和顶尖创新团队。建立首席科学家负责制，在人才（团队）引进、管理、评价、激励等方面赋予更大自主权。探索构建国际一流的新型人才发展体制机制和科研运行机制，建立全聘、双聘相结合的人才聘用制度，提供接轨国际标准的薪酬待遇。

三是建设国家技术创新中心，集聚产业技术创新人才。依托国家川藏铁

路技术创新中心等国家级技术创新中心建设，靶向招引关键领域知名技术带头人和高层次复合型人才，组建全职全时核心技术研发团队、专业化的技术服务团队以及成果转化应用团队。围绕产业建圈强链，聚焦重点产业链关键环节和细分领域，深入实施"产业建圈强链人才计划"，加快集聚高知识高技能产业人才，有效提升人才链与产业链的协同度。

（二）深化科技体制机制改革，激发人才创新活力

一是赋予科研人员更大自主权。深入开展科研项目经费"包干制+负面清单制"。在研究方向不变、不降低考核指标的前提下，允许科研人员自主调整研究方案和技术路线、自主组织科研团队。对科研人员提出的、可能产生重大突破的非共识项目，可以采取定向委托方式给予支持。对科研人员因学术交流合作需要临时出国的，在出访次数、在外天数和团组人数等方面，根据工作需要据实安排。深化和推广高层次或紧缺人才年薪制、协议工资制和项目工资制。

二是创新科技成果转化激励机制。深化"先确权、后转化"模式，探索"共申请共获权"，推动职务科技成果混合所有制改革，进一步明确赋权形式、完善成果评价机制、健全收益分配和激励机制。健全技术转移人才引进和培养体系，提高技术转移专业服务能力。鼓励知识产权创造、运用和保护，打造国家知识产权示范园区升级版，为创新创造保驾护航。高水平建设天府国际技术转移中心、成都知识产权交易中心，创新"互联网+技术交易服务"模式，构建辐射全国、链接全球的技术交易和成果转化服务体系。

三是深化科技人才评价机制改革。建立人才评价多元化机制，引入市场和专业认可评价标准，推行代表性成果评价制度。建立科研机构评估制度，突出创新绩效和创新能力指标内容，建立与评价结果挂钩的动态管理支持机制。探索构建对重大原创性、颠覆性、交叉学科创新项目非常规评审机制和支持机制。支持符合条件的在蓉高能级创新平台、链主企业推荐科技人才入选市级重大人才计划，探索自主开展职称评审。

（三）推动高水平开放合作，配置人才创新网络

一是促进成渝地区协同创新发展。加强成渝地区城市科技创新战略协同，实施成渝科技创新合作计划，支持区域内高校、科研院所、企业合作共建承担国家战略科技任务的创新联合体，共同参与国际大科学计划和大科学工程，打造成渝地区一体化技术交易市场。强化人才协同，实体化运行服务全省、引领西部、辐射全国的全省"创新共同体"，建设成德眉资人力资源协同示范区，推动成都都市圈人才同城化发展。共同推动教育、医疗、文化等优质公共服务能力提升，提升对国际人才和企业的综合服务水平。

二是加强与国内先进地区创新合作。深化创新合作平台建设，推动在蓉高校院所、创新企业与长三角、粤港澳等区域的大科学装置、知名高校院所、创新团队开展项目合作和人才交流。促进创新资源高效对接，高质量举办"创交会""蓉漂人才荟""蓉漂杯"等高层次创新创业大赛活动，吸引更多人才、项目、资本等创新资源要素来蓉聚集。

三是深度融入全球创新网络。深度参与国家"一带一路"科技创新行动计划，支持在蓉高校院所、链主企业在沿线人才密集区共建联合实验室和科技园区，实施技术转移转化、开展科技人才交流，提高国际科技创新资源运筹能力。鼓励在蓉高校院所参与国际大科学计划和大科学工程，汇聚全球优质创新资源，引领基础前沿科技发展。优化海外引才平台，优化布局海外引才基地，支持在蓉企业到海外建立"研发飞地"，更大范围内柔性引才、用好资源。

（四）加强人才培养赋能，提升人才创新能力

一是建强人力资源深度开发平台。高质量建设"蓉漂人才发展学院"，满足科技创新人才自我迭代、全面发展的需求。实施"全民技能提升计划"，建强"成都职业培训网络学院""成都工匠学院"，鼓励职业技术（技工）院校、高技能人才培训基地、技能大师工作室、劳模和工匠人才创新工作室等各类技能人才培育载体面向社会开放培训资源。

二是支持校企地联合培养产业人才。支持在蓉高校布局交叉学科、调整学科（专业）设置，培育成都重点产业发展所需高水平复合型人才、争创未来技术学院。实行校企"双导师制"，支持在蓉高校、职业技术（技工）院校选聘企业高端人才担任"产业教授"，联合培养工程技术人才。支持高校紧扣重点产业链培养研究生，以"重点产业链+链主企业+高校院所"方式，促进创新资源和科技人才在产业链主要承载地和协同发展地汇聚。

三是打造国际化合作办学集聚区。在成都东部新区国际合作教育园区等区域，规划建设国际合作高层次办学集聚区，健全教学、科研、生活等配套设施和服务，配套建设高品质国际社区。鼓励四川大学、电子科大等高校与全球一流大学在集聚区联合创办高水平办学机构、实施高品质合作项目，共建特色学院和研究生院，链接全球一流科研创新人才（团队）等优质师资力量，导入高端要素创新资源。

（五）构筑人才价值生态，做优人才创新服务

一是提升创新孵化场景。围绕实施青年创新创业就业筑梦工程，优化"科创通"和青年创新创业"一站式"服务平台，集聚载体孵化、导师指导等要素资源，为青年人才提供全要素、低成本、开放式的创业载体服务。大力发展研发设计、知识产权、技术转移、科技咨询等科技服务业，打造具有全球影响力、专业化服务、一体化协同的创新服务体系，促进科技研发和成果转化。按照全链条、全周期、全要素产业创新生态系统的设计标准，加快打造集研发设计、创新转化、场景营造等为一体的高质量低成本科创空间。

二是构建科技金融场景。对标北京、上海、深圳等科技创新中心城市，在"十四五"期间加大科技投入、提升 R&D 经费投入强度。完善"科创投、科创贷、科创贴、科创保、科创券"五创服务链条，做大"人才贷""成果贷""研发贷"规模，构建"无偿资助+无息借款+天使投资+信用贷款"金融支持体系，以金融"活水"浇灌双创"之花"，实现人才链、产业链、创新链、金融链的深度融合、交互增值。

三是优化人才服务场景。着眼人才全生命周期发展需要，完善"蓉城

人才绿卡"服务体系，丰富"蓉漂人才码"功能模块与应用场景，实现线上"码上办"、线下"一席通"。建设上线成都市智慧人才服务平台，打造政策智能匹配、可视化服务等功能，实现"人才找政策"向"政策找人才"转变。加大人才安居服务保障力度，优化升级人才安居系列政策，系统构建全面覆盖、租售补并举的人才安居体系，助力广大创新人才实现安居梦想。

高校科技人才在科技创新战略中的
关键地位及服务路径分析

——以四川省为例

王思懿[*]

摘　要： 本文首先系统阐述了四川省科技人才的发展战略与总体概况，并具体分析了高校科技人才在科技创新链条中的关键地位，包括以知识生产直接推动科技创新、以优势学科为平台服务新兴产业发展、知识输出转化催生大批高科技企业。基于此，应通过体制机制改革以及平台建设进一步发挥高校科技人才在科技强国、人才强国战略中的重要作用，打造集聚科技人才的一流学科和重点实验室集群；加强"新工科"和"新文科"建设，助推卓越科技人才培养；以科技人才为中心构建"政产学研"协同创新链条；通过科技创新体制机制改革激发科技人才创新活力。

关键词： 高校科技人才　科技创新　科技强国　人才强国　四川省

一　引言

科技创新是第一生产力，是驱动经济社会高质量发展的强大引擎，是服

---

* 王思懿，管理学博士，西南财经大学公共管理学院讲师、硕士生导师，主要从事教育管理与政策、人才发展与评价研究。

务国家战略需求的重要支点。① 当今世界正经历百年未有之大变局，随着新一轮科技革命与产业变革迅猛发展，科技创新成为其中的关键变量之一。面临这一重大变局，坚持新的科技发展战略，大力促进科技创新，积极建设区域、全国乃至全球科技创新中心，成为我国应对外部挑战、促进社会经济发展的根本策略。2020年10月，党的十九届五中全会审议通过《中共中央关于制定国民经济和社会发展第十四个五年规划和二〇三五年远景目标的建议》，将科技创新工作置于各项重大任务的首要位置，强调坚持创新在我国现代化建设全局中的核心地位。2022年10月召开的党的二十大也指出，教育、科技、人才是全面建设社会主义现代化国家的基础性、战略性支撑，必须坚持教育优先发展、科技自立自强、人才引领驱动，加快建设教育强国、科技强国、人才强国。事实上，无论是教育强国，还是科技强国，最终都需要落脚到人才。无论是"贸易战"还是"科技战"，其根本都是"人才战"。正如习近平总书记所说，"硬实力、软实力，归根到底要靠人才实力。科技史证明，谁拥有了一流创新人才、拥有了一流科学家，谁就能在科技创新中占据优势"。②

作为科技人才资源的主要聚集地和产出地，高校集中了大量的科技创新资源，拥有开展科技创新的内外部条件，是我国科技创新活动的重要来源，也是科技人才培养的摇篮。因此，在各类人才中，高校科技人才无疑是科技创新的主力军和国家战略人才资源的中坚力量，也是各国科技竞争和教育竞争的焦点。在新时代科技自立自强和人才强国的国家重大战略部署下，如何充分发挥高校以及高校科技人才在区域和国家科技创新中的重要作用，已经成为影响我国科技创新实力提升的核心议题。作为我国基础研究和原始创新的主战场，大学尤其是研究型大学在区域科技创新发展进程中扮演着关键角

---

① 段斌斌、许晓东、陈敏：《我国高校科技人才培育制度的特征、问题与改进——基于36位科技人才访谈的分析》，《高校教育管理》2021年第4期，第101~114页。
② 习近平：《在中国科学院第十九次院士大会、中国工程院第十四次院士大会上的讲话》，人民出版社，2018，第22页。

色。[①] 受技术和知识溢出的地理临近性规律的影响，相对于其他地区的教育资源，区域内的高等教育机构是知识创新、技术创新与人才培养的动力源，在科技创新链条中发挥引领作用。[②] 本文立足于科技创新的时代需要，以四川省的"双一流"高校为例，深入探讨了高校科技人才在科技创新链条中的作用及其推动区域科技创新战略实施的具体路径，旨在服务于四川省乃至全国科技创新发展战略的实现。

二 四川省科技人才的发展战略
与总体概况

全球重要的科技创新中心基本都分布在经济发达和创新要素密集的区域。四川省所处的西部地区面积广阔、资源丰富、经济体量具有一定规模，是最具发展条件的优势区域。高校、高新技术企业、产业园区等科技创新主体分布集中，在区域内形成了较强的创新集聚效应。截至2021年底，四川省共有普通高等学校134所，占全国数量的4.45%，包括普通本科学校53所、专科学校81所，其中"双一流"建设高校8所，"双一流"建设学科若干（见表1）。从高校的分布情况来看，大部分高等教育资源都聚集在成都市，"双一流"建设高校几乎全部位于成都市。庞大的大学生数量赋予了四川省先天的人才优势，也使得四川省能吸引和留住以高校教师和大学毕业生为主的科技创新人才主力军以及新生力量。根据智联招聘发布的《中国城市95后人才吸引力排名：2021》，在地处内陆的新一线城市中，成都对"95后"人才的吸引力和集聚程度排名第1。

---

① 《国家中长期人才发展规划纲要（2010—2020 年）发布》，http：//www. gov. cn/jrzg/2010-06/06/content_ 1621777. htm。

② 苏洋、赵文华：《我国研究型大学如何服务全球科技创新中心建设——基于纽约市三所研究型大学的经验》，《教育发展研究》2015 年第 17 期，第 1~7 页。

表1　四川省"双一流"建设高校及学科分布

城市	"双一流"建设高校	"双一流"建设学科
四川省成都市	四川大学、电子科技大学、西南交通大学、西南财经大学、西南石油大学、成都理工大学、成都中医药大学	数学、化学、材料科学与工程、基础医学、口腔医学、护理学、电子科学与技术、信息与通信工程、交通运输工程、应用经济学（自定）、石油与天然气工程、地质学、中药学
四川省雅安市	四川农业大学	作物学（自定）

正如前文所述，科技人才是科技创新发展的动力源泉，创新驱动的实质就是人才驱动。面对日益激烈的人才竞争，为了增加对高端科技人才的吸引力，四川省早在2009年就制定了《实施海外高层次人才引进计划的意见》，后续进一步制定了"百人计划"等人才引进计划。2017年，四川省结合社会经济发展实际需要以及科学技术发展的战略性需求制定"天府英才"战略计划，以高校、科研院所、高科技企业为平台大力引进和培育科技创新人才，其中最具代表性的有"天府高端引智计划""天府万人计划""留学人员回国服务四川计划"等，旨在激励科技人才专注于科学研究，并引导企业自主创新、带动新兴产业发展，以此推动区域科技创新水平。此外，四川省还先后出台多项人才发展和支持措施，探索科技人员评价体制机制改革，如出台鼓励科技人员携带科技项目创办企业或参入股企业的财政支持政策、税收支持政策、信贷政策，对重点学科和急需专业人才进行重点扶持，提高科研人员的待遇等，有力推动了高层次人才的加速集聚，为打造西部创新人才高地提供了有力支撑。[①]

2020年以来，随着成渝双城经济圈建设上升为国家战略，四川省还积极与重庆市深化在人才引进与培育方面的合作，共同编制发布双城经济圈急需紧缺人才目录，共建人才专业数据库、信用数据库、科研成果数据库等，协同开展招才引智。共同开发科技、教育、产业等优势资源平台，深化人才

---

① 王辉耀主编《四川人才发展报告（2019）》，社会科学文献出版社，2019。

交流合作，组建人才发展联盟，共同培植人才成长"沃土"。2022 年，四川省发布《四川省"十四五"科技人才发展规划》，聚焦用好战略科技人才、科技领军人才、青年科技人才和高水平创新团队，统筹实施天府峨眉计划、天府青城计划、四川科技英才培养计划、四川高端引智计划，在基础研究、前沿科技和重点产业领域，培养和引进高层次科技人才及团队。截至 2021 年底，四川省技能人才总量达 1056 万人，其中高技能人才 227 万人，相比 2018 年底分别增加 32%、51%。专业技术人才总量达 383 万人，其中高级职称 51.8 万人，享受国务院政府特殊津贴专家、省学术技术带头人等高层次人才超过 2 万人。科技人才规模居西部前列，为区域产业发展和科技创新提供了有力的人才支撑。随着四川省的人才吸引力和集聚力进一步提升，独特的区位优势引导圈内产业、人口及各类生产要素合理流动和高效集聚。《2021 年成渝双城中高端人才发展报告》统计显示，成都市中高端人才占比为 4.04%，在全国排名中位列第 5，人才占比总量位居中西部地区第 1。从职能岗位分布来看，业务管理类和技术类岗位人才占比较多，与区域经济发展需求和产业结构基本匹配。

三　高校科技人才在科技创新链条中的关键地位

1987 年，英国技术创新研究专家克里斯·弗里曼（C. Freeman）首次提出"国家创新体系"的概念。[①] 高校作为国家和区域科技创新体系最重要的组成部分之一，通过发挥人才培养、科学研究和社会服务三项基本职能，直接或间接提升区域科技创新水平。2006 年发布的《国家中长期科学和技术发展规划纲要（2006—2020 年）》中明确提出，"大学是我国培养高层次创新人才的重要基地，是我国基础研究和高技术领域原始创新的主力军之一，是解决国民经济重大科技问题、实现技术转

---

① Freeman C, *Technology Policy and Economic Performance：Lessons from Japan* （London：Frances Pinter Publishers，1987）.

移、成果转化的生力军"。① 拉里·莱斯利（Larry Leslie）等人也指出，大学活动的直接影响是生产要素的提高，人才培养增加了人力资本的存量，科学研究提升了相应领域的知识和技能。② 然而大学的影响力远不止于此，还包括利用自身所在区域的经济、财政和劳动力资源产生其他的外部影响。

从大学的演进史来看，最初的大学起源于教师与学生自发组成的行会。这一时期内，大学的办学经费来源还不稳定，学者们主要以思想和知识作为交换商品获取物质报酬，为了追求知识，学者和学生可以通过讲学、游学和求学自由流动。教师和学生在哪里，大学就在哪里。即便随着现代大学的发展完善，大学和教师之间开始建立起稳定的雇佣关系，但作为传授知识和探索高深学问的主体，教师也不仅是大学的雇员，更是大学的主体。原清华大学校长梅贻琦也曾一语道破人才对于大学的重要性，"所谓大学之大，非有大楼之谓也，乃有大师之谓也"。所谓大师实则是那些在专业领域颇有建树、享有崇高学术声誉和广泛影响力的高层次科技人才。大学核心职能将主要借助于校内的科技人才实现，这些聚集在大学尤其是研究型大学内部的科技人才既是推动科学技术发明和研究创新的主力军，也是培养拔尖创新人才的教授，同时也是开展社会服务的高级知识分子。从理论上来看，高等教育影响区域科技创新的过程包括知识生产基础、知识生产成果、知识输出转化三个维度。③ 而高等教育服务区域经济社会发展的路径有科研与创新、投入与产出、间接影响、催化影响和诱发影响。④ 基于此，本文将借助图1中的分析框架，聚焦高校科技人才在科技创新中的人力资源优势、研发投入优

---

① 《国家中长期科学和技术发展规划纲要（2006—2020年）》，http：//www.gov.cn/jrzg/2006-02/09/content_183787.htm。

② Leslie L L, Slaughter S A, Higher Education and Regional Development（Berlin：Springer Netherlands, 1992）.

③ 张秀萍、夏强、吴灵敏：《高等教育对区域科技创新的贡献率研究——以辽宁省为例》，《高等农业教育》2017年第2期，第32~38页。

④ 王雁、陈锐、江波：《世界一流大学服务区域经济发展路径研究——基于10所大学经济影响报告的内容分析》，《比较教育研究》2021年第5期，第13~20页。

势、学科优势、科技成果转化优势，试图揭示高等教育服务区域经济社会发展的具体路径和过程。

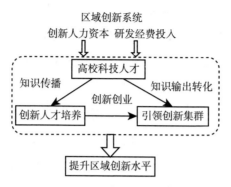

图1 高校科技人才在科技创新链条中的关键地位及其作用机制

（一）以知识生产直接推动科技创新

科技创新以长期的知识积累、发展及运用为基础，涵盖了知识产出新思想和新成果，并转化为新产品、新技术和新服务的全过程，从本质上来说，科技创新的核心就是知识生产。[①] 自柏林大学以来，现代大学开始走出"象牙塔"，成为社会知识生产的核心力量，并在国家知识创新体系中占据重要地位。科技创新中心建设需要大量的高精尖人才作为支撑，而高校拥有稳定、高端和前沿的科研队伍，这包括科研能力较强的专职教师、专职研究人员、博士后以及研究生等，他们能够持续有效地产出优秀的科研成果，或通过发明专利、技术转让、学术创业等方式为区域科技创新发展提供强有力的技术支持，推动解决关键核心技术"卡脖子"问题。科技人才的开发及使用是推动区域产业转型升级和经济高质量发展的关键所在，综观旧金山、纽约、东京等著名的全球科技创新中心，其快速发展的背后均离不开本地顶尖研究型大学对科技创新型人才的培养和输出。例如

---

① 张秀萍、夏强、吴灵敏：《高等教育对区域科技创新的贡献率研究——以辽宁省为例》，《高等农业教育》2017年第2期，第32~38页。

在斯坦福大学、加州大学伯克利分校/旧金山分校等高校云集的旧金山湾区，有许多研究生在校期间就开始作为科研生力军参与科研项目，每年还有大量毕业生进入企业或科研院所，成为区域科技创新的核心力量。[①] 近年来，四川省进一步加大了对青年科技人才的支持力度，大力实施科技创新人才集聚工程，将集聚博士后作为打造高水平青年科技人才队伍的重要举措。在政策突破、产才融合、精准服务等方面聚焦发力，加快促进具有发展潜力和创新能力的优秀博士后从事创新研究，实现博士后规模、质量"双提升"，从而全面提升四川省科技创新能力和水平。截至 2022 年，四川省以高校、科研院所和高科技企业为依托，已建成博士后科研流动站、工作站、创新实践基地 478 个，在站博士后达 4042 人，覆盖电子信息、油气化工、生物医药等 20 余个行业领域。[②]

（二）以优势学科为平台服务新兴产业发展

高校作为拓展学科前沿、推动知识更新与技术进步的重要场所，是公认的基础技术研发的阵地和源头，而研究型大学的优势学科则是推动区域新兴产业发展的重要引擎。ESI 是当今普遍用以评价大学和科研机构学术产出水平及其影响力的重要指标之一，能够入围 ESI 世界前 1‰代表着该学科在国际领域拥有强有力的竞争力，其中全球前 1‰被视为国际顶尖学科，全球前 1%被视为国际高水平学科。根据科睿唯安公司 2020 年 5 月发布的最新学科领域数据，四川大学进入 ESI 排名全球前 1%的学科领域高达 17 个。此外，高校的国家重点实验室、协同创新中心、工程技术研究

---

① 钟之阳、周欢：《区域创新系统视角下高等教育投入对区域科技创新效率影响研究》，《江苏高教》2018 年第 10 期，第 29~34 页。
② 《四川：大力实施博士后创新人才集聚工程》，"大国人才"公众号，https：//mp. weixin. qq. com/s？＿＿biz＝MzIxMDI2NTEwOA＝＝&mid＝2247532259&idx＝3&sn＝910ee85ffa8044304f6d51e19737e2c3&chksm＝97650b98a012828ed1c04e0da10a441cb99424fe7dd03c1a3854ecd49d09da1f5c054ebc8eeb&scene＝27。

中心等也是推动技术创新的主要动力。① 其中国家重点实验室作为国家科技创新体系的重要组成部分，聚集了大量的优秀科技人才，并配备了先进的科研装备，通过对学科发展前沿和国民经济发展的重要科技领域和方向开展创新性研究推动科技创新和社会进步，是建设创新型国家的重要支撑。四川拥有的国家重点实验室数量在西部地区居于首位，从表2信息可见，四川省的ESI前1%学科和国家重点实验室主要分布在"双一流"建设高校，对接的新兴产业涵盖新材料、电子信息、生物医学、轨道交通、新能源等，科技资源较为密集，具备开展前沿基础科学研究和应用研究的基础。例如电子科技大学通信抗干扰技术国家重点实验室，围绕国家科技战略目标和高新技术的发展趋势，开展探索性、创新性和重大关键技术的基础与应用基础研究，建立了具有国际先进水平的开放式科学研究平台，为我国通信技术发展做出了突出贡献。

表2　四川省"双一流"建设高校对接区域新兴产业发展学科与重点实验室情况

高校	ESI前1%学科	国家重点实验室	对接新兴产业
四川大学	17个(化学、临床医学、材料科学、物理学、分子生物学与遗传学、生物学与生物化学、药理学与毒理学、神经科学与行为科学、工程学、数学、农业科学、植物学与动物学、计算机科学、社会科学、精神病学/心理学、免疫学、环境科学/生态学)	4个(四川大学高分子材料工程国家重点实验室、四川大学口腔疾病研究国家重点实验室、四川大学生物治疗国家重点实验室、四川大学水力学与山区河流开发保护国家重点实验室)	新材料、生物医学
电子科技大学	8个(数学、工程学、材料科学、物理学、计算机科学、化学、神经科学与行为学、生物学与生物化学)	2个(电子科技大学电子薄膜与集成器件国家重点实验室、电子科技大学通信抗干扰技术国家重点实验室)	电子信息、生物化学
西南交通大学	4个(工程学、计算机科学、材料科学、化学)	1个(西南交通大学牵引动力国家重点实验室)	信息技术、轨道交通

---

① 宋美喆、李孟苏：《高等教育、科技创新和经济发展的耦合协调关系测度及其影响因素分析》，《现代教育管理》2019年第3期，第19~25页。

续表

高校名称	ESI 百强学科	国家重点实验室	对接新兴产业
西南石油大学	3 个（工程学、化学、材料学）	1 个（与成都理工大学共建油气藏地质及开发工程国家重点实验室）	新能源
西南财经大学	3 个（经济学与商学、工程学、社会科学总论）	无	新财经
四川农业大学	4 个（植物学与动物学、农业科学、生物与生物化学、环境与生态学）	无	生物化学
成都中医药大学	2 个（药物学与毒物学、临床医学）	无	临床医学
成都理工大学	1 个（地球科学）	2 个（油气藏地质及开发工程国家重点实验室、成都理工大学地质灾害防治与地质环境保护国家重点实验室）	新能源

（三）知识输出转化催生大批高科技企业

在区域创新体系中，高校的知识输出和转化是将知识直接转化为经济效益、促进科研成果产业化、为区域科技创新做出贡献的重要方式之一。完善的产学研制度将企业生产需求和生产能力、高校及科研机构的研究能力及研究成果有机联系起来。从全球范围内来看，许多创业型大学在区域创新、产业集群及创业生态系统的营造中发挥引领作用。例如，斯坦福大学将自身服务经济社会的使命表述为"创新企业的孵化器、科技发展的助推器"，其研究、创新创造、成果转化、技术转移等活动不仅养育了硅谷，也刺激了整个国家乃至全球经济增长与科技创新。[①] 科技创新与市场紧密联系，创新成果与企业需求相适应，科技成果转化率高则能为科技创新中心建设提供强大而

---

① Stanford University, "2019 Annual Financial Report," https：//bondholderinformation. stanford. edu/ financials/annual_ reports#2019.

持久的技术支撑。其中大学科技园依托大学的知识、人才、科研平台和创新环境等综合资源优势，通过包括风险投资在内的多元化投资渠道，在政府政策引导和支持下致力于推动区域科技创新。在大学科技园内，高校科技人才的研究成果得以持续转化并流向企业，促进高校科研和市场的结合，使高校教学、科研和社会经济发展形成良性循环。因此，大学科技园不仅是高新技术企业孵化的基地、创新创业人才聚集和培育的基地、高新技术产业辐射的基地，还是区域经济发展和技术进步的重要创新资源之一。四川省许多高校均创办了大学科技园，将科技成果转化、高新技术企业孵化、创新人才培育相结合，积极推动新兴产业及区域经济发展（见表3）。

表3 四川省大学科技园及其对区域发展的贡献概览

大学孵化器/科技园	创办时间	依托大学	创办目的	对区域发展的贡献
四川大学国家大学科技园	1999年	四川大学	集高新技术的研发与成果转化、高新技术企业孵化、创新人才的吸纳与培育于一体	积极致力于推动电子信息、中医药、生物制药、环境保护、新材料、机电一体化等产业的发展
电子科技大学国家大学科技园	2001年	电子科技大学	培育和孵化微电子、大数据平台、电子信息与通信技术、光电子技术等领域的高新技术企业	以创新为驱动支持战略新兴产业发展，加强并带动地方经济建设
西南交通大学国家大学科技园	2003年	西南交通大学	积极促进科技成果的转化和产业化，孵化高新科技创新企业	大力扶持轨道交通、机械、信息、新材料、光电子技术等高新技术的产业化，为国家经济建设和科学技术进步以及区域经济发展做出贡献
西南石油大学国家大学科技园	2010年	西南石油大学	以油气开发、能源装备和石油化工技术孵化为重点，推动相关产业的科技成果转化、创新创业人才培育，促进区域发展方式转变	为四川乃至全国石油和新能源产业提供技术支持与服务

大学孵化器/科技园	创办时间	依托大学	创办目的	对区域发展的贡献
成都信息工程大学"成创空间"	2015年	成都信息工程大学	以促进高校科技成果转化和创新创业人才培养为重点,大力培育技术企业和战略性新兴产业	为电子信息、物流、电子商务、文化创新等战略性新兴产业提供支持,以此推动区域经济发展

四 高校科技人才服务于科技创新中心建设的路径探索

（一）打造集聚科技人才的一流学科和重点实验室集群

科技人才集聚的一流学科在区域创新网络中发挥着引领性作用,通过提供人力资本与研发经费促进科研创新、发挥优势学科和重点实验室带动产业发展以及发挥大学科技园服务区域经济发展的集群效应。据统计,四川省研究型大学中有超过40个学科领域（数学、物理学、材料科学、工程学、化学、生物学、计算机科学等）进入ESI排名全球前1%。现有的优势学科能够较好地支撑新材料、新能源、电子信息、生物医学、轨道交通、高端装备制造等新兴产业的发展,但在环境科学与生态学、新医药、传媒学等学科方面还不具备支撑产业发展的能力。基于此,应树立大学为区域经济社会发展服务的理念,进一步统筹国家与地方"双一流"建设,整合各类学术资源,聚焦生物医药、高端装备制造等重点产业领域,推进大数据、量子信息、生物医学等新兴交叉学科建设,促进自然科学与人文社会科学学科交叉融合,提高区域原始创新供给能力。统筹国家重点实验室与省市重点实验室建设,增强其关联度、学科互补和优化集成,提高重点实验室资源整合能力和创新能力,形成集聚高端科技人才、推动科技创新中心建设的重点实验室群。

（二）加强"新工科"和"新文科"建设，助推卓越科技人才培养

未来几十年，新一轮科技革命和产业变革将改造全球传统生产模式和服务业态，推动传统生产方式和商业模式变革，促进工业和服务业融合发展，这为教育创新变革带来了重大机遇。2017 年，我国高等工程教育界达成"新工科"建设共识，提出设置和发展一批新工科专业，支撑区域战略性新兴产业发展对中高端科技创新人才的巨大需求。2019 年，科技部等 13 个部门联合启动"六卓越一拔尖"计划 2.0，全面推进"新工科""新医科""新农科""新文科"（以下简称"四新"）建设。无论是"新工科"还是"新文科"建设，都强调学科的实用性、交叉性与综合性，以融入新兴产业发展，提高高校服务经济社会的能力。在此背景下，四川省许多高校积极对学科进行调整与优化，如电子科技大学紧密对接创新链、产业链，重构人才培养体系与课程体系，拓展"新工科"专业领域，在英才实验学院数理基科班增设"人工智能"方向，加强数理基础和跨学科交叉应用的能力。探索"新工科"人才培养新模式，实施一对一的"成长导师"+"科研导师"制，逐步形成围绕"电子信息+"的专业生态圈。未来应以"新工科"和"新文科"建设为契机，加强学科融合，加快改革创新，培养适应并满足未来新兴产业和新经济需要的、具有更强实践能力和创新能力的、能够引领未来的卓越科技人才。[①]

（三）以科技人才为中心构建"政产学研"协同创新链条

作为高校、科研院所、高科技企业、高科技人才以及科技政策等各种创新资源集聚而成的区域创新系统，科技创新中心的重要特征就是创新集聚性和系统性，它不仅强调市场参与主体（企业）、监管主体（如政府）和市场

---

① 丁辉：《北京高校对全国科技创新中心建设的作用分析》，《北方工业大学学报》2019 年第 3 期，第 21~30 页。

环境等一般系统，更强调具有众多创新行为主体及其互动构成的创新产业链、创新网络与创新生态系统。[①] 高校的专利、学术论文和著作等通过产学研合作等途径越来越多地运用到生产过程中，能够有效促进企业技术创新。高校需要在协同创新的过程中走向开放，与企业形成优势互补，使大学的知识、科技创新和人才培养资源与产业发展相结合。基于此，政府应将"政产学研"协同创新作为主要导向，逐步完善相应的人事、信贷、税收、奖惩、考核制度体系，充分调动科技人才与其他创新主体之间合作的积极性。鼓励高校之间、高校与政府、高校科研院所、高校与企业之间搭建科研共享资源平台，形成长期的、稳定的、深度的合作平台，鼓励高校与企业共建科技创新中心或公共技术平台，为企业提供技术咨询、诊断等服务，共同实施科技开发，以促进企业的技术创新，形成良性竞争、开放、共享与合作的创新文化。

（四）通过科技创新体制机制改革激发科技人才创新活力

科技创新体制机制改革是解决长期制约科技创新深入发展的深层次问题，释放科技人才创新活力、促进科技创新治理体系和治理能力现代化的重要途径。由于知识和技术创新具有很强的正外部性，如果知识产权保护制度不完善，知识技术增值、创新风险分担、创新利益分配过程中缺乏相应的激励机制，那么科技人才等创新主体的积极性很可能会被抑制。在服务于科技创新中心建设的诸要素和主体中，高校所代表的是社会公共利益，追求的是基础创新；而企业所代表的产业集群旨在实现私人部门的收益最大化，追求的是市场需求导向的应用创新。这两大核心创新主体在知识产权方面存在巨大鸿沟，加之利益诉求的差异，带来了一系列创新风险分担和利益分享的问题。[②] 基于此，应进一步完善科技中介服务和知识产权市场的管理机制，妥

---

① 许长青：《广州建设国际创新枢纽的发展战略与路径选择思考：基于粤港澳大湾区高水平大学科技合作的视角》，《广东经济》2018年第1期，第80~84页。

② 柳翔浩：《高等教育融入国家科技创新体系：途径、机制与政策支持》，《教育研究》2018年第9期，第113~121页。

善建构多元创新主体之间的风险共担和利益共享机制，通过将创新风险在各个参与主体之间合理分配，形成创新收益与创新风险的最优配比格局，从而促进各创新主体之间的长效合作。例如，近年来四川省积极探索科技成果权属混合所有制改革，提出高校、科研院所、医疗卫生机构等科技成果转移转化所获收益可按不同方式对完成科技成果转化的主要贡献人给予奖励，提高科技人员成果转化收益比例。这一举措有效激发了科研人员的创新积极性，极大地促进了知识成果转化和科技型企业创办。

五　结语

在全面建设社会主义现代化国家的新征程上，要贯彻落实党的二十大报告提出的新定位新要求，始终坚持科技是第一生产力、人才是第一资源、创新是第一动力，深入实施科教兴国战略、人才强国战略、创新驱动发展战略，加快建设教育强国、科技强国、人才强国。高校科技人才在融入区域和国家科技创新中心建设的过程中存在两种角色定位，第一种是被动的响应者，依据国家科技创新方向，响应行业产业的技术需求，与企业开展合作；第二种是通过知识生产和成果转化主动参与并融入国家科技创新，与企业的创新需求有效结合，为行业发展和技术更新提供知识供给。[1] 在协作创新的趋势下，高校科技人才不应是被动的响应者，而应主动参与并融入区域科技创新中心建设进程，构建"政产学研"协同创新链条。[2] 当前，新一轮西部大开发战略、"一带一路"倡议、中西部高等教育振兴计划、成渝地区双城经济圈建设等利好政策给四川省科技创新中心建设带来了新的机遇，也使其面临新的挑战。在此背景下，高校科技人才应当树立为区域经济社会发展服

---

① Pearce R D, "Decentralised R&D and Strategic Competitiveness: Globalised Approaches to Generation and Use of Technology in Multinational Enterprises (MNEs)," *Research Policy* 28 (1999): 157-178.

② 柳翔浩：《高等教育融入国家科技创新体系：途径、机制与政策支持》，《教育研究》2018年第 9 期，第 113~121 页。

务的理念，围绕知识、技术、人才等核心要素，积极发挥知识创新、技术创新和拔尖创新人才培养的功能，服务国家和区域重大战略需求，在与社会的交互中进一步增强服务社会的能力，充分发挥高校对区域社会经济发展的引领辐射作用，加快构建人才强省战略新格局。

坚持青年优先发展 营造优质城市环境

——都江堰市多措并举推动青年发展型城市建设

张曼青*

摘　要： 党的十八大以来，以习近平同志为核心的党中央高度重视青年发展事业。2022 年，中央宣传部、共青团中央等 17 部门联合印发《关于开展青年发展型城市建设试点的意见》，并在全国开展青年发展型城市建设试点，成都市获批为首批试点城市。成都市都江堰市自 2019 年建立青年工作联席会议机制以来，坚持从全局谋划，结合青年优先发展要求与都江堰市工作实际，推进青年发展工作，逐渐形成"党委领导、政府主责、共青团协调、各方齐抓共管青年发展事务"的服务青年发展格局。从完善青年工作机制、瞄准人才引育留、做优特色项目品牌、促进青年融入等方面优化适宜青年发展的城市环境，引导青年参与城市建设，为建成有都江堰特色的青年发展型城市奠定坚实基础。

关键词： 青年发展型城市　党管青年　多部门协同　都江堰市

中共中央、国务院《中长期青年发展规划（2016—2025 年）》出台以来，共青团都江堰市委坚持"党管青年"原则和"青年优先发展"理念，坚持青年赋能城市发展体系，结合青年优先发展要求与都江堰市工作实际，推动规划在本地落地落实。2019 年，都江堰市建立青年工作联席会议机制；

---

* 张曼青，共青团都江堰市委员会办公室主任，主要从事青年发展研究。

2020年，都江堰市成功申报成为《四川省中长期青年发展规划（2017—2025年）》省级试点地区，制定《都江堰市贯彻落实〈四川省中长期青年发展规划（2017—2025年）〉试点工作方案》，指导都江堰市落实中长期青年发展规划具体工作。2022年，成都市申请获批全国青年发展型城市建设试点，都江堰立足实际，多措并举推动青年发展型城市建设，形成了一定的都江堰经验。

一 背景意义

（一）政策背景

青年是国家的未来、民族的希望。青年兴则民族兴，青年强则国家强。党的十八大以来，以习近平同志为核心的党中央高度重视青年发展事业。2016年3月，十二届全国人大四次会议审议通过的"十三五"规划纲要提出"制定实施青年发展规划"。2017年4月，中共中央、国务院印发《中长期青年发展规划（2016—2025年）》，这是新中国成立以来第一个国家层面的青年发展规划，是我国青年发展事业的重要顶层设计。2019年，全国31个省（自治区、直辖市）和新疆生产建设兵团全部制定出台青年发展规划，形成"国家规划+地方规划"的青年发展规划体系。县级以上党委和政府建立青年工作联席会议机制，促进青年发展规划纵深实施，并在部分市、县开展中长期青年发展规划试点工作，都江堰市成为四川省首批试点区（市、县）之一。2021年3月，十三届全国人大四次会议审议通过的"十四五"规划纲要提到"深入实施青年发展规划，促进青年全面发展，搭建青年成长成才和建功立业的平台，激发青年创新创业活力"。为纵深推进《中长期青年发展规划（2016—2025年）》落实，经中长期青年发展规划实施工作部际联席会议审议通过，2022年4月，中央宣传部、国家发展改革委、教育部、共青团中央等17部门联合印发《关于开展青年发展型城市建设试点的意见》，在全国范围内开展青年发展型城市建设试点。首批自主申报并经审核确认的全国青年发展型城市建设试点 45 个、全国青年发展型县域试点 99 个，覆盖全国 31 省份和新疆生产建设兵团。其中四川省成都市入选全国 45 个青年发展型城市建设试点之一。

（二）重要意义

青年发展型城市是保障青年权利实现、推动青年发展的重要社会环境，青年创新创造活力与城市创新创造活力相互激荡、青年高质量发展和城市高质量发展相互促进，是青年发展型城市的本质特征。基于青年高质量发展与城市高质量发展的基本要义，青年发展型城市的科学内涵可被概括为以下两点内容。一方面，城市高质量发展赋能青年发展型城市建设。协同优化城市规划环境、教育环境、就业环境、居住环境、生活环境、健康环境、安全环境，改善城市运行的基本质量面，打消青年在教育、就业、住房、育儿、医疗等领域的后顾之忧，让青年收获安全感、幸福感、满足感。另一方面，青年高质量发展驱动青年发展型城市建设。充分调动青年主观能动性，组织动员有理想、有道德、有文化、有纪律的青年塑造城市文明新风、引领创新创业大潮、扎根岗位建功立业、广泛参与社会治理、加速提升生活品质，促进城市治理能力与治理体系现代化。[①] 建设青年发展型城市，目的是让城市功能品质与青年的契合度更强，让城市对青年更友好、青年在城市更有为，让青年对城市的认同感、归属感不断增强，让青年建功城市高质量发展的参与感、贡献度不断提升，让青年因城市而聚、城市因青年而兴，实现城市与青年共发展。

二　主要举措

（一）以两项试点为指引，完善青年工作机制

都江堰市作为县域共青团基层组织改革全国试点地区和《四川省中长

---

① 孙久文、蒋治：《高质量建设青年发展型城市的科学内涵与战略构想》，《西安交通大学学报》（社会科学版）2022 年第 6 期，第 1~9 页。

期青年发展规划（2017—2025年）》省级试点地区，坚持从全局谋划，结合青年优先发展要求与都江堰市工作实际，完善青年工作机制，优化保障青年优先发展的政策环境。一是全面发力，完善政策制度。将全面落实国家、四川省中长期青年发展规划写入都江堰市"十四五"规划，都江堰市党代会报告中明确提出"始终把青年放在城市发展的C位"；出台《都江堰市贯彻落实〈四川省中长期青年发展规划（2017—2025年）〉试点工作方案》《都江堰市共青团基层组织改革工作方案》《都江堰市实施人才引领发展战略行动计划》《都江堰市扶持高层次人才创新创业实施细则（试行）》《都江堰市支持驻市高校院所、创新平台提供科技创新服务补助申报操作细则》《都江堰市关于做好来我市就业人员和本市户籍跨行政区域居住就业人员随迁子女接受义务教育工作的实施意见》等政策文件，形成"党委领导、政府主责、共青团协调、各方齐抓共管青年发展事务"的服务青年发展格局。二是精心部署，强化部门联动。常态化落实青年工作联席会议制度，定期会商研究全市青年工作开展情况，联动全市42个联席会议成员单位形成合力。由共青团都江堰市委牵头，各相关部门参与，起草《都江堰市青年发展型城市建设实施行动方案》，重点围绕"让城市对青年更友好""让青年在城市更有为"两个重要维度，提升规划、教育、就业、居住、消费、婚育、健康、安全"八大城市环境"形成具体工作方案，推进"培育青年成长、破解青年难题、支持青年发展"的全链条青年服务工作，进一步构建"高位推动、部门联动"的青年工作体系。三是加强引领，提升思想认识。始终加强对青年的思想政治引领，凝聚青年思想共识。坚持用习近平新时代中国特色社会主义思想武装青年头脑，年均通过"都江堰青年"微信公众号发布各类宣传推文300余篇，通过"青春都江堰"官方微博发布推文600余条，近期每年开展"青年大学习"网上主题团课35期左右，都江堰市每学期参学青年1.5万~1.8万人，全年预计60万人次参学。2021年参学比综合在全省各区县中排名第4，获得"青年大学习"优秀组织奖。近年来年均参学比在全省各区县排名前5。优化"青"字号品牌。开展"青年文明号""青年突击队""两优一红"等"青"字号品牌创建和团属表彰奖励，增强新时期共青团工作的影响力，引导和激励广大青年在新变革新挑战中奋勇当先、担当作为。

（二）瞄准人才引育留，促进青年全面发展

紧紧把握"人才是第一资源"的深刻内涵，认真落实中央、省委和成都市委关于人才工作的重要决策部署，立足新发展阶段、贯彻新发展理念、构建新发展格局，全面推进青年人才发展工作。一是创新工作方式强化青年人才引留。结合都江堰市旅游城市的特点，打造"景区青年之家""景区青年人才工作站"，在都江堰景区等热点区域开展青年人才交流活动，让来堰旅游的青年了解都江堰创新创业政策、人才政策等，提升都江堰对外地青年的吸引力；充分利用都江堰市国际友城资源优势，在日本东京等地区建立 3个海外人才工作站，引进海外高层次青年人才；建设都江堰市"候鸟"人才工作站，开展"候鸟"人才服务工作，吸引"候鸟"人才积极投身都江堰市经济社会发展建设。二是提升服务开创青年创新创业新局面。优化一批特色青年创新创业政策，以青年创新创业筑梦工程为引领，开展"蓉漂英雄汇"创业导师巡诊、"文创设计大赛"、"创响都江堰"、"才聚都江，创享未来"创业项目路演等主题活动 100 余场，覆盖专家人才 5000 余名，储备创新创业项目 240 个。提档升级 6250 平方米的都江堰市青年创业园省级创新创业孵化基地，通过都江堰市青年创业园为优质青年创业项目提供 1~3 年免租孵化场地，并提供创业扶持资金、免息创业贷款等，缓解青年创业初期压力，截至 2022 年底，累计孵化青年创业项目 204 个。团市委、市退役军人局联合成立都江堰市退役军人创业孵化基地，扶持 5 个退役军人创业项目入驻孵化。同时在青年创业园打造集会议、展演、休闲等功能为一体的青年创业会客厅，为全市创业青年提供交流展示和会商洽谈场所。三是为高校毕业生来堰就业提供保障。完善青年人才驿站运营管理，为来堰创业就业青年提供最长 15 天免费入住，年均向来堰求职青年推送招聘信息 1000 余条。2022 年发布"逐梦计划""返家乡"大学生实习岗位 480 个，吸引 168 名大学生来（留）堰实习，同比增长 58.5%；接收清

华大学、中国人民大学等 6 个团队 63 名大学生来堰开展暑期社会实践。进驻市高校宣讲人才新政，组织 31 家驻市企业 468 个岗位进驻市高校开展线上线下专场招聘活动。

（三）做优特色项目品牌，打造青年工作亮点

建立完善有都江堰特色的青年工作项目品牌，引导青年在城市建设中发光发热。一是青年志愿服务助力全市重大工作。建立"小橘子"旅游志愿服务队，组织"小橘子"旅游志愿者在元旦、春节、五一节假日开展旅游讲解、交通文明劝导等志愿服务，累计服务国内外游客 120 余万人次；联合驻市高校四川外国语大学成都学院外语专业青年人才，研发"多语种旅游讲解"志愿服务，为都江堰节假日旅游提供优质青年志愿服务保障，获评"四川省十佳志愿服务组织"；成立青年志愿者协会，截至 2023 年 4 月，吸纳会员单位 10 家，注册志愿者 7155 人，组织返乡大学生、青年志愿者投身新冠疫情防控、双遗马拉松赛事保障、援沪蔬菜打包、"爱满全城·护航高考"等志愿服务活动 140 余场。二是青年志愿服务融入城乡社区发展治理。动员 4 所驻市高校成立 15 支大学生志愿服务队，与都江堰市 7 个镇（街道）15 个社区一对一"结对子"，创建"青年志愿服务社区示范点"15 个，为社区"量身定制"志愿服务项目，以社区需求为导向打造"墙绘靓彩""垃圾分类"等定制化社区志愿服务产品，全力构建"共建·共治·共享"的社区治理新格局，形成青年志愿服务进社区长效工作机制。三是青年志愿服务融入支教助学。开展"少年宫大山行"项目，推动优质教育资源向山区下沉，促进城乡教育均衡发展，丰富乡村小学第二课堂，2022 年以来组织青年教师志愿者到都江堰市 3 所边远乡村学校开展送教下乡活动 266 场，服务青少年 6500 余人次，在让乡村儿童享受优质教育的同时，解决乡村留守儿童假期看护难问题。

（四）强化青年社会融入，服务青年生活需要

加强青年的社会参与感与城市归属感，丰富青年社会参与的渠道和方

式。一是建强青年工作组织体系加强对青年联系覆盖。以共青团基层组织改革全国试点为抓手，建强共青团组织体系，大力开展基层团组织建设，新增城市小区、农业园区、非公企业等社会领域团组织 368 个，将共青团组织体系延伸到青年工作地、家门口，进一步加强对青年的联系和服务。成立都江堰市青年志愿者协会、都江堰市新青年文旅协会，筹备成立都江堰市青年联合会，用组织团结组织的办法实现对社会各领域青年的联系覆盖，让社会领域青年找到组织依托，营造青年汇聚的"强磁场"，筹集社会资源参与青年发展型城市建设，为城市建设注入青春动能。二是丰富青年社交活动促进青年融入城市。推进全市各镇（街道）建立青年之家 16 个，依托青年之家"旗舰店+社区店+共营店"三级体系，每年免费开展茶艺、油画体验、红酒品鉴、非洲鼓教学等青年社交活动 300 余场，丰富青年业余生活，促进青年融入城市，提升青年幸福感。团市委、市委组织部、市总工会和市妇联等单位联合开展"堰上相约·缘聚花溪谷""秋日寻缘·爱在颐湖畔""贺百年辉煌·谱美好华章"等青年人才交友联谊活动，为青年搭建安全可靠、健康良好的交友平台，帮助青年树立正确的婚恋观，让青年扎根都江堰，切实感受城市温度，提升青年幸福感。三是关爱子女成长解决青年育儿之忧。将建设青年发展型城市与建设儿童友好型城市紧密结合，为青年提供优质育儿环境。深入推进教育公平，实现普惠性幼儿园覆盖率达 80.69%、公益性幼儿园入园率达到 100%。落实公民办学校统一招生入学和均衡分班，妥善安置随迁子女就学。市卫健局成立青少年心理健康辅导中心和未成年人心理辅导站，联合学校开展心理健康讲座和健康教育宣传，关爱未成年人心理健康；市青少年活动中心建立免费青少年阅读馆，为青少年提供安静舒适的阅读环境，培养青少年阅读习惯。市青少年活动中心、市总工会等联合开展暑期托管班，解决职工子女暑期看护难问题。强化青少年维权和校内外培养，呵护未成年人健康成长，建立未成年人"一站式"保护中心，组建"普法讲师团"，年均开展"李冰法治讲堂"、防艾禁毒反诈教育进学校等活动 50余场，护航青少年成长。

三　未来发展思路

（一）强化政治引领，始终坚持党管青年原则

以习近平新时代中国特色社会主义思想为指导，始终坚持党管青年原则，把青年工作作为战略性工作来抓，把坚持党的领导贯穿青年发展型城市建设全过程，充分发挥青年工作联席会议机制作用，把青年全面发展摆在城市工作全局中更加重要的战略位置。始终用党的科学理论武装青年，用党的初心使命感召青年，践行青年优先发展理念。加强政策支持，完善政策、补齐短板，强化多部门合作，形成党领导下各部门协同推进的青年工作体系，打好组合拳，发挥各部门职能职责，协同解决青年发展型城市建设中方方面面的问题。

（二）坚持人才驱动，确立人才优先发展战略格局

坚持科技是第一生产力、人才是第一资源、创新是第一动力，认真落实中央、省委和成都市委关于人才工作的重要决策部署，着力培养、吸引、留住高素质人才。弘扬工匠精神，培养更多高技能青年人才，实施更加开放、更加有效的人才政策，着力为青年人才提供优质的创业就业环境、营造优质的创业就业氛围，激励更多青年投身大众创业、万众创新。充分优化青年人才发展生态，选树青年奋斗典型，组织动员青年立足岗位建功立业，引导广大青年人才参与城市建设。

（三）立足地方特色，因地制宜创新青年发展方式

在落实中长期青年发展规划、建设青年发展型城市的过程中，要坚持以《中长期青年发展规划（2016—2025年）》《四川省中长期青年发展规划（2017—2025年）》《关于开展青年发展型城市建设试点的意见》《成都市青年成都市青年发展型城市建设试点实施方案（2022—2024年）》为指导，

同时要结合地方实际开展工作，形成有地方特色的青年发展政策体系、工作体系、保障体系，打造城市品牌，提炼出有地方特色的青年发展型城市理念，广泛凝聚青年共识、激发青年活力、助力青春建功，引领青年投身志愿服务、参与城市建设、建功城市发展，增强青年对城市发展的参与感、推动力和贡献度，让青年与城市同成长，让青年在服务社会中获取精神力量，成为城市文化软实力的贡献者和传播者。

（四）深入调查研究，牢牢把握青年急难愁盼

建立调研工作机制，常态化开展调查研究。深入企业、高校、社区等基层一线开展调研，健全完善各年龄段、各行业领域等青年的意见建议表达机制，坚持走进青年、倾听青年声音、了解青年需求，为新时代都江堰青年精准"画像"，真正把情况摸清、把问题找准、把对策提实，为建设青年发展型城市提供决策参考。充分转化调查研究成果，遵循青年成长规律和发展特点，采取务实管用的工作措施，提升青年工作质效。

（五）完善城市功能，提升青年发展的保障支撑

坚持青年为本，充分尊重青年主体地位，以青年需求为导向，尊重青年成长规律和发展特点，充分考虑青年学习、生活、工作需求，优化城市布局、完善城市功能，提升城市"青和力"，营造有利于青年发展的环境，为青年提供更优质的公共服务，满足青年发展需求，提高城市对青年发展的承载力、吸引力和凝聚力，让青年在城市更有支撑感。要服务青年紧迫需求、维护青年发展权益、净化青年成长环境、推动青年融入城市，将青年发展与城市发展协调推进，形成一体统筹推进的工作格局。

下一步，要始终坚持把习近平总书记对青年工作的重要指示精神作为开展工作的根本遵循，把青年发展与经济社会发展紧密结合，按照青年发展型城市建设的要求，进一步细化工作举措、完善工作机制、制定相关领域具体工作措施，分解工作目标，明确工作任务，强化工作督查，建立监测机制，动态监测评估青年发展型城市建设成效，实时制定和调整促进青年发展型城

市建设的政策措施，高标准建成青年发展型城市生态。同时大力宣传习近平总书记关于青年工作的重要思想、党和国家关于青年发展的战略部署，宣传关心支持青年发展就是增强城市发展活力、积蓄城市后劲的理念，营造全力以赴建设青年发展型城市的良好氛围，将建设青年发展型城市与成都市建设践行新发展理念的公园城市示范区、全国文明典范城市和都江堰市奋力构建"五大新城"紧密结合，着力建成有都江堰特色的青年发展型城市。

参考文献

中共中央、国务院：《中长期青年发展规划（2016—2025年）》，2017。

中共四川省委、四川省人民政府：《四川省中长期青年发展规划（2017—2025年）》，2018。

中共中央宣传部、共青团中央等17部门：《关于开展青年发展型城市建设试点的意见》，2022。

中共成都市委办公厅、成都市人民政府办公厅：《成都市青年发展型城市建设试点实施方案（2022—2024年）》，2023。

马凯、谭建光：《青年发展型城市与志愿之城关系研究》，《中国青年社会科学》2022年第6期。

人才政策
Talent Policy Studies

成眉人才协同发展面临的挑战
及对策研究

郭佳鑫　姚　星*

摘　要： 加快成眉人才协同是实现成眉同城化发展战略目标的智力支撑和重要保障。成渝地区双城经济圈和天府新区建设为成眉同城化发展奠定了基础，为成眉人才协同创造了良好条件。面对新形势新变化，成眉人才协同存在产业差异化协同化程度低、人才流动不畅、地方文化对人才吸引力不足等问题和挑战。进入新阶段，加强成眉人才发展顶层规划是推进成眉人才协同的重要举措，成眉人才协同要坚持党管人才原则，加强人才发展规划；深化产业协同发展，打造四链合一体系；健全人才流动机制，增强人才协同活力；打造"东坡文化"品牌，提升地方文化人才吸引力。

* 郭佳鑫，西南财经大学组织人事部（党委人才工作办公室）教师，主要从事高等教育与人才发展、党的建设研究；姚星，博士，教授，博士生导师，西南财经大学党委人才工作办公室主任、组织人事部副部长，主要从事服务经济、服务外包、产业结构与政策、高等教育与人才发展研究。

关键词： 成眉同城化 人才协同 四川省

习近平总书记在党的二十大报告中指出，"教育、科技、人才是全面建设社会主义现代化国家的基础性、战略性支撑""着力造就拔尖创新人才，聚天下英才而用之"。[①] 当前，随着成渝地区双城经济圈建设和天府新区建设的快速推进，成眉同城化作为成渝地区双城经济圈建设的重要内容正在加速发展。[②] 人才作为城市发展的第一资源，是成眉同城化发展的重要支撑，要坚持人才优先发展战略、人才引领发展战略，不断推动两地人才协同发展，提升人力资源配置能力，以产业集聚人才、以文化吸引人才、以服务留住人才。

一　成眉人才协同发展的基础

早在 2006 年，眉山和成都先后开展了成眉合作"十大行动"、"八大行动"和"六大行动"，为成眉同城化奠定了良好基础。[③] 当前，成都都市圈建设和天府新区建设的推进，进一步为成眉同城化发展和人才协同提供了平台、创造了条件。

（一）成都都市圈建设为成眉人才协同带来了机遇

促进成眉协同发展、推进成眉人才协同是成德眉资同城化建设的重要内容。成德眉资同城化是成都、德阳、眉山、资阳四个城市一体化发展，[④] 在经

---

① 习近平：《高举中国特色社会主义伟大旗帜为全面建设社会主义现代化国家而团结奋斗——在中国共产党第二十次全国代表大会上的报告》，人民出版社，2022。
② 高云龙：《成德眉资同城化中金融协同发展路径选择》，《西部经济管理论坛》2021 年第 4 期，第 49~58 页。
③ 袁丽霞：《同城化发展让"双城"生活成常态》，《四川日报》2018 年 10 月 10 日，第 13 版。
④ 陈飞环：《基于空间经济联系视角的成德眉资经济一体化研究》，四川大学硕士学位论文，2021。

济、社会等实现相互融合，最终形成一个具有辐射力、扩散力与竞争力的经济区。从中央财经委员会第六次会议作出推动成渝地区双城经济圈建设的重大战略部署以来，[①] 四川加快推进成德眉资同城化发展，将其作为推动成渝地区双城经济圈建设的先手棋，先后成立四川省推进成德眉资同城化发展领导小组、四川省推进成德眉资同城化发展领导小组办公室，构建起协同发展推进机制。[②] 与此同时，四川先后出台《关于推动成德眉资同城化发展的指导意见》《成都都市圈发展规划》《成德眉资同城化综合试验区总体方案》，对成德眉资同城化发展做出了顶层规划，[③] 提出打造有机融合的区域经济共同体。

在成德眉资一体化加速发展下，综合试验区建设意义非凡，将成为引领成德眉资同城化发展的示范标杆。而人才协同是成都都市圈发展的重要支撑力量。当前成眉人才协同的最大优势就是空间优势。从一定意来讲，聚焦成都都市圈人才发展，就是抓住了成眉人才协同发展的重点。从空间结构来看，在《成都都市圈发展规划》中指出，以同城化发展为导向，通过构建"两轴三带"[④]，形成轴带串联、多点支撑的网络化都市圈空间布局。成都都市圈通过"两轴三带"一体化推进重大平台联动建设，建设都市圈高能级发展空间载体。同时，成都都市圈是高质量紧密联系的创新生态圈，其空间布局具有重要的战略地位和区位优势。一是处于四川省"一干多支"发展战略的主干位置的中心，可以说是全省创新驱动发展的 CPU；二是处于成渝地区双城经济圈战略中"双城"的极核位置，是辐射周边地区产业升级转型发展的动力源；三是处于"一带一路"发展和内陆对外开放的重要起始点和接入点，"双机场"以及配套空港产业和服务体系打开了空间新格局。在此基础上，四川及中国西部地区的丰富资源为成都都市圈发展特色优势产业提供了

① 樊桂良：《重庆市区县经济空间关联及溢出效应研究》，西南大学硕士学位论文，2020。
② 曹邦英、贺培科、龚勤林：《内陆地区城市群产业链供应链稳定性与竞争力提升研究——以成德眉资同城化为例》，《经济体制改革》2021 年第 1 期，第 63~69 页。
③ 王丽霞：《成都都市圈综合发展质量评价与对策研究》，西南交通大学硕士学位论文，2021。
④ "两轴三带"："两轴"指成渝发展主轴和成德眉发展轴，"三带"指成德临港经济产业带、成眉高新技术产业带和成资临空经济产业带。

坚实基础，成眉地区也成为发展特色优势产业的空间载体。从产业布局看，成都都市圈空间位置与其产业布局紧密联系，以"三带"为支撑形成产业布局。其中，成德临港经济产业带主要发展航空航天等产业；成眉高新技术产业带主要发展数字经济、新一代信息技术等产业；成资临空经济产业带的主导产业为现代物流等。从产业布局来看，成都都市圈产业布局与结构决定了成眉协同发展的战略方向，是成眉产业协作、人才协同发展的联结点。

（二）成眉长期合作发展为成眉人才协同奠定了坚实基础

成都和眉山凭借天然的地理优势，较早地开展战略合作。从 2006 年起，成眉先后合作开展"十大行动"、"八大行动"和"六大行动"等，包括规划、农业、工业、旅游、交通、社会事业等合作内容。[①] 2018 年起，眉山与成都先后对接形成了《成眉同城化交通系统对接方案研究》《成眉同城化发展五年行动计划（2018—2022 年）》《成眉工业同城化发展实施方案（2018—2020 年）》《关于加快成德眉资教育同城化发展的实施方案》《成眉同城旅游产业协同发展行动方案》等方案，两地在产业、教育、交通等方面进一步加快了战略合作。[②] 特别是《成眉同城化发展五年行动计划（2018—2022 年）》的出台，对成眉同城化发展作出了总体规划，提出要以天府新区等重大平台合作共建为纽带，加快产业、资本、人才、信息等要素在两地的流动配置，眉山要以成都的产业疏解基地为发展方向，共同把成眉打造成辐射带动区域产业升级的增长极和动力源。[③] 2020年，眉山进一步出台《加快推进眉山融入成都三年行动计划》，提出了五大方面 28 项建设任务，14 个重点基础设施同城化项目快速推进；[④] 同时，

---

① 袁丽霞：《同城化发展让"双城"生活成常态》，《四川日报》2018 年 10 月 10 日，第 13 版。
② 黎琦、杨萍、常坚、刘枢洵：《风起帆张天地宽开放眉山勇争先》，《四川经济日报》2018 年 12 月 20 日，第 1 版。
③ 袁丽霞：《与成都"同城"眉山发展驶上"快车道"》，《四川日报》2018 年 12 月 19 日，第 13 版。
④ 黎琦、杨萍、常坚、刘枢洵：《风起帆张天地宽开放眉山勇争先》，《四川经济日报》2018 年 12 月 20 日，第 1 版。

眉山在相邻地界划出 20 平方公里与成都开展合作，共建高新技术转化和试验基地。① 经过多年发展，成眉两地在发展规划、基础设施、城市品质、产业布局、生态环保和政策联动等方面高度"同城"，基本形成成眉同城化空间格局，为成眉人才协同打下了坚实基础。

天府新区建设为成眉人才协同提供了特有发展平台。天府新区作为中国第 11 个国家级新区，涵盖范围包括天府新区成都片区和天府新区眉山片区。② 天府新区不仅是成都和眉山连接的桥梁，更是四川"百年大计"，为成眉人才协同提供了特有发展平台。2018 年，习近平总书记在天府新区考察指出，"天府新区是'一带一路'建设和长江经济带发展的重要节点，一定要规划好建设好"。③ 习近平总书记的重要指示为天府新区建设按下了"快进键"。同年，经国家批准，天府新区成都片区保税物流中心（B 型）成立，天府新区加快融入"一带一路"建设。④ 2019 年，四川省出台《关于加快天府新区高质量发展的意见》，对天府新区新阶段建设作出了战略部署，提出要以高端高新产业、数字经济、总部经济等为重点任务进行推进。2020 年 4 月，四川天府新区党工委管委会成立，为四川省委省政府派出机构，由成都市管理。2021 年，经国家批准，四川天府新区开展公园城市标准化综合试点。经过长期发展，天府新区已培育汽车制造、数字经济、电子信息 3 个千亿产业集群和生物医药、装备制造等 11 个百亿产业集群，聚集国家高新技术企业 4511 家。完善的政府管理机制和超大的产业集群，为天府新区吸引来自全国各地的优秀人才提供了基础，为成眉人才协同发展提供了高水平创新平台。

---

① 袁丽霞：《同城化发展让"双城"生活成常态》，《四川日报》2018 年 10 月 10 日，第 13 版。
② 张艺凡：《增长机器理论视角下成都市用地扩张机制研究》，电子科技大学硕士学位论文，2020。
③ 《习近平春节前夕赴四川看望慰问各族干部群众》，央广网，http：//m.cnr.cn/new s/20180214/t20180214_524135565.html。
④ 《重磅！天府新区成都片区保税物流中心（B 型）封关运营》，天府发布，https：//www.sohu.com/a/343369786_670423。

（三）成都高校资源为成眉人才协同提供了原动力

习近平总书记强调，"加快建设世界重要人才中心和创新高地，必须把握战略主动，做好顶层设计和战略谋划"。[①] 人才资源结构是人才战略规划的首要前提。从人才发展看，成眉地区的产业结构决定了其人才结构，高新技术人才、高学历青年人才以及高度国际化人才的"三高"人才是实施创新驱动发展战略的重要人才力量。成眉人才协同发展要充分认识所属人才发展特点，抓住这一重要的人才资源。四川有着源源不断的高素质人才资源，在全国高校数量中位列第5，硕博研究生毕业人数呈逐年上升趋势，这些都是重要的战略储备资源。

近年来，成都市大力推动高校高水平建设，支持学校围绕服务国家和地方发展做好顶层设计，支持人才"同区化"建设。2022年，西南财经大学公布《西南财经大学一流学科建设方案》，突出创新驱动、人才强校等四大核心战略，加强应用经济学等基础学科人才培养力度，为成眉人才协同提供源源不断的金融人才。同年，成都市温江区人民政府与西南财经大学签署战略合作协议，共建天府商务服务区，推进高水平集聚人才平台建设，实现校企产才深度融合。四川农业大学与大北农集团、中国电信四川分公司以"科技+人才+N"的"组合拳"方式，加强产学研融合创新，精准对接社会需求，实现育人用人零距离的目标。电子科技大学与西南财经大学建设"金融学+计算机科学与技术"联合学士学位项目，打造"新财经+新工科"深度交叉融合新发展模式，联合培养复合型人才。[②] 四川大学推动双创教育，以人才需求、双创等平台的建设，精准对接市场需求与高校人才培养，努力实现高等教育培养范式变革创新。成都高校人才资源为成眉同城化发展、成眉人才协同提供了源源不断的人才支撑。

---

① 《习近平在中央人才工作会议上强调深入实施新时代人才强国战略加快建设世界重要人才中心和创新高地》，《人民日报》2021年9月29日，第1版。
② 《2020中国区块链金融人才培养与产业应用高峰论坛在成都举办》，硅谷密探，https：//baijiahao．baidu．com/s？id=1679254391977965298&wfr=spider&for=pc。

二　成眉人才协同发展存在的问题和面临的挑战

人才是支撑成眉同城化发展的第一资源。长期以来，为推动成眉同城化发展，成都、眉山地方政府高度重视人才发展问题，进行了许多人才队伍建设顶层规划，推进了许多人才工作部署，取得了较好成绩。随着新形势新变化新要求，当前人才工作面临着三个困局。

（一）产业差异化协同化程度低

人才问题本质上是产业问题。当前，学界存在一个普遍的观点，即"产业问题归根到底是人才问题"，但从人才外流经济学的角度来看，人才流动的首要动机是获得更多收入，寻求良好的学习和就业机会，产业经济发展是人才发展的基础。因此，成眉人才协同发展，要以成眉产业布局和发展为核心，保证成眉高新技术产业协作带建设，才能将人才留下来、聚起来、发展好。当前，成眉产业协作在一些方面存在问题，对成眉同城化发展和人才协同发展产生了制约。

一是产业存在"同质化"的现象。成眉两市基于资源禀赋、发展水平等比较优势建立起的产业体系普遍追求"大而全""小而全"，产业结构与布局高度相似，产业"同质化"大于"差异化"。① 如成都"551"现代化开放型产业体系与眉山"3135"产业发展行动中电子信息、新能源新材料、医药等多方面重合，甚至在一些产业细分领域存在高度重合。二是产业协作配套能力不强。从经济合作紧密度看，当前同城化指数为1.7的成眉与同城化指数为6.9的广州佛山、同城化指数为4.2的南京镇江扬州等同城化成熟的地区相比还有较大差距。尤其在产业发展上，协作配套率较低，目前成眉两市主要集中在制造业零部件加工配套、整机组装等低价值环节，以及农产

---

① 陈飞环：《基于空间经济联系视角的成德眉资经济一体化研究》，四川大学硕士学位论文，2021。

品初加工、原材料销售和少许的展会展销、特色产品销售等环节，尚未形成"成链成群"抱团发展的格局。① 三是产业高层次协同发展不足。成都聚集的现代新兴产业较多、规模较大，而眉山传统产业占的比重较大，由此形成产业协同发展的基础差距和对接错位。区域内现有的产业之间的协作，主要还是市场驱动下企业自发性的产业链配套分工，成都将一些不符合发展定位的产业进行了转移，在创新链、价值链上缺乏紧密协作的内动力和统筹衔接，导致产业协作特别是从成都转移到眉山的制造业，呈现零散性、低层次、低效率等特征。四是产业政策缺乏整合。成都市作为副省级城市，相比眉山市具有更大的经济体量、财政实力，有着更加开放灵活的政策，使得成都市虹吸效应明显，对人才的吸引力较大，而眉山市给予的政策红利远远比不上成都，导致城市间有很大的产业政策落差。同时，成眉两地缺乏协同有效的一揽子政策，特别是在市场一体化、资源互补、分工协作、互利共赢等方面，使同城化成效受到一定制约。

（二）成眉人才流动不畅

成眉同城化发展要突出"人才流动"。当前，成眉两地在对人才的吸引力和凝聚力上存在显著的阶梯形落差。成都市对人才的吸引力远远高于四川省其他市州，对高层次人才"虹吸效应"显著。眉山等四川省其他市州由于在经济发展水平、社会服务配套等方面落后成都，对优秀人才的吸引力不强。因此，四川省的人才流向以成都为主，人才流向眉山市等其他市州相对较弱，特别是成都市人才外流不畅。尽管近几年成眉同城化快速推进，一些人才合作协议相继签署、一些区域人才交流会相继举办，但仅能推动中低层次人才跨区域流动，对高层次人才跨区域流动作用不明显。原因在于成都市比其他市州有更好的职位和更高的薪酬待遇，其他市州没有太多的职位吸引高层次人才，同时，在成都高层次人才更能发挥自身专业特长，舞台更为广

---

① 蒋君芳、吴亚飞：《成都讨论交流重点课题调研在对标中探寻高质量发展之路》，《四川日报》2018 年 6 月 2 日，第 1 版。

阔。因此要通过把握"人随产业走"的人才流动规律，将成都产业和人才发展的"虹吸效应"转变为"辐射效应"，进一步引导和带动眉山产业、人才发展，特别要加强凝聚在人才身上的知识、技术等要素的充分流动。

（三）地方文化对人才吸引力不足

地方文化是人才吸引力的一部分。眉山古称眉州，有着悠久的历史文化，在宋代是我国三大雕版印刷中心之一，唐宋散文八大家中，眉山苏洵、苏轼、苏辙独占三席。两宋年间，眉山有886人中进士，在历史上被称为"八百进士"。特别是千年大文豪苏东坡的存在，为眉山赋予了更为厚重的文化内涵和较高的文化知名度。因此，眉山市在吸引人才上有着天然的文化优势。2021年，眉山市第五次党代会提出要把申报国家历史文化名城作为当前的重点任务，通过传承历史文脉营造城市气质，增强城市文化魅力。但就当前来看，眉山对以"东坡文化"为核心的地方文化挖掘不足，尤其是在利用好东坡文化对人才的吸引力上远远不足。东坡文化作为眉山市独特的文化标识，在涵养城市气质、滋养百姓精神、助推经济社会发展上有着重要作用，通过对以"东坡文化"为核心的地方文化的传承和发扬能进一步增强眉山对全国人才的吸引力，增强人才对眉山市的认同感、荣誉感、归属感。

三　推进成眉人才协同发展的基本对策

面对新形势新任务新要求，面对人才协同发展中的问题与挑战，成眉地区要坚持党管人才原则，加强人才工作顶层设计，从产业协同发展、人才协同机制建设、加大文化对人才吸引力等方面入手，以产业协同带动人才协同、以地方文化吸引人才流入，提高引才育才聚才合力，形成待遇留人、情感留人、事业留人的良好氛围，构建人才集聚新高地，推动成眉人才协同发展迈上新台阶。

（一）坚持党管人才原则，加强人才发展规划

坚持党管人才是我们做好人才工作的根本原则，是充分发挥党的领导核心作用的重要方面，也是中国特色社会主义制度优势的重要体现。坚持党对人才工作的全面领导是习近平总书记关于新时代人才工作的新理念、新战略、新举措的最核心内容。进一步落实好党管人才原则，要不断夯实党的基层基础，要把原则落实到具体工作中。因此，成眉人才协同工作不仅需要顶层的宏观规划，更需要基层的具体规划，根据成眉产业和人才发展需要，为各类产业人才量身定制发展规划。同时，要加强基层党组织党建工作，将基层党组织的战斗堡垒作用和党员的先锋模范作用发挥出来，把党的政治优势、组织优势和群众工作优势发挥出来，把党对人才的关心、关爱、关怀传递到每一位人才身上，把广大人才凝聚到推动成眉同城化发展的伟大事业中来。

（二）深化产业协同发展，打造四链合一体系

推进成眉产业协同发展、以产业协同带动人才协同，要推进产业协作配套和错位布局，将制约区域产业发展的制度和市场壁垒打破，推进资源在两地高效流动、要素在两地集成共享、产业在两地集聚成势。一是以优势互补推进协同发展。对区域内资源禀赋和产业基础进行全盘统筹，发挥眉山特色产业优势，与成都产业生态圈进行融合，聚焦产业共同主攻方向，让资源在两地高效流动、优势叠加起势，高水平建设现代产业协同体系。二是以高效分工推进集群成链。围绕专业化分工、集群化发展，依托产业功能区，以系统思维统筹优化区域分工，进一步将重大生产力和重大功能平台进行一体化布局，进一步推动产业链上下游协同配套，全面提升产业链协同性和产业生态圈稳定性，打造具有国际竞争力的都市圈产业集群。三是以融合创新推进高端引领。把握世界科技前沿，突出技术和产业跨界跨域融合，共建高能级创新平台体系和高效的科技成果转化体系，构建更具内涵的创新生态，增强区域产业协同创新能力及水平，促进区域产业迈向价值链中高端。四是以重

点突出推进共建共享。从区域内发展需求出发，推进协同共建制度创新，落地落实一批重大项目、平台、政策，在市场准入、产业配套、企业合作、要素流动等领域进行创新试点，激发跨区域的共享产业红利。

推进成眉产业协同发展、以产业协同带动人才协同，要以眉山天府新区为牵引，全域加强与成都在产业、人才、教育等方面的联动发展。一是抓科技攻关、抓新兴产业培育、抓重大项目建设和抓龙头培育，推进政府与社会资本合作的创新实验室和高能级创新平台建设。二是围绕标志性产业链，开展产业链协同创新项目攻关，与腾讯等知名企业深化战略合作，强化产业链精准招商，推进数字化重大项目建设。三是借助优势产业引进人才，发挥产业对人才强区强市强省的推动作用。四是充分整合补强周边地区的相关产业，促进区域稳步协调发展。五是打造"产业链—教育链—人才链—创新链"四链合一的产才融合体系，以创新链、产业链激活人才链和教育链吸引海外高水平产业人才，构筑全球产业人才教育的对外开放高地。

（三）健全人才流动机制，增强人才协同活力

推进成眉地区人才"同区化"，需建立多维度的人才协同机制。一是政策和管理协同，区域政策协同是一体化、同区化的基础。如成都都市圈的人才政策制定应符合成德眉资同城化的人才需求；同时，两市各单位应对照政策文件，贯彻落实好上级的精神要求。二是加强市场协同，成都都市圈建设既是政策行为也是市场行为，其建设是为了推动区域市场协同，为产才融合链的规范化和标准化运作提供支持。三是搭建高水平人才交流互动平台，"通过举办优秀人才峰会、行业交流会、研讨会等促进两地人才交流，实现人才信息以及科研设备的高度快速共享"。[①] 四是以国家级新区"天府新区"为基础，打造两地人才特区，探索实行特殊的人才引育用留政策；以"一人一策""一事一议"等柔性制度，面向全国引进高层次人才开展产业攻

---

① 梁瑞英、李聚光：《京津冀人才协同发展：困境与对策》，《领导之友》2016年第3期，第63~66页。

关，支持以"整团队成建制"引进高层次人才及其团队，给予高层次人才充分的发展支持，引导高层次人才在当地带动一个项目、形成一个团队、引领一个产业；探索实行"挂榜揭帅"制度，面向全国吸引各类人才前来揭榜；创新人才评价激励制度，给予特区人才充分的发展空间。五是树立"不求所有，但求所用"的用人理念，超常规引用人才；通过"候鸟专家"、"飞行博士"、"星期天工程师"兼职、管理顾问等多种用人方式，面向全国邀请人才以短期、周末的方式来眉山孵化产业，鼓励支持其将专利、科研成果在眉山进行转化，当地政府在多方面提供保障支持。

（四）打造"东坡文化"品牌，提升地方文化人才吸引力

对于眉山市而言，提升地方人才吸引力，应着力传承弘扬东坡文化，打造系列东坡文化品牌，以此来吸引、感染、留住人才。2022 年 6 月，习近平总书记在四川省眉山市考察三苏祠时指出，"要善于从中华优秀传统文化中汲取治国理政的理念和思维，广泛借鉴世界一切优秀文明成果""家风家教是一个家庭最宝贵的财富，是留给子孙后代最好的遗产"。① 以"东坡文化"为核心的地方文化是眉山开展文化吸引人才的重要抓手，讲好"三苏故事"、弘扬"三苏精神"，对于提升眉山市文化吸引力具有积极作用。一是弘扬"重视人才，任人唯贤"的用人理念，吸引名师大家前来眉山立业。苏洵在《六国论》中认为六国破灭的根本原因在于"赂秦"，并提出六国应"以赂秦之地，封天下之谋臣；以事秦之心，礼天下之奇才"；苏轼在《贾谊论》的文末表达对贾谊这样的人才得不到任用的惋惜，提醒领导者对狷介之才应注意用其所长，同时引用前秦符坚起用王猛并获得成功的故事，来称赞符坚对人才的选拔和重用。二是在全市营造开明向上的家风家教，在全市弘扬"因材施教，宽松有度""夫妻同心，言传身教""手足情深，患难相助"的家风家教，号召全市家庭向"三苏父子"学习。三是打造以"东

---

① 《习近平在四川考察时强调深入贯彻新发展理念主动融入新发展格局在新的征程上奋力谱写四川发展新篇章》，《人民日报》2022 年 6 月 10 日，第 1 版。

坡文化"为核心的书香校园，鼓励家乡读书人向"三苏父子"学习。发挥文化人格的沁润作用，引导眉山读书人从小学习"三苏父子"事迹和文学作品，学习"三苏父子""心忧庙堂、胸怀天下""在逆境中保持乐观、找到希望"等良好人生品格。四是设立"东坡英才奖"，奖励为眉山经济社会发展作出杰出贡献的人才。

乡村振兴背景下四川省大学生返乡创业政策优化研究

罗家慧*

摘　要： 本文以乡村振兴战略提出以来，中央、四川省政府和有关部门发布的涉及大学生群体的返乡创业政策文件为研究对象，利用扎根理论的研究方法，对政策文本进行编码与质性分析，在提炼出环境优化型、资源支持型以及宣传教育型三类政策工具的基础上，结合与部分高校农村籍大学生的访谈内容，探究了四川省大学生返乡创业政策的有效性。研究发现，现有的大学生返乡创业政策在以下方面存在不足：一是环境优化型政策范围有待扩大；二是资源支持型政策力度有待加强；三是宣传教育型政策质量亟须提升。针对上述问题，本研究提出以下政策建议：一是要调整环境优化型政策；二是细化资源支持型政策；三是增加宣传教育型政策。

关键词： 乡村振兴　返乡创业　政策优化　四川省

一　四川省大学生返乡创业政策背景

党的十九大报告首次提出实施乡村振兴战略，明确了中国新时代"三

＊ 罗家慧，中稀广西稀土有限公司人力资源部职员，西南财经大学公共管理学院硕士研究生，主要从事组织与人力资源管理研究。

农"的发展方向和路径。党的二十大报告也明确指出要坚持农业农村优先发展，推动乡村产业和人才振兴。截至 2022 年 3 月底，全国返乡入乡创业人数累计 1120 多万，形成了包括农民工、大学生、退役军人、妇女在内的四支创业队伍。

随着高等教育的普及，每年都有大量毕业生涌入就业市场。据统计，2022 年我国高校毕业生人数达到 1076 万，四川省高校毕业生近 57 万人，创历史新高，大学生群体面临着前所未有的竞争压力。相较之下，农村就业压力较小，创业成本也相对低廉，但大量青年还是从农村涌向城市，致使推动乡村振兴的关键要素——人力资源缺失。较城市青年而言，农村籍大学生无论在人脉还是资金等方面都相对弱势，他们的就业问题更应受到关注。

作为我国的农业与教育大省，四川近年来贯彻落实中央的各项精神，出台了一系列的政策措施，在拓展脱贫攻坚成果的基础上，加强乡村的人才队伍建设，实施针对农村籍大学生的人才引进、人才培训到人才激励的全流程工作。

二 四川省大学生返乡创业政策的有效性分析

有效性是管理学和经济学的一个常用概念，它与效率、效益紧密相关。据《软科学大辞典》对政策有效性的概念界定，政策有效性指的是政策实施所能产生的社会效果，它是由政策的本质决定的。[1] 朱德米和李兵华基于行为科学总结出了提升政策有效性的两种路径：第一条路径是政策工具设计过程中要更为关注人类行为综合模式特征；第二条路径是政策执行阶段更为关注人类行为的转化，强调沟通、宣传和说服的作用，以期改变目标群体的行为，实现政策预期结果，从而提升政策的有效性。[2] 考虑到大学生返乡创业政策在本质上是一种人才政策，政府在制定政策时重视对政策对象的鼓励

---

[1] 李忠尚主编《软科学大辞典》，辽宁人民出版社，1989，第 64~65 页。
[2] 朱德米、李兵华：《行为科学与公共政策：对政策有效性的追求》，《中国行政管理》2018 年第 8 期，第 59~64 页。

与引导，关注大学生群体对政策的知晓与接受程度。因此，本文将"政策有效性"界定为：政策的制定与实施对政策对象需求的满足情况以及与政策目标的相符程度。

（一）环境优化型政策范围有待扩大

1.用地难问题未得到有效解决

近些年中央和四川省政府在土地规划方面开展了一系列的改革，对农村地区的用地指标做出了适度调整，并制定了一些政策，创新返乡创业人员租用土地的方式，解决了部分返乡创业者的用地难题。但是，由于长期以来我国农村地区的用地失控问题较为严重，尤其是中西部地区在非农用地建设上非常滞后。四川省作为我国的农业大省，传统土地制度遗留下的问题依旧根深蒂固，无法在短期内得到显著改善，对农村地区人才吸纳工作造成了阻碍。主要体现在两个方面。

第一，土地规划与分配制度不合理。我国对全国各地的土地利用指标实行了严格控制。例如，四川省在2006~2020年的新增建设用地规模为510万亩，年均新增规模仅36万亩，用地规划空间十分有限。而基层政府为了保障整体经济目标的达成，往往将有限的指标优先安排给大的创业企业，导致农民工、大学生等返乡人员因创办的企业规模较小而申请不到用地资格，只能被迫留在创业空间或对自家住宅进行改建，打击了他们的创业积极性。

第二，用地服务保障不健全。尽管目前国家和四川省政府在返乡创业保障服务方面做了诸多努力，制定了不少保障措施。但总体来看，这些措施多以引导、鼓励的方式，推动各基层政府相关保障工作的开展，很多地方政府为达成整体的经济目标，而忽视了对返乡创业者用地方面的服务与保障工作，给返乡创业人员造成了不好的印象。而返乡大学生又因缺少有效的反馈通道，无法向政府表明自己在用地方面的需求，导致农村用地供给与实际需求不匹配的问题越来越严重，不利于当地创新创业活动的长期发展。

2.行政审批依旧烦琐

目前，四川省通过反复强调精简创业审批流程，并利用"互联网+"实施了"一照一码"等业务办理，为返乡创业大学生等群体提供了便利。

通过访谈发现，对于目前的线上审批流程，不少大学生给予了积极评价。受访者 N 表示："因为我现在还在创业准备中，所以也事先了解过目前的审批程序。现在不用坐车回家办各种手续，在手机上就能完成注册、申请，然后等审批手续下来就行，比过去方便太多了。"通过手机等智能设备，就能完成各种创业手续的一站式办理，为大学生尤其是家在农村的大学生省去了来回路上需要耗费的时间与经济成本，使他们感受到了政府对创业审批服务优化工作的重视，增加了他们对政府工作的信任感与满意度。

但同时，也有部分大学生对线下审批改革给予负面回应。例如，受访者 C 表示："我前段时间想申请创业补贴，因为不了解具体情况，打电话又怕说不清楚，我就去了人社局咨询，工作人员给了我一个小册子，让我回去自己在线上申请。就挺不人性化的，我特别不喜欢在网上填写各种信息，为什么在线下就不能帮我办呢，那不是他们的工作职责吗？"创业线上服务系统的设立，原本是为了简化创业审批的流程，缩短贷款、补贴及证照的发放时间，但个别部门却将此作为推托借口，拒绝或拖延提供线下业务办理，严重挫伤了大学生返乡创业的积极性。受访者 L 也表示："现在审批时间还是蛮长的，在我们家那边还是让人天天跑，要去各个部门找人盖章，每次去都要排队，一排就是四五十分钟。我以为证顶多一周就能下来吧，结果我等了半个多月。"

造成这种现象，主要有两方面的原因。第一，财力及制度的限制。由于四川省尚未制定针对大学生返乡创业的服务体系，也没有规范相关的审批服务标准，导致不少部门面对线下咨询与审批服务工作往往会敷衍了事。第二，缺乏有效的监管机制。如果地方政府对与返乡创业政策的执行力度不够，而监管又不到位，很可能造成基层人员的懒政，降低创业行政审批改革的力度，阻碍地方各类人才返乡促进工作的开展。

3. 公共服务供给有待加强

作为我国脱贫攻坚的代表省份，四川省通过大力改革使乡村地区发生了翻天覆地的变化，农村的公共服务供给情况有所改善。很多访谈者表示，近些年在国家及省里的支持下，家乡的生态环境和基础保障都在朝着好的方向发展。

受访者J提道："我家那里要通铁路了，这样我来成都上学或者放假回家就方便太多了。我觉得交通条件对一个地方来说太重要了，绝对影响当地的经济发展。等铁路通了以后，我们那里的旅游业可能会发展起来，到时候对我来说创业机会也会更多。"打通地方的铁路运输网络，一方面可以为农村青年外出上学、就业提供便利，另一方面也有利于促进沿线地区产业的联合互动，带动当地特色产业发展，刺激经济增长。

但各项政策的落地与实施往往需要很长的时间，目前来看，四川省在公共教育、医疗卫生、社会保障等公共服务领域依然存在较大的短板。

第一，创业失败救助机制不完善。一方面，由于政策对于这种救助对象做出了"首次创业"的限制，很多二次甚至多次创业者都无法申请相关补贴。另一方面，这种救助仍属于民生领域的扶持，而不是生产性救助。它只是通过提供社会保险补贴的方式，为创业失败人员提供短暂性的帮助，并不能满足创业失败者对创业条件和创业技能的需求，无法从根本上解决他们的创业困境，对大学生创业活动的可持续发展帮助不大。

第二，公共教育、医疗卫生服务条件依旧落后。在医疗卫生方面，虽然政策对各个村镇卫生服务站的数量制定了明确的指标，但在医护人员的配套上依然呈现明显的不足。在公共教育方面，虽然在国家的鼓励下，越来越多的师范生愿意回到农村支教，但由于平台搭建不足、乡村教师的缺口依然很大、课程体系不完善，远远不能满足返乡人员对子女教育的需求。

在被问到返乡创业的顾虑时，受访者L表示："农村的条件肯定不如城市，我毕业后选择回家也是因为当时家人生病了不得不回来，我的同学基本都是留在成都了，毕竟大城市的公共服务要完善太多了。虽然近几年国家支持力度比较大，县里这边也变化很大，但是在医院、学校配套上还是不行。"由此可见，城乡公共服务能否实现最大程度地均等化，返乡创业者的后续保障问题能否有效解决已经成为影响大学生返乡的关键要素。

（二）资源支持型政策力度有待加强

1. 财税金融支持力度较弱

有关数据显示，大学生创业的资金来源主要包括：自有资金（包括家庭支持）、银行贷款以及民间小额贷款。对于近些年国家和各地政府为返乡大学生提供的财税金融支持，一些已经返乡创业的受访者表示，政策的落实给他们创业带来了不少帮助。受访者 T 表示："我创业主要是从银行贷款，不想问家里要钱，毕竟父母年纪也很大了，不想让他们操心。所以政府提高了大学生创业担保贷款的额度对我们来说真的是最有力的帮助，至少解决了我个人资金困难的问题。"

但是，也有不少受访者认为对政策他们的实际帮助有限。他们认为，相对于创业所需的资金来说，目前的政府财税金融支持的力度较小，他们的融资难题并没有得到有效解决。

第一，贷款支持力度不够，无法满足大学生的融资需求。受访者 M 和 N 表示："我们两个想回家租一块地种植水果，然后利用电商售卖，搞这个前期需要投入很多资金。之前也去了解过贷款政策，但是目前担保贷款的上限只有 20 万元，而且限制条件很多。现在就是比较发愁钱的问题，又不好意思向家里借，自己手上也没有积蓄，真的很难。"虽然大学生创业担保贷款的额度较过去有所提升，但对种植业、畜牧业等农业领域所需的创业资金来说只是杯水车薪，难以支撑大学生开启相关创业活动。除此之外，政策对贷款及贴息的年限设置较短，不太符合创业公司的发展情况，无形之中给大学生带来了一定的还款压力。

第二，税收优惠力度不足，对创新企业发展帮助较小。大学生毕业后是否会返乡创业，取决于他们对创业行为的预期收益和投资风险的权衡，而创业投资的预期收益和风险大小在很大程度上受税收政策的影响。所以，税收优惠程度是影响农村籍大学生是否返乡创业的重要因素。目前，四川省鼓励大学生创业的税收优惠力度有所增加，但力度依旧不够。而且政策将税收优惠限制在 3 年以内，但事实上，大学生首次创业的难度非常大，成功的概率较低，第二次或第三次创业都可能超出这个期限，便无法享受到税收优惠。

2. 创业孵化实际帮助有限

第一，孵化基地智慧支持力度不足。创新创业园的非营利性，致使一些地方和高校对于基地的重视程度不够，往往只是在硬件设施上不断更新，导致基地只发挥了办公场地的作用。尤其是一些乡村地区的创新创业基地，由于管理者服务意识欠缺，专业人士配备不足，忽视创业者对专业指导和智慧服务的需求，对大学生的创业孵化项目支持力度不足，对大学生的返乡创业活动造成了隐形伤害。

很多受访者表示："没有申请入驻高校或者当地的创业孵化园，主要原因是基地并没有给创业者提供多少有效帮助。"受访者 A 认为："学校的创业孵化园只是提供场所还有一些简单的创业指导服务，这些东西对于我来说帮助有限，因为我们平时也会上一些创业选修课，我没必要特地来这里学习。"

第二，缺乏有效的监管机制。由于当前政府并没有专门制定针对创业孵化基地运营管理的法律规章，造成监管的缺位。一些地方甚至存在有关部门对创业基地运营情况完全不清楚的现象，而返乡创业者又缺乏有效的反馈途径，致使很多由第三方机构运作的创业孵化园逐渐成为"空壳子"，造成了政府财政资金的浪费，也伤害了大学生群体的创业热情。

3. 政府购买服务专业性不强

政府通过鼓励或购买服务的方式，为返乡大学生提供政策咨询、创业培训、线上办理等专业服务，促进了的政府职能转变，在一定程度上提高了返乡创业服务的质量，增强了大学生群体的创新创业能力。对于政府将第三方机构引入公共服务供给，受访者出现了不同的看法。

不少受访者表示，政府购买公共服务，可以为大学生提供更加高效的、专业性更强的创业服务。受访者 R 认为："我觉得让机构来管理创业基地，基地的整体服务水平会提高。他们要根据创业者的反馈来改善经营，这样才可以挣到钱嘛。"受访者 C 也表示："专业的事情交由专业的人员办，才能实现效率的最大化。"

但也有一些受访者认为第三方服务专业性不强、相较于过去服务质量没有显著提高，对他们的创业帮助有限。例如，受访者 T 表示："我们那里基地的配套服务是真不行，入驻之前，说是可以给大学生提供创业项目指导，但去了以后才发现里面的人一点也不专业。"受访者 K："现在都讲求线上办理业务，要用工作人员提供的网址自己完成注册登记。但是页面设计很陈旧，填写信息特别麻烦，稍微不注意就闪退，之前写了半天都是白费功夫又要重新填。我重新填了 3、4 次才总算提交成功。"

总体来说，四川省政府购买的创业公共服务方面主要存在以下两个方面的问题。第一，社会组织功能不健全，造成公共服务的质量差。由于一些地方政府对社会组织作用的认识不准确，使一些组织缺乏成长所必需的社会资源与政策环境，结果造成机构发育不健全，无法担负地方政府要求组织承担的职责。第二，缺乏有效的监管机制，致使第三方机构服务缺乏创新。大部分的监管措施存在复制性强、针对性弱的问题，以至于放入了一批不合规、不达标的社会组织进来，给地方政府工作带来了负面影响。

（三）宣传教育型政策质量亟须提升

1.政策宣传力度不足

不可否认，在政府的大力宣传下，大学生对于返乡创业政策的了解程度有所加深，通过创业实现自我就业也成为大学生新的职业选择，但目前来看，返乡创业相关政策宣传没有实现预期的效果，主要有两个方面的原因：

第一，部分高校对返乡创业政策宣传工作缺乏重视。很多高校创业就业中心的负责人对有关部门的政策落实要求选择性忽视，对学生的知晓率以及知晓程度毫不在意，导致很多有返乡意愿的大学生没有真正了解并享受到政策福利，阻碍了农村人才吸纳工作的进度。

以成都市 2022 年针对全市高校毕业生举办的一次大型返乡创业培训活动为例，笔者从不少受访者那里了解到，他们不是从学校那里了解到这个培训项目，而是由于感兴趣自己主动搜索的。笔者从成都市学联某工作人员那里了解到："这个活动是由成都市农业农村局和成都市共青团共同组织举办的，学联是负责活动项目推介工作，主要任务是将信息传递给各高校创业办的负责人那里，再由学校传达给学生。"但受访者 A、B、C、E、F 等人都表示："并没有收到学校的任何通知，也不清楚目前的返乡创业政策。"

第二，有关部门对官方宣传渠道的利用率较低。一些部门疏忽对自身宣传渠道的维护工作，导致很多有意向的大学生不得不通过其他渠道重新搜寻，以了解最新的政策，大大地增加了他们获取资讯的成本，很可能导致部分大学生由于不清楚最新的政策福利而放弃创业，还可能引起他们对政府工作的不信任与不配合。

通过调查发现，多数受访者对官方渠道获取信息的有效性给予了较为负面的反馈。例如，受访者 D 表示："我有在我们当地政府还有人社局官网查过，但上面发的政策已经是好几年前的了，没有办法了解最新的政策信息。于是我就在网站交流板块那里留言了，等了一天左右的时间吧，官方就回复了，但回答的比较简单，就是把部分政策复制过来。我觉得他们回应挺快的，但关键是只看一些文字我对那些政策还是不太理解的。"

2.创业课程质量偏低

越来越多的四川高校把创新创业教育纳入学生的培养方案，并通过创业课程体系的不断优化，以及乡村振兴相关课程的设置，引导农村籍大学生树立正确的返乡创业观念，为乡村地区的人才开发打下基础。

对于目前的创业课程改革，很多受访者表示，系统的创业课程学习，帮助他们提前掌握了创新创业的技能，加深了他们对于现代化农业技术以及农村电子商务的了解，也加强了自己与农村地区的情感联结。例如，受访者 G 表示："知道学校开设了创业相关的课程，我跟我朋友都有创业的想法，所以就一起选了。整体感觉还不错，除了理论学习，老师上课也会分享一些案例，对我们参加比赛帮助很大，我觉得自己对回去创业也更有信心了。"创业课程的改革有助于增强大学生群体的创新创业意识和实践能力，通过创业技能培养可以有效地提高他们的自信心。

在政策的大力推动下，四川省高校创业课程改革正朝着系统性、多样性以及先进性的方向发展。但与此同时，我们也应该看到，现有的创业课程体系还不够完善，依旧存在以下问题需要解决。

第一，创业课程内容设置不合理、形式化严重。通过访谈得知，很多高校的创业课只注重形式，真正有质量的内容不多，或只注重理论课程，缺乏实践培养，以致教学方式单一、课程质量较低。例如，受访者 A 表示："这些创业课程的内容其实在我们专业课上就讲过，没什么新意，学的也是一些理论概念。开设的课程虽多，真正实用的没有几门，一周就上一回课一个学期下来也学不到什么东西，还不如自己在网上学。"

第二，专业师资力量薄弱，实践课程质量差。由于缺乏足够的人才引进资金，一些高职高专院校创新创业课程的研发与教学工作甚至交由学校其他专业的老师或辅导员负责，而这些兼课老师自身都缺乏创业相关领域必备的专业知识素养与实践经验，由他们负责的课程自然达不到任何教学效果。在实践课程质量方面，一些高校热衷于搞校企合作，但合作又仅限于到企业工厂的旅游式参观，忽视对学生实操能力的培养。

3. 培训指导缺乏针对性

好的培训指导，能够为大学生的创业过程提供正确方向引导与智慧支持。近些年，四川省发布的政策文件强调基层政府要重视起返乡创业人员的技能培训工作，不断提高他们的综合素养，满足新农村建设对人才发展的需要。

对于四川省目前开展的各类返乡创业就业培训活动，一些受访者给予来积极评价，并表示此类培训对自己返乡创业产生了帮助。例如，受访者 T 认为："我觉得这种培训活动挺好的，可以在创业过程中给我们提供专业的指导。我认识好几个在创业的朋友，他们都是周末开车去市里的学校上课，上两天，跟着老师学习一些最新的技术和知识，对自己创业有一些帮助。"

此外，四川省各级政府为返乡创业者提供的创业培训指导依然存在以下两个方面的不足。

第一，培训项目的针对性较差。一方面，很多高校在学生的培养体系中设置了校外实践学分，但不少参加培训的学生对创业不感兴趣，甚至都不符合培训对象的标准，造成了政府资源与资金的浪费。另一方面，因为师资力量有限，不少培训教师在对各地产业发展了解不充分的情况下，用同样的课程内容在不同地区、对各类人员进行同一授课，也导致了培训效果的不理想。

第二，缺少创业培训的后续服务。目前，政府组织的各类返乡创业培训多针对的是创业前期的问题，对于返乡创业者参加培训之后的后续服务供给不足。而后续服务不到位的主要原因是农村的劳动力市场机制不健全，缺少将大学生返乡创业过程中所需的认证、管理与维权服务整合起来的专业机构，也就难以激发返乡大学生创新创业的全部潜力。

三　四川省大学生返乡创业政策建议

（一）调整环境优化型政策

1.创新农村用地管理

第一，优化土地规划与分配制度，缓解供需矛盾。针对当前四川省农村规划用地规模不足的问题，可以在符合四川省土地利用规划相关规定的基础上，在全省各县乡开展用地试点工作，并对试点区域进行定期评估。根据试点经验，合理修订现有的土地利用规划条例。在对条例内容进行修改的同时，合理调整各县乡域内的用地结构与空间布局，优先落实返乡创业者的优质项目，满足他们的创业用地需求。

第二，完善用地保障服务，助力项目更好落地。基层工作人员应该主动上门了解返乡创业大学生的用地需求，为他们提供面对面的政策咨询与流程指导服务，建立一对一的跟踪指导与精准帮扶机制，确保每位创业者的用地问题得到及时有效的解决。此外，可以成立全省创业用地项目监管小组，定期对全省各县乡域范围内的创业审批工作进行评估、考核，督促各地市政府加快完善返乡创业用地服务工作。

2.精简创业审批流程

第一，要继续降低返乡创业审批成本。在线下审批方面，政府应当进一步加强政策的倾斜度，强调各级政府要继续简化返乡创业审批流程，同时规定各地必须保留线下窗口，为返乡创业者办理服务。在线上审批方面，政府应当继续加强返乡创业就业一体化系统在全省范围内的推广，对各地政府的使用情况进行考核，实现全省数据资源共享，在审批材料上不断做减法，在后台数据上持续做加法，让大学生可以在任何地方完成一站式注册办理。

第二，要加强返乡创业行政审批的法制建设。政府应当通过法律规范体系的搭建，对创业审批期限做出明确的限制，同时规定各级部门减少或取消不必要的创业审批项目，为大学生节省非必要的创业投入时间。此外，应当设立监管机制，为大学生提供专门的反馈渠道，并设立专门的监管小组，对返乡创业政策的落地与执行情况实施监管，对基层工作人员懒政、责任推卸等行为给予严厉的处罚，依托法律机制，为农村地区的创业活动保驾护航。

3. 增加农村公共服务供给

第一，要完善农村公共服务体系，推动美丽乡村建设。国家应当加大对中西部省份乡村建设的政策支持，加快推进农村地区的基础设施建设，提高公共服务的覆盖面。要加大投入力度，推动医疗资源下沉，加快农村的医疗点和乡村卫生院建设，引导地方院校开设乡村医学护理专业，为基层医疗体系搭建培育专业从业人员。要加强农村养老院与学校建设，为返乡大学生及其家人提供完备的福利设施，减轻创业者的赡养及子女教育负担。

第二，健全农村社会保障体系，实现城乡一体化。政府应当通过加大财政投入，加快建立针对返乡创业大学生的医疗、养老以及生育等保险制度，为返乡创业大学生提供继续教育和购房补贴。同时，要通过城市与农村地区社保互通转换的实现，改变乡村社会保障缺失的传统观念，为返乡青年赢得更多的家庭与社会支持。

第三，设立大学生创业失败救助机制。要进一步放宽大学生创业失败申请救助的限制，对符合条件的创业者提供生产性救助，为他们提供生产技术、企业经营管理以及风险防御等方面的指导，帮助创业失败的大学生重新开始。此外，为符合创业失败认证标准的大学生延长贷款还款期限或由政府代还，解决返乡创业大学生的后顾之忧。

（二）细化资源支持型政策

1.加强财税金融支持

第一，要拓宽大学生返乡创业的融资渠道。一方面，政府应当突破传统银行贷款渠道的束缚，支持社会组织设立大学生返乡创业公益基金，同时引导小额贷款公司为返乡创业大学生设定专项额度，并在风险可控范围内批准贷款。另一方面，要利用财政制度的优势，加大青年创业金融服务相关的辅助力量，鼓励各地企业进行直接投资，实现大学生创业的市场化融资，提升资金的使用效率。

第二，要优化返乡创业税收优惠政策。第一，税务部门可以适当减免返乡创业大学生的纳税事项，对他们创办的企业实行税收免二减三，通过5年左右的时间减负培育，最大限度减轻大学生的缴税负担。第二，要延长返乡创业税收优惠政策的期限。税务部门可以将现有的、较为合理的税收优惠政策保留下来，并根据大学生返乡创业的实际情况与市场环境的变化适当延长期限。

2.充分发挥创业孵化园作用

第一，要设立严格的审查及考核标准。通过定期审查，要求不符合标准的创业孵化基地在限期内完成整改，对二次复审仍不达标的，给予取消认证处理。政府还可以设置专门的管理小组，对基层孵化基地资金的使用情况进行监管，同时向社会公众提供公开的投诉和反馈渠道，确保基地规划建设与资金使用的合理性。

第二，要充分发挥省级孵化基地的示范作用。一方面，政府要组织各大高校和各地孵化基地的管理与工作人员定期到省级孵化基地参加经营管理培训，引导基层创新孵化园的负责人在借鉴省级示范基地经验的基础上根据当地经济发展规划，推动孵化项目与地方优势相结合，充分发挥当地产业价值。另一方面，要加强各地、各级孵化园的协同机制，通过产业发展交流与创业项目引介，助力返乡大学生优质创业项目的成长。

第三，要以大学生的需求为导向创新基地服务。要加强基地经营者与创业者的双向沟通，创新合作方式。一方面，当地政府要引导基地定期举办创业双向交流活动，帮助基地及时了解返乡大学生在不同时期的创业需求，持续优化基地的创业支持服务。另一方面，各地政府可以支持孵化园与金融机构、科技企业开展合作，搭建一站式创业审批与智慧创新平台，节省创业人员的时间与精力，为返乡大学生及其创办企业提供便捷、高效的服务。

3. 优化政府购买服务

第一，要动员民间非营利性组织参与农村的公共服务供给。政府要鼓励各类公益性社会组织和企业积极投入农村地区创业孵化园以及培训指导平台的建设中。通过资源聚集，充分发挥这些组织的专业性，改善农村创业孵化基地的环境与配套设施，优化线上办理业务，提升智慧支持的多样性与全面性。

第二，要加强对第三方机构的市场筛选与过程监管。各地政府应当通过公平、公开及透明的竞标方式，并设立严格的考核标准，筛选出与当地公共服务供给需求最匹配的企业，并授权它们承接服务。除此之外，各地的人社部门应当成立专门的监管小组，对机构的日常运作情况开展全方位的监督。还可以为返乡创业者开通专门的反馈通道，以便及时了解到大学生等人群对机构服务的满意度。

（三）增加宣传教育型政策

1. 优化政策宣传服务

第一，要打通高校线下宣传渠道。各地人社局可以定期到高校开展有关乡村振兴和返乡创业宣讲会，增加大学生对农村发展及创业有关知识的了解度。可通过影像、宣传册等载体，介绍当地产业群和乡村建设情况、地方对返乡创业人员的最新政策支持。基层工作人员还可以在宣讲会现场为学生提供政策解读与咨询服务，进行其他培训活动推介与后续追踪指导。

第二，要充分利用政府网站等权威平台。首先，各地政府及有关部门要及时更新网站的政策文件，并通过细化政策类型，为大学生提供检索便利。其次，开设专门的返乡创业政策解读专栏，通过简洁易懂的表达方式介绍文件内容，方便大学生群体更好的理解政策导向。最后，可以在网站上设置快捷咨询通道，为有创业需求的大学生提供一对一的指导服务，及时解答疑惑，加深他们对于返乡创业政策的理解。

第三，要综合利用多种新媒体平台。各地政府主管部门和高校可以在微博、微信公众号以及短视频平台上发布最新的政策信息、当地产业情况以及大学生返乡创业成功案例，方便农村籍大学生及时了解政策导向，增强他们对返乡创业的全方位认知，降低冲动性创业的发生率。

2. 推动创业教育改革

第一，高校应从学生角度出发，制定科学的课程内容。要不断细化课程设置，以农村企业经营需求为导向，增加诸如企业注册与税务登记、法律与专利权、物流供应链与农村电子商务等实用性的课程。政府还应当鼓励各大高校，尤其是农业类的高职院校，开设与乡村振兴相关的创业课程，以培养农村职业经理人为目标，为有意返乡的大学生提供针对性的课程服务，帮助他们了解农村的创业环境，提前掌握返乡创业必备的技能。

第二，鼓励各大高校加强创业师资力量。政府应当通过提供培养基金，鼓励高校选拔一批创业相关专业的优质教师，并进行一定的规范性培训。一方面，聘请专家或农村的示范企业管理者对这些教师开展培训，加强他们对农村实践情况的理解。另一方面，要加强对这批教师后期授课质量的长期评估，并让不达标的教师重新参加培训。在四川省逐渐培养起一批能力强、素质高的创新创业教师队伍。

3. 加强创业培训体系建设

第一，成立专门的创业培训管理小组。政府可以进一步划分部门职责，针对返乡创业大学生设置专门的培训管理小组。管理小组需要为返乡创业的大学生提供跟踪服务工作。除此之外，管理小组还要对机构提供的培训服务进行监管，定期评估服务质量，对合格的培训机构给予一定的补贴，以带动当地返乡创业培训指导体系的持续优化。

第二，通过公开招标的方式，购买专业的培训服务。地方政府可以通过购买服务的方式，支持教培机构或其他专业的社会组织承接返乡创业培训项目。同时，政府应当出台相关政策，为第三方机构和全省高校搭建合作平台，鼓励各大高校通过线上平台共享返乡创业课程，充分促进全省创新创业资源的流动，提高农村地区培训指导服务的质量。

第三，完善培训后的跟踪指导服务。各地政府可以引导专业的中介机构加入返乡创业培训的后续服务，为返乡创业者提供全天候、便利性的高质量后续指导与答疑服务。政府应当出台相关政策，强调重视大学生参加培训后的心理健康变化，以及企业后续的经营情况，针对创业者在各个时期出现的问题，要求基层工作人员做到精准识别，并提供及时帮扶。

基于双因素理论的成都市紧缺
选调生激励机制研究

彭洋意*

摘　要： 选调生是公务员群体后备干部队伍的主力军。本文以双因素理论为理论基础，以 2018～2021 年成都市紧缺选调生群体作为研究对象，通过文本分析法和深度访谈法，运用扎根理论编码，对当前成都市紧缺选调生激励机制的现状、问题及成因进行多方面分析。研究发现，当前成都市紧缺选调生激励机制出现了职业定位存在偏差、管理效率尚待提高、晋升模式有待优化、培养计划并不完善的问题，产生上述问题的主要原因在于选调生理想信念有所缺失、相关管理制度执行不力、干部任用有所不足、组织部门对选调生发展重视不够等方面。通过对保健因素与激励因素的内容调整与相互作用的改变优化，可以使选调生的激励机制得以完善，从而对整个公务员管理制度中的激励机制产生正向的影响。厘清保健因素与激励因素间的内在关系，使两者实现互补和统一是弥补选调生激励机制不足的有效路径。

关键词： 双因素理论　紧缺选调生　激励机制　成都市

---

* 彭洋意，成都市双流中学九江实验学校教师，西南财经大学公共管理专业硕士研究生，主要从事组织与人力资源管理研究。

一 研究背景与文献综述

（一）研究背景

2022 年 10 月 16 日，习近平总书记在中国共产党第二十次全国代表大会上强调："抓好后继有人这个根本大计，健全培养选拔优秀年轻干部常态化工作机制。"选调生对工作的满意程度直接影响着其工作的积极性和主动性，其工作的积极性和主动性又影响着工作的质量和效率，从而影响我国整个公务员管理体系的建设。关注当前公务员管理体制中对选调生的激励机制，有不可忽视的必要性。

成都市是四川省省会，地处西部大开发重要位置，经济实力雄厚，是"成渝双城经济圈"的中心城市。国务院在《成渝地区双城经济圈建设规划纲要》中提出："突出重庆、成都两个中心城市的协同带动，注重体现区域优势和特色，使成渝地区成为具有全国影响力的重要经济中心、科技创新中心、改革开放新高地、高品质生活宜居地，打造带动全国高质量发展的重要增长极和新的动力源。"① 该纲要赋予了成都全面增强极核辐射带动能力、探索新时代城市发展路径的政治使命和历史机遇。②

本文以双因素理论中的保健因素和激励因素为理论基础，构建完整的分析框架，对成都市紧缺选调生激励机制的现状、问题及原因进行全面分析，并针对现存的问题，依托双因素理论和国内其他地区的政策经验，找到完善成都市紧缺选调生激励机制的有效路径，为四川省其他地区乃至整个"成渝双城经济圈"公务员管理制度的优化提供可推广的改进模式。

---

① 中共中央、国务院：《成渝地区双城经济圈建设规划纲要》。
② 中共成都市委：《中共成都市委关于坚定贯彻成渝地区双城经济圈建设战略部署 加快建设高质量发展增长极和动力源的决定》。

（二）文献综述

当前，国外对于双因素理论的研究，主要将视野聚焦于该理论的定义解释、内涵扩展、研究方法优化方面，赫兹伯格通过访谈法提出双因素理论后，对该理论的定义进行了多方面阐释，众多学者在其基础上，对该理论的内涵进行丰富和扩大，并对研究方法的改进提出了建议。而对于激励机制的研究，国外学者主要从研究对象的不断拓展方面进行发展。许多学者将视角集中于细分的研究对象，例如研究具体的工程技术人员的激励机制，研究对私企工作人员的工作动机产生影响的因素等，也有部分学者以企业与公共部门的员工激励以及公共部门不同层级员工的激励方式对比进行研究。

国内对于双因素理论的研究则主要集中于该理论的应用和本土化发展，并不断拓宽该理论在不同学科领域的适用性。例如，以该理论作为理论基础，从私人部门和公共部门对员工工作积极性进行分析。在研究方法上，采用定性与定量相结合的方法，构建模型以阐释双因素理论对员工工作积极性的影响。在激励机制研究方面，国内的学者倾向于从不同维度分析员工工作满意度的影响因素，同样将定量研究与定性研究相结合，对激励机制的形成进行阐释。在对公务员的激励机制进行研究过程中，国内学者一方面运用双因素理论进行原因分析并研究对策，另一方面则是从政策层面对保健因素和激励因素的关系和相互作用进行研究。

总体而言，在以双因素理论为基础，对公共部门激励机制进行研究方面，无论是国外学者还是国内学者的研究，都进一步拓宽了该理论的适用范围，并拓展了公共部门工作人员激励机制问题研究的视野。但是如何将双因素理论与我国公务员群体中的紧缺选调生有效联系起来，将其进一步运用到我国选调生群体的研究之中，选取选调生激励机制的角度，开展系统科学的研究仍然有所缺失。

因此，以双因素理论中的保健因素和激励因素为理论基础，对选调生群体的激励机制进行研究，具有较大的研究前景。本文以"双因素理论"为切入口，通过对成都市紧缺选调生激励机制的现存问题与原因进行分析，力图提出更具可行性的改进对策。

二　研究方法与核心概念

（一）研究方法

1. 文本分析法

在社会科学的发展中，文本分析具有较为悠久的历史，早期的文本分析以质性解读为主。学者黄萃认为基于当时当地的社会发展状况，文本中的词频、词义等方面的变化，能反映出文本隐含的态度和立场，研究者可通过对文本内容加以分析，进行研究。此分析主要从质性研究的视角对文本进行解读。

本文通过收集成都市 2018~2021 年以来紧缺选调生招录、培养、激励等方面的相关政策文件，按照时间线路和研究方向对文件内容进行分类整理，以期系统了解成都市紧缺选调生激励机制的现状，并对其不同侧重方面进行分析。研究过程中将借助 NVivo 12 文本分析软件对文件中的词频进行统计。

2. 扎根理论

扎根理论是一种常用且有影响力的定性研究方法，它在收集数据、确定核心概念、探索社会现象之间的关系等方面具有显著优势，并且扎根理论研究具有程序清晰、步骤清晰、可操作性强，集规范性和科学性于一体的特点。[①]

施特劳斯与科宾（Stauss & Corbin）提出在扎根理论的研究中应该进行三个层次的编码：开放编码、轴向编码和选择性编码。[②] 本文根据扎根理论

[①] 贾哲敏：《扎根理论在公共管理研究中的应用：方法与实践》，《中国行政管理》2015 年第 3 期，第 90~95 页。

[②] 贾哲敏：《扎根理论在公共管理研究中的应用：方法与实践》，《中国行政管理》2015 年第 3 期，第 90~95 页。

的操作程序，将访谈数据收集、分析和理论扩展相结合，通过扎根理论的编码进一步完善双因素理论的分析框架。直到达到理论饱和状态，整个访谈才正式结束。[①]

3.深度访谈法

访谈法是人文社会科学田野调查的常规方法。访谈，尤其是深度访谈是否全面深入，关系到一项定性研究的广度和深度。在研究中，根据不同的访谈目的，学者应使用不同的访谈形式。从形式看，访谈有正式和非正式访谈、集体和个体访谈，以及结构、半结构和无结构访谈。[②] 根据研究对象的情况和研究的目的，笔者选择深度访谈的方法。

（二）核心概念

1.紧缺选调生

选调生，是各省党委组织部门有计划地从高等院校选调品学兼优的应届大学本科及以上毕业生到基层工作，作为党政领导干部后备人选和县级以上党政机关高素质的工作人员人选进行重点培养的群体。[③] 紧缺选调生与普通选调生相比，有以下两方面区别。

其一，招录对象不同。普通选调是面向全国 800 余所高校招录全日制普通本科及以上学历的优秀应届大学生。根据中组部政策，普通选调生的报考条件为党员、学生干部、应届毕业生，三者缺一不可。紧缺选调所招录的为紧缺人才和岗位，是面向国内（外）重点院校选拔人才，对考生所在院校要求高，一般多为"双一流"院校。且紧缺选调生的招录有特定学校和特定专业的要求，因此招录要求高于普通选调生。

其二，培养方案不同。普通选调原则上安排到有编制空缺的乡镇机关工

---

① 刘新玲、孟令奇、李伟：《线上合作学习背景下大学生共同管理能力的影响因素研究——基于 16 位高校大学生的深度访谈》，《教学研究》2022 年第 9 期，第 42~49 页。

② 杨善华、孙飞宇：《作为意义探究的深度访谈》，《社会学研究》2005 年第 5 期，第 53~68 页。

③ 中央组织部：《关于进一步做好选调应届优秀大学毕业生到基层培养锻炼工作的通知》。

作，在乡镇的最低服务年限为 5 年。紧缺选调通常会被安排到省直、市（州）直、县（市、区）直部门［含参照公务员法管理机关（单位）］工作。由组织部安排去基层挂职锻炼 2 年，期满回原单位。本文所指的选调生仅指成都市 2018~2021 年所招录的紧缺选调生。

2. 激励机制

在社会科学的研究中，社会机制和基于机制的解释受到广泛关注。李会军等在《组织管理研究中"机制"的基本定义与研究路径》一文中，将术语"机制"分类，其中一个类别将"机制"定义为"机制即过程"。与专注于单一活动的机制不同，更多的学者强调持续和关联的活动，特别是活动之间的关系，这可以被认为是一种基于过程的机制观点。[①]

本文对于"机制"的定义借鉴了《组织管理研究中"机制"的基本定义与研究路径》一文中对于"作为过程的机制"的定义。本文中的激励机制是指通过合理的激励与管理方式，促使员工提高工作积极性以及对工作的满意度的过程。因为本文研究对象的特殊性，本文探讨的激励机制是政府组织部门运用政策、制度等方式，消除公共部门工作人员的工作负面情绪并提高其工作积极性的过程。

三 成都市紧缺选调生激励机制的现状

（一）成都市紧缺选调生的人员构成

从招录人数来看，从 2018 年起，成都市每年招录的紧缺选调生人数约占全省的 30%，所以本文选取成都市 2018~2021 年招录的紧缺选调生为研究对象。成都市 2018~2021 年共招录紧急选调生 2741 人。2018~2021 年，成都市每年招录的紧缺选调生人数分别为 307 人、753 人、888 人、793 人（见图 1）。

---

① 李会军、葛京、席酉民、王磊：《组织管理研究中"机制"的基本定义与研究路径》，《管理学报》2017 年第 7 期，第 990~992 页。

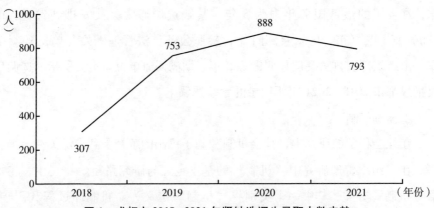

图1　成都市2018~2021年紧缺选调生录取人数走势

资料来源：四川省委组织部。

从图2可知，2018~2021年以来，成都市招录的紧缺选调生中，男性为1104人，占比约40%，女性1637人，占比约60%（见图2）。

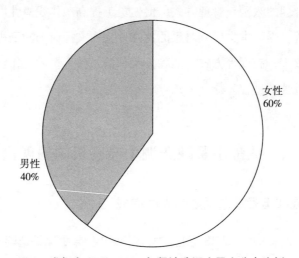

图2　成都市2018~2021年紧缺选调生男女分布比例

资料来源：四川省委组织部。

以2018~2020年为例，成都市所招录的紧缺选调生中，本科生一共282人，约占招录总人数的14.5%；硕士研究生一共1588人，约占总人数的81.5%；博士研究生共78人，约占总人数的4.0%（见图3）。

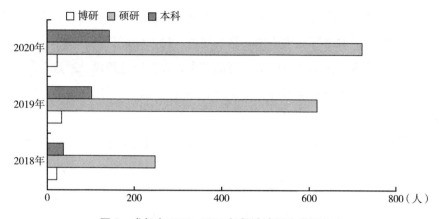

图 3　成都市 2018~2020 年紧缺选调生学历分布

资料来源：四川省委组织部。

（二）成都市紧缺选调生的激励机制

随着紧缺选调生招录工作的逐渐流程化，对于紧缺选调生的激励措施也在一步一步完善。为了真正管好、用好选调生，促进选调生管理体制的进一步完善和发展，2018 年成都市委组织部出台了《关于进一步加强和改进选调生工作的实施意见（试行）》（以下简称《实施意见》）。笔者以激励机制理论为框架，结合《实施意见》中的"选""育""用""管"四个方面，对成都市紧缺选调生激励机制的政策现状进行分析，政策所包含的主要工作内容有以下几个方面。

一是对选调生工作进行阶段性考核与评估。当选调生在工作中逐渐取得成果时，他们的工作单位必须评估和评价他们的工作进度和取得的成果，以帮助单位调整其以后的工作内容，同时也方便选调生改进他们的工作方法。当前，成都市组织部门并没有一套专门针对紧缺选调生的工作考核方法与周期，对于选调生的考核与各用人单位公务员的考核一致。这就导致对选调生的工作考核缺乏针对性，无法通过考核与评估促进选调生对工作方式和工作内容进行优化和改进。

二是给予选调生更多的遴选机遇。相比于一般公务员，四川省每年有仅针对选调生的遴选岗位，选调生根据遴选要求进行自查并自愿报名参加遴选考试，考试前需取得所在单位领导签字同意，进入面试后，需要单位领导再次签字同意选调生参加遴选面试，面试结束，在拟遴选阶段，遴选单位需到选调生所在单位进行背景调查，完成所有遴选流程之后，选调生即可到遴选单位报到。

三是为选调生提供必要的基层锻炼机会。为选调生提供基层锻炼机会，于组织部门而言，是培养党政机关后备干部的必经之路，于选调生本人而言，一方面是对其工作能力的一种考验，另一方面是为其可能的晋升做铺垫。因此，基层锻炼的必要性不言而喻。成都市要求每年选调生在通过一年试用期之后，须被安排到成都市范围内的基层村组织进行为期两年的锻炼学习。选调生的基层锻炼是衔接曾经出现的农村"第一书记"政策，但是选调生与"第一书记"又有非常显著的区别，即选调生在基层并无实职和实权，其档案和组织关系仍然在原单位。选调生的基层锻炼是否能真正实现对其的激励，仍是个值得探讨的问题。

（三）成都市紧缺选调生的访谈设计与结果

1. 访谈人员选取

质性研究中，研究设计中的样本量标准是学界经常讨论的问题，学者们将足够支撑研究所需要的样本量称为"饱和"，做质性研究，样本量达到"饱和"是研究得以成立的前提。就扎根理论与现象学研究来说，克雷斯维尔在其编著的《质性探索和研究设计：五种传统》中提出了可参考的样本量：20~30。[①]

基于学界学者对质性研究中访谈样本饱和量的界定，结合2018~2021年成都市招录的紧缺选调生人数，笔者的访谈样本量最终确定为20人（见表1）。

---

① J. W. Creswell, *Qualitative Inquiry and Research Design：Choosing Among Five Approaches*,（Thousand Oaks：Sage Publications，2013）.

表1　访谈对象总体情况

项目	类别	人数（人）
性别	男	9
	女	11
年龄	25岁以下	4
	25~27岁	5
	28~30岁	6
	31岁及以上	5
学历	本科生	4
	硕士研究生	16
工作年限	0~1年	4
	1~2年	5
	2~3年	6
	3年以上	5

2.访谈内容设计

访谈提纲共计20道题，以双因素理论中的保健因素和激励因素为理论基础设置主题（见表2）。

表2　深度访谈主题

双因素理论		访谈主题	具体说明
保健因素	监督管理	激励措施的发布和执行	激励措施的落实程度
	人际关系	与领导和同事的关系	与领导和同事的关系是否融洽，工作与生活中交流频次
	工作环境	工作环境和氛围	对工作环境和氛围的满意度
	个人健康	心理和身体健康	心理健康情况，身体健康状况
	薪酬待遇	薪酬和福利	对薪酬和福利是否满意
激励因素	晋升提拔	晋升提拔的通道	晋升提拔通道是否畅通
	工作认同	工作中的认同感	自我认同与被他人赞赏认同的情况
	培训提升	培训和个人成长	参加培训的频繁程度和个人能力成长情况
	工作成就	工作成就感和责任感	工作任务的挑战性，工作中的权利和义务匹配程度

3. 访谈结果分析

（1）访谈内容的词频分析

笔者对当访谈中提到测量表中保健因素与激励因素相关的 8 项具体因素时，受访者的感受评价进行词频统计（见表3）。

表 3　访谈内容词频分析

单位：次

积极标签	平均出现次数	消极标签	平均出现次数
满意	17	不满	20
认同	11	焦虑	9
喜欢	10	讨厌	4
幸福	8	辛苦	16
轻松	6	紧张	7
赞赏	4	批评	6

注：计算方式为词语在访谈中出现的总次数/访谈人数。

从表3中可见，对于工作的"不满"在访谈中出现的次数最多，在保健因素和激励因素两方面，被访者大多有不满意之处；其次出现次数较多的为"满意"，说明在紧缺选调生的激励机制中，有部分因素成都市做得较完善，被访者认为满意。在工作认同方面，大多数被访者表示可以在工作中获得认同，但是亦有不少被访者已经出现明显的焦虑情绪，且认为很难在工作中得到赞赏；对于工作量的认识，较多紧缺选调生表示工作很辛苦，认为工作量和激励不成正比。

（2）一级编码和二级编码

一级编码为开放式编码，通过逐条对访谈的文本内容进行定义产生基础译码。之后，探索和分析基础译码间的内在联系，进一步归纳和聚类形成二级编码。[①] 通过访谈整理，笔者提取出近 7 万字的访谈文本资料，为全面详

---

① 张娟、杨冬：《"申请-考核"制考什么：学术型博士生核心能力的建构与诠释——基于 42 所一流大学建设高校招生文本分析》，《中国高教研究》2021 年第 12 期，第 49~56 页。

尽地概括访谈所获得的文本内容，笔者先将文本资料按访谈主题进行分类处理，将主题中未包含的内容进行分析编码，形成新的主题和类属，直到所有内容都分解完成，达到饱和为止，最终总结出反映双因素理论视角下成都市紧缺选调生激励机制现状的文本内容的一级编码结果。以此为基础，笔者通过进一步编码，将一级编码中具有高度相似和相关性的编码进行归纳整合，形成二级编码，共计8个主要类属（见表4）。

表4　编码类属及其属性和维度

序号	类属	属性	维度
1	"996"不停歇	工作时长	烦琐、紧迫
		心力投入	弥散、热忱
2	晋升困难	强度	大、小
		准度	大、小
3	职业抱负	期望水平	高、低
		明确程度	强、弱
4	不确定环境	竞争程度	强、弱
		政策门槛	高、低
5	高低不满	位置不满	位置高不满、位置低不满
		认可不高	工作认可低、自我认可低
6	学习评价	学习机会	多、少
		学习内容	匹配、不匹配
7	收入成就	薪酬待遇	满意、不满
		精神激励	多、少
8	心理建设	消极情绪	多、少
		心理健康	健康、良好

（3）三级编码

三级编码是在以上概念类属的基础上，进一步通过分析概括和凝练，将概念类属提炼为"核心类属"。"核心类属"具有高度概括性和抽象性。笔者在以上8个类属中寻找内在关系，并以双因素理论中的保健因素和激励因素为基础，进一步分类、合并后形成本研究的四个核心类属（见图4）。

通过三级编码中的"核心类属"提炼并构建出基于双因素理论的选调

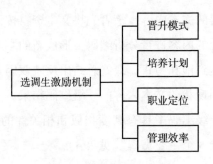

图 4　访谈结果核心类属

生激励机制模型，晋升模式指向激励因素中的晋升选拔主题，培养计划指向激励因素中的培训提升主题，职业定位则包含激励因素中的工作认同和工作成就主题，管理效率指向保健因素中的监督管理、工作环境、薪酬待遇等方面的主题。

四　成都市紧缺选调生激励机制问题与成因

（一）成都市紧缺选调生激励机制的问题分析

1.选调生职业定位存在偏差

尽管在各项政策和规定中明确选调生相对于普通公务员的特殊身份，在实际的工作分配与工作内容的安排上，选调生与普通公务员并无任何区别。应届毕业生考取成都市紧缺选调生后，在进入工作单位之前不到一周时，才会被告知分到的地区与单位，进入单位后的具体工作岗位则由单位领导根据单位情况进行安排。而成都市紧缺选调生的分配原则并未对外公开，被访者X说："被分配到哪个区、哪个单位，全看命。"其他19位选调生也表达了同样的感受。

从20位被访者的分配情况来看，分配原则参考了选调生本人的毕业院校、所学专业、考试成绩等方面，但是更侧重于哪一项情况并无明确的标准。这就导致选调生在得知自己的工作单位和岗位后，产生职业定位模糊的情况。

例如，被访者 Z 提道："分配的那段时间，我天天都睡不着觉，心想要是把我分到三圈层怎么办。后来虽然没去三圈层，但是给我分到了信访办，我一个学计算机的，给我整那儿去了。我一听到这个消息，人都懵了。"

组织部门、用人单位与选调生个人对选调生的职业定位存在不同程度的偏差，再加上许多针对选调生群体的职业发展政策和激励措施并没有落实到位，这就导致了选调生群体职业定位不清晰、对职业认知产生偏差的情况，必然影响到选调生的实际工作。

2. 选调生管理效率尚待提高

笔者问及被访者"成都市是否有针对选调生群体的管理制度"时，3/4 的被访者表示"有"，另外 1/4 的被访者则表示"没听说过"。而表示"有"的被访者均认为："虽然有管理的办法，但是单位从没有按照那个办法做过。"可见，对于选调生群体的管理，存在较严重的"上有政策，下有对策"的情况。例如，成都市组织部有规定在选调生到村基层锻炼期间，单位需派人到该村看望并关心选调生的工作情况，但是被访的 20 名选调生中，无 1 人得到过单位的看望。与之相反，更多选调生在基层锻炼期间，不仅要完成当地的工作任务，还要同时远程参与单位的工作，选调生 H 说："下基层环境艰苦不说，工作量还翻倍了，所以大家都不愿意去基层。"

除此之外，随着选调生人数的不断增加，很难从规章制度中看到成都市组织部对每个选调生进行个性化的激励，这也进一步强化了"选调生与普通公务员没有区别"的现象。当前，成都市将选调生的管理权限下放给了选调生所在的基层服务单位，而基层单位更不可能有针对选调生的特殊激励政策，这也就导致对选调生的管理出现混乱的情况。

3. 选调生晋升模式有待优化

前文笔者通过整理和总结当前成都市组织部针对选调生的管理政策，发现每年全省乃至全国都有仅针对选调生的遴选考试，遴选岗位的要求中会明确写道："有一类岗位专门面向符合条件的选调生。"这无疑是选调生相较普通公务员获得晋升与调动的巨大优势。但是在访谈中，当被问及通过遴选考试实现调动时，多数选调生都表示："这太难了，即使是只针对选调生的岗位，竞争也非常激烈，另外很多岗位虽然写了只针对选调生，但是除此之外还有很多其他条件，比如年龄、专业、基层服务年限等等，很多时候连报名的资格都没有。"可见，想通过遴选考试得以晋升，对于选调生来说，并不是一件容易的事。

在访谈中，笔者得知有少部分选调生通过借调上级部门的方式得到晋升，但是通过这种方式晋升的选调生在 20 位被访者中仅有 2 名，其中一名是被市直部门借调后，因文字工作做得非常出色，借调单位恰好有编制空缺，就得以调动；另一位则是借调上级单位后，单位领导是同校的师兄，借助校友关系得以调动。通过借调晋升是一种晋升方式，但是该方式的不确定性极高，与人脉、机遇等关系较大，大多数选调生很难通过这一方式实现晋升。

4. 选调生培养计划并不完善

前文笔者提到在选调生上岗前有全省统一的岗前培训，但是针对性并不强。访谈中笔者也得知，有近半数的选调生在参加过岗前培训后，并没有再参加过任何针对选调生的培训。较少的培训机会必然阻碍选调生在工作中的成长，导致许多选调生在工作中出现问题不知该如何学习和改进。正如被访者 C 所说："比如领导让我写个稿子，也不跟我说怎么写，也没有相关的培训，写出来我只知道写得不好，根本不知道怎么改，很多时候时间就浪费在这个上面了。"

培训较少也导致选调生之间的交流不多，当选调生间没有较多时间和空间相互交流时，彼此的联系和影响也会减弱，这也对选调生的成长发展造成不利影响。被访者 A 表示："其实我觉得选调生相比于其他公务员有一个很大的优势就是选调生资源，我们每年考进来的选调生都有一个群，大家可以在群里相互沟通，了解各自的工作情况。但是只有线上的沟通，没有线下见面，关系总觉得隔了一层，交流效率也会打折扣。"

（二）成都市紧缺选调生激励机制存在问题的成因分析

1. 选调生理想信念缺失

前文的问题分析中提到选调生的职业定位存在偏差，组织部门在招录过程中将选调生群体定义为"后备干部",选调生因自身的学历背景和过往的求学经历,对工作中的职业定位有较高的期待,但是具体用人单位在选调生工作的安排上却与普通公务员并无区别,导致选调生对自身的职业定位不清晰不明确,职业定位存在模糊地带。

出现职业定位偏差的问题背后的原因主要在于选调生在工作几年之后理想信念出现了不同程度的缺失。就组织部门而言,在与选调生的沟通中并未对选调生个人的职业发展描出可供展望的蓝图,被访者 M 提道:"组织部门找我谈话虽然也会关心我的工作状态和我的个人看法,但是谈过以后感觉也没有改变,问题是有,但是不知道怎么解决。"可见,对于选调生的职业定位以及工作发展,组织部并没有一套较为完备的制度,时间一长,许多选调生便产生职业倦怠,失去工作热情。

就选调生个人而言,对于选调生的招录要求是"应届高校毕业生",虽然也有部分选调生是本科或研究生毕业后工作几年又重新读书并考取选调生,但是90%的选调生都是没有任何工作经历的应届毕业生。这部分选调生对于工作的认识较为浅显,常常以学生思维面对工作,在工作中一遭遇困境,很容易产生消极情绪。这部分选调生没有经过点拨和了解,较难树立起坚定的理想信念,即使本身拥有较强的工作抱负,在工作中遇到难题没有方法解决时,其工作积极性也会很快被挫伤,难以重拾。

2.选调生制度执行不力

虽然对于选调生的管理,组织部发布过多项政策,但是实际操作中,许多政策由于没有专门的监管,并没有真正落实,导致对选调生的管理制度存在执行不力的问题。主要体现在以下两个方面。

其一,四川省组织部在对选调生的管理中,提出了"轮岗制",即选调生应在各单位的各岗位进行锻炼后再确定工作岗位。然而所有被访者都反应"到单位后,从来没有轮过岗,单位肯定是倾向于稳定的,不可能还让你各个岗位都干一遍"。"轮岗制"本是为短时间内促使选调生在工作中成长的制度,然而在实际工作中,并未得到有效执行,导致许多选调生产生"工作枯燥""得不到成长"等感觉,势必影响选调生工作积极性的提高。

其二，组织部对于每一位选调生都有到基层锻炼两年的要求，被访者 R 却提道："我们到基层锻炼，虽然是去最基层的地方，但是对我们的要求主要是去体验和学习，很多重要的事情也不会交给我们做，我感觉并没起到锻炼的作用。"由于基层实际工作的复杂以及受到选调生基层锻炼时长的限制，少有基层领导会真的将重要的事情交给选调生处理，这导致选调生的基层锻炼形同虚设。

3. 选调生干部任用不足

其一，许多单位的干部任用存在不透明的现象。比如，有些单位的领导会在选用干部时，将自己的意见通过开会、谈话等方式暗示给其他班子成员，让大家在投票时以自己的意见为主，这就导致干部的任用流程形同虚设，真正得到晋升的是"关系户"，而不是工作出色的人才。被访者 J 提道："我们领导就喜欢跟在他后面拍马屁的人，谁跟他走得近，评优晋升就先考虑谁。虽然流程上是要大家投票，但是实际上还不都是领导说了算。"

其二，单位领导在任用干部时出现思维局限的问题。部分单位领导或组织部门负责人，在选拔任用干部时，并未从地区综合发展角度长远思考和布局，眼光短浅，并没有真正选拔任用有利于地区发展的可靠干部。组织部门在选人用人上的视野局限了整个区域的发展态势，同时也导致该地区政治生态的失衡和不振。

4. 选调生发展重视不够

笔者通过访谈发现，20 名被访者报考选调生的原因主要有以下三类：一是具有远大的职业理想，希望能够扎根基层为人民服务；二是近几年就业形势严峻，认为公务员稳定，所以报考；三是受周围家人朋友的影响报考。因此，很多选调生认为自己无论是从学历、年龄各方面，都比通过其他渠道进入公务员系统的人有优势，希望在工作中获得较多的关注和较迅速的成长。但是实际工作以后，他们却发现自己与其他公务员并没有区别，甚至工作任务更重，从而导致他们丧失工作热情。究其原因，主要是在工作中未得到重视。

其一，单位没有对于选调生的结对帮扶措施。许多选调生从未参加过工作，刚走上工作岗位难免遇到难题不知如何解决，被访者 C 和 E 都谈道：

"在单位上，没人会帮你，不会觉得你是新手就要教你，都是自己摸索试错。而且错了以后，被骂了，有可能你还是不知道下次应该怎么做。"选调生在单位的成长基本靠自己的探索和领悟，一方面造成选调生刚走上工作岗位时工作效率低下，另一方面也会极大挫伤年轻人的工作积极性。

其二，组织部门对选调生的重视流于政策。成都市组织部门虽然有多项针对选调生的激励措施，但是大多政策都仅仅流于形式，并未得到真正落实。例如，成都市组织部每年应该召开一定频次的座谈会了解选调生工作的情况，但是座谈会常常形同虚设，并没有起到交流沟通的作用。

五 成都市紧缺选调生激励机制的改进路径

前文对成都市紧缺选调生现存问题和原因进行了分析，以此为基础，与双因素理论的要素相结合，笔者提出成都市紧缺选调生激励机制的改进路径（见图5）。

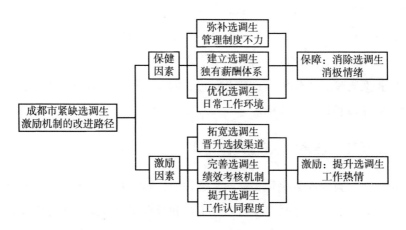

图5 成都市紧缺选调生激励机制的改进路径

（一）弥补选调生管理制度不力

第一，应丰富紧缺选调生的分配形式。笔者通过深度访谈了解到，当前成都市乃至整个四川省的选调生分配，并不如其他某些省份，以定岗定人的形式呈现。四川省仅省直机关的选调生招录公告中会有确定的单位、岗位要求、招录人数公布，其他市（州）的选调生分配是先报名，笔试、面试后，公布招录名单并签约，在次年7月份左右才会告知选调生分配情况。分配过程中会参考考试成绩、所学专业、毕业院校、学历层次等方面，综合比较后进行分配。具体分配原则不对外公开，导致许多选调生怨声载道，分配岗位的不确定性也会一定程度上影响成都市选调生的签约率。因此，笔者建议可通过制定详细客观公开的分配原则，部分特殊单位定岗定人的原则丰富选调生的分配形式，增强选调生在报名考试阶段的确定性，真正选出愿意来成都并留在成都的优秀人才。

第二，要建立针对紧缺选调生的组织和管理制度。客观公正合理的选调生管理制度，是选调生工作得以有序开展的最基础保障。当前，成都市对于紧缺选调生的组织与管理方式，主要依托于四川省的统一管理政策，许多相关政策文件仅在组织部门与选调生所在单位内部发布，政策执行与否的监管与执行效果的评估，并没有一套监督系统，这就导致选调生到工作单位后产生与其他公务员并没有任何区别的感觉。组织部门应建立一套独立而完善的选调生管理制度，该制度以公务员的管理制度为基础，在此之上，对选调生的日常档案管理、工作管理、晋升管理、调动管理等方面制定细化政策，选调生的职业成长即以此为标准。

（二）建立选调生独有薪酬体系

第一，应打破职务决定工资的常态，强化职级对选调生工资的影响。当前整个公务员的收入体系主要由职务工资和级别工资构成，而公务员的津补贴又主要与职务挂钩，这就导致职务决定工资总量的现状。而就职务的本身属性来看，职务应更多与职责和权力关联，虽然，职务较高的人确实在工作中承担了较大的责任，付出的精力更多，理应获得更多的收入，但是工资中的大部分收入都与职务相关，就容易出现失去公平分配的问题发生。因此，弱化职务对工资的影响，强化职级的作用，能在一定程度上缓解这一问题。

选调生薪酬福利的优化应建立在完善的职级体系基础上，以法律制度为依据构建与职级挂钩的薪酬体系。

第二，应对选调生给予特殊的专项津补贴。例如，愿意扎根基层服务基层的选调生有专项的季度或年度补贴；特殊专业的业务骨干有与绩效挂钩的目标奖金；根据各地经济发展水平和财政状况，按年度对选调生的薪酬阶梯进行调整。专项补贴的发放应与年度绩效考核挂钩，并按不同等次进行发放。国家方针政策的导向变化，在薪酬福利的制定规则中也应有所体现。例如，脱贫攻坚期间，扶贫项目设立专门的补贴；乡村振兴过程中，农村服务的选调生应给予一定的物质补贴。

（三）优化选调生日常工作环境

第一，应为选调生建立完善的工作硬环境。工作中的硬环境包括工作单位的基础设施，工作所需的物质基础，例如，应提高机关食堂菜品品质、改善刚毕业参加工作的年轻人在单位的居住环境、对女性选调生的特殊需求加大照顾措施的实施等。成都市大多数单位都有独立的健身房、读书室等设施，通过访谈笔者了解到，当前机关食堂的伙食好评率并不低，在硬环境的建设方面成都市可继续依托现有条件提供更多个性化的环境保障，开好选调生工作环境的第一扇门。

第二，应为选调生提供多元的工作软环境。加大对选调生的关注与关心，营造更为和谐的工作氛围。成都市可借鉴国内其他地区，引入选调生帮助计划，针对紧缺选调生在工作后的买房安家、子女教育、父母养老等方面提供政策性的支持与扶持。例如，出台相关政策，解决有特殊贡献选调生的子女教育需求；给予外地选调生一定的安家落户资金支持；为愿意奉献基层扎根农村的选调生提供额外的租房补贴与资金帮扶；对有特殊的照顾家庭需求的选调生，予以弹性上班的照顾性支持。出台各项人性化激励政策，让选调生感受到来自工作的温暖，从而增加对工作的满意度。

（四）拓宽选调生晋升选拔渠道

第一，应进一步深化"职务与职级并行"制度，为选调生打通晋升渠道。"职务与职级并行"制度是我国基层公务员晋升的重大制度创新，该制度的本质是为了打破过去公务员晋升渠道单一的状况，让基层公务员达到一定年限就可获得晋升机会，让一部分基层公务员在不获得相应职务的情况下也可享受同职级的待遇，从而激发公务员的工作热情。成都市在对于紧缺选调生的晋升管理改革中，可在深化"职务与职级并行"制度的基础上，适当缩短任职年限的要求。选调生作为后备干部队伍，其筛选比普通公务员更严格，在选调生群体踏上工作岗位后，其晋升的通道比普通公务员更快是合乎逻辑与当下现状的现实要求。根据职业生涯发展规律，对于个人而言，通常情况下平均5~8年晋升一个台阶，是较为符合长期激励机制发展的选择。因此，成都市选调生的晋升制度制定，可参考该机制的规律，每位选调生可在5~8年迎来一次职业晋升机会，这意味着一位特别优秀的选调生干部，晋升到正处级干部的概率大大增加。

第二，应打破其他因素对选调生晋升的影响。在公务员的晋升体系中，年龄常被作为一道门，将晋升者隔绝在外，与其他因素不同，年龄作为不可逆因素，与公务员的晋升成反比关系，即年龄越大获得晋升的概率越小。选调生的晋升应在一定程度上打破年龄的限制，设置更加合理的任职年限，适当缩短任职年限的要求，使能力更强、工作贡献更大的选调生走上领导岗位，这也更有利于激发基层选调生的工作积极性。除此之外，选调生晋升体系还应在领导与非领导、不同性别等方面体现出差异。例如，通常情况下，同级别的领导职务比非领导职务在工作中所要付出的智力与体力劳动更多，相应须承受的工作压力与政治风险更大，在晋升中，担任领导职务的选调生理应获得更多的机会。

（五）完善选调生绩效考核机制

第一，应完善和丰富考核内容与主体。当前成都市选调生的考核内容还是按照德、能、勤、绩、廉五个方面来制定，这一标准与公务员的考核标准一致，但是存在过于笼统，无法对特殊人群、特殊工作内容进行考核的问题。因此，成都市应结合选调生具体的基层工作内容，将考核标准进一步量化。例如，可根据选调生的不同年龄层、不同岗位性质、不同工作单位等，制定细化的绩效考核指标，更有利于对选调生的工作进行科学合理的评价。另外，考核主体方面，目前成都市对于选调生地考核大多数仍是以单位领导的"一家言"为主，缺少民主评价。因此，成都市应增加对于选调生工作的民主匿名评价的权重，组织部门应加强监督，不定期参加各单位的绩效考核评价会议，促使该政策的有效落实。尤其是针对特殊岗位的选调生的考核，还应引入专家测评环节，使考核流程更加透明、民主、公正、公开，真正实现通过绩效评估提高选调生工作主动性的目的。

第二，应切实落实绩效考核结果。当前成都市选调生的绩效考核与公务员无异，评价方式较为单一，根据考核结果大多数仅有物质上的奖励和分层。成都市应在考核结果决定绩效奖励的基础上，将考核与选调生的薪酬、职位晋升和培训机会等挂钩，增加绩效考核对于选调生考察的影响，从而促进绩效激励发挥作用。同时，成都市在进行考核评价时，除去违法违纪等行为，大多数公务员都是"称职"，被考核为"不称职"的情况很少，这就导致考核结果无法拉开差距，无法从反面起到对选调生的激励作用。成都市也应从考核结果的落实上拉开不同工作结果间的差距，促使选调生群体真正认真对待工作，杜绝"躺平"现象的出现。

（六）提升选调生工作认同程度

第一，应帮助选调生树立正确的工作认识。尽管选调生刚进入工作岗位时大多处于基层，但是作为年轻的后备干部群体，选调生对于工作的认识应优于普通的基层公务员。因此选调生在日常工作中应该树立长期学习的观念，将学习作为一种长期的生活方式。组织部门可通过有针对性的培训使选调生正确认识自身工作，找准定位。在培训中应帮助选调生树立远大的职业理想，从而不被当下的诱惑或是不如意所干扰，在工作中养成长期学习的习惯，针对不同单位、不同岗位的选调生，提供多元的培训内容，丰富培训主题，帮助选调生清晰地认识工作内容，正确看待工作定位。

第二，加强对选调生的关心与关注。前文提到的远大职业理想，是选调生必备的工作素质，因其工作的特殊性，当个人利益与公共利益发生冲突时，其必然应做出舍弃个人利益的选择，这就要求选调生对自身的职业有较为清晰和深远的认知。组织部门和用人单位可通过定期交谈、填写调查问卷等方式，了解选调生群体的真实情况，听到选调生的真实声音，发现选调生中存在的真实问题，并根据具体问题优化对于选调生的管理方式。同时，还可通过培训和座谈等方式，加强选调生队伍的凝聚力，激发选调生在工作中的主人翁意识，加强其责任意识，帮助其在工作中找到认同感、获得感与成就感，从而保持工作的热情与韧性。

六　未来展望

在内部关系重塑方面，双因素理论将随着激励机制优化而得到进一步理顺，其对公务员的激励效能将得到进一步提升。从选调生激励机制优化到公务员激励机制改革，是党和政府孜孜探索的结果，也是促进基层社会稳定和提升国家治理效果的必然选择。

在纵向拓展方面，紧缺选调生的激励机制优化从基层向上拓展，并最终在公务员系统内部全面推行，从而让机制改革的激励功能得到最大程度释放。紧缺选调生激励机制优化的成功经验，将来可以在合适机会向包括事业单位在内的其他公共部门推广，为公共部门人力资源开发提供更多的经验借鉴。

本文对于成都市紧缺选调生激励机制的研究，希望能够进一步拓展双因素理论的本土化研究范围，为公务员系统的人才管理与激励提供一定思路。但由于时间和笔者能力限制，对于双因素理论在当下激励机制中的作用，以及选调生激励机制改进中的具体举措等方面的研究，未能涉及。在未来的学习中，笔者将继续关注此选题的发展和学界更多有价值的研究。

四川吸引来华留学的现状与研究

曲 梅 贾少轩*

摘 要： 来华留学作为吸纳国际人才、促进教育国际合作的重要渠道，是国家对外开放战略中不可忽视的一环。"一带一路"倡议提出以后，中国中西部地区来华留学快速发展，四川省作为中国中西部地区的枢纽，其来华留学发展经验对其他地区有借鉴作用。故本文以四川省为例，依据现有资料总结出四川省来华留学现状的三大特点：一是总量较大但仍有进步空间，二是增长率稳定处于全国中列，三是学历生占比领先国内但落后国际。此外，本文根据影响国际学生流动的因素，从高教、经济、社会以及文化四个方面，分析了四川省的独特条件，并从以上四个方面中总结出四川省得以持续吸引来华留学生的经验，针对现有不足，对相关政策提出改进建议。

关键词： 来华留学 教育对外开放 四川

一 引言

改革开放以来，我国教育事业迅速发展，教育国际化水平也不断提高，其中一个重要的标志就是来华留学的快速发展。随着"一带一路"倡议的提

* 曲梅，博士，西安铁路职业技术学院讲师，全球化智库（CCG）副研究员，主要从事教育国际化研究；贾少轩，中国人民大学国际关系学院外交系在校生，全球化智库实习生，主要从事地缘政治学研究。

出，我国对外开放水平上升到了新的高度，政府和社会各个层面对于来华留学的重视程度也不断提升。早在 2010 年，教育部即出台"留学中国计划"，制定了到 2020 年将中国打造成为亚洲最大的留学目的国的发展目标；① 2014年，全国留学工作会议召开，国家主席习近平提出"统筹谋划出国留学和来华留学"的指导思想；② 2016 年 7 月，教育部印发《推进共建"一带一路"教育行动》，明确指出要通过全面提升来华留学人才培养质量把中国打造成为深受共建"一带一路"国家学子欢迎的留学目的国。③ 在政府的支持和各地高校的努力之下，来华留学生数量总体上呈现积极增长的态势。

四川省一线城市与东部沿海省份相比，在来华留学生数量上稍显不足，但基于自身条件，通过不断摸索与创新实践，逐渐积累了一些吸引来华留学生的独特经验。本文试从四川省来华留学的现状入手，进而分析四川省吸引来华留学生的条件，以为其他省份提供借鉴，同时也为四川省进一步推动来华留学工作提供一些建议。

二 四川来华留学现状

本节将从三个角度分析四川来华留学的现状。第一，从来华留学生总量来看，四川作为西部教育传统强省，以其集聚的高校资源（2019 年，四川共有高校 126 所，其中本科院校 52 所④）成为西部地区主要的来华留学生集聚地之一。2018 年，四川省共接收国际学生 13990 名，其中学历留学生7876 人，非学历留学生 6114 人，位列西部第 3（位于云南 19311 人、广西

---

① 教育部：《教育部关于印发〈留学中国计划〉的通知》（教外来〔2010〕68 号），2010 年09 月 28 日，http://www.gov.cn/zwgk/2010-09/28/content_1711971.html。
② 董洪亮、魏哲哲：《习近平对全国留学工作会议作出重要指示强调》，2014 年 12 月 14 日，http://politics.people.com.cn/n/2014/1214/c1024-26202991.html。
③ 教育部：《教育部关于印发〈推进共建"一带一路"教育行动〉的通知》（教外〔2016〕46 号），2016 年 7 月 15 日，http://www.moe.gov.cn/srcsite/A20/s7068/201608/t20160811_274679.html。
④ 《四川省一共有多少所大学？2019 四川省内大学名单更新（教育部）》，2019 年 7 月 17日，http://e.chengdu.cn/html/2015-05/22/content_521894.htm。

15217 人之后）。①

四川省的经济和高等教育水平不仅在我国西部地区数一数二（GDP 西部第 1，高校在校生人数仅次于陕西），在全国范围内也名列前茅。如表 1 所示，2018 年四川的 GDP、高校在校生人数分别位列全国第 6 和第 7。与之形成对比的是，四川省 2018 年来华留学生仅居全国第 12 位，反映出四川对于国际学生相对缺少吸引力。

表 1   2018 年四川省相关指标全国排名

排名	GDP	高校在校生数	来华留学生数
1	广东省	北京市	北京市
2	江苏省	江苏省	上海市
3	山东省	上海市	江苏省
4	浙江省	湖北省	浙江省
5	河南省	陕西省	辽宁省
6	四川省	广东省	天津市
7	湖北省	四川省	广东省
8	福建省	辽宁省	湖北省
9	湖南省	山东省	云南省
10	上海市	湖南省	山东省
11	安徽省	黑龙江省	广西壮族自治区
12	北京市	浙江省	四川省

资料来源："国家数据"，国家统计局，https：//data. stats. gov. cn/search. htm？s＝%E5%9B%9B%E5%B7%9DGDP；教育部国际合作与交流司《2018 来华留学简明统计》。

第二，从增长率的角度来看，四川省近年来华留学生增长趋势较为稳定，2014～2018 年，全年吸引留学生人数接近翻了一番（见图 1）。与全国其他省份相比，2014～2018 年四川省来华留学生增长率、奖学金生增长率均位于中等水平（见图 2）。从图中可见，部分省份近年已经出现来华留学人数接近零增长甚至负增长的情况，而四川的稳定增长体现出其对国际学生仍具有持续性的吸引力。

① 资料来源：教育部国际合作与交流司《2018 来华留学生简明统计》。

图1　2014~2018年四川省来华留学生数量变化

资料来源：教育部国际合作与交流司《2018来华留学简明统计》。

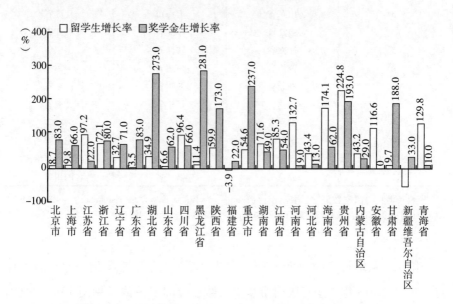

图2　2014~2018年全国部分省份来华留学生和奖学金生增长率

注：奖学金生专指接受中国国家政府奖学金的来华留学生，不包括地方性奖学金。

资料来源：教育部国际合作与交流司《2018来华留学简明统计》《2017来华留学简明统计》。

　　第三，同样值得注意的还有四川省来华留学生学历结构的变化。学生为获得学历到一国留学能够在一定程度上表明其对于该国高等教育的认可，因此，学历留学生的比例是衡量一国高等教育国际吸引力的重要参考。我国的学历留学生指的是专科、本科、硕士和博士阶段的留学生，与世界其他国家的学历留学生（degree student）基本一致。从图 1 可以看出，在 2016 年之前，四川省学历留学生占全部留学生的比例不足一半；而从 2017 年开始，随着学历留学生逐年稳定增长和非学历留学生数量产生波动，学历留学生在数量上实现了反超，并逐渐领先于非学历留学生。这一现象反映出四川省来华留学生近年综合质量有所提高，且高等教育机构在吸引来华留学生中扮演着愈发重要的角色。

然而，如果将四川来华留学生结构与其他国家国际学生结构进行比较，可以发现虽然四川省近年来华学历留学生占比已略高于全国平均水平，但与澳、德、英、美等传统留学国家之间存在明显差距（见图 3）。这一方面体现出我国高等教育质量国际认可度不高，另一方面也与语言、文化的差异等客观因素有关，但总而言之，四川省在来华留学生的数量、质量方面都仍有很大的进步空间。

三 四川吸引国际人才条件

（一）分析框架

由上文可知，四川省近年来吸引来华留学生工作成效显著，增长趋势稳定，留学生学历结构也有一定优化。但考虑到四川省优越的经济条件和高教资源，四川的来华留学生总量在全国范围内仍未达到较为理想的水平。为了分析四川省吸引来华留学生的条件和潜力，需要对吸引来华留学生的要素进行详细分类。本文借鉴了艾忻在其著作《国际学生流动的影响因素及策略研究——以"双一流"建设为背景》中归纳的国际学生流动宏观因素，并结合四川省的独特性，将吸引来华留学生因素大致分为社会、经济、文化、高等教育四个维度（见表 2）。下文分别从这四个维度探讨四川省所具有的独特条件及其在吸引来华留学生中发挥的作用。

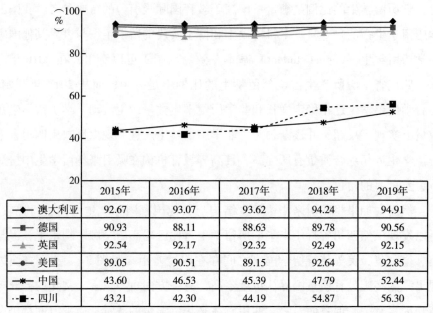

	2015年	2016年	2017年	2018年	2019年
◆ 澳大利亚	92.67	93.07	93.62	94.24	94.91
■ 德国	90.93	88.11	88.63	89.78	90.56
▲ 英国	92.54	92.17	92.32	92.49	92.15
● 美国	89.05	90.51	89.15	92.64	92.85
＊ 中国	43.60	46.53	45.39	47.79	52.44
-■- 四川	43.21	42.30	44.19	54.87	56.30

图3 中国与部分国家学历留学生占高等教育机构留学生的比例

注：①图中的年份为 Project Atlas 报告发布的年份，年份所对应的数据为 IIE 制作报告时能够收集到的最新数据，一般为报告发布前一年的数据，并非为当年数据。

②仅从 Project Atlas 数据库中选择了数据比较全面的国家和年份。

③计算中国数据时，"学历留学生"和"全部来华留学生"数据为 Project Atlas 报告发布前一年数据。

资料来源：除中国外，其他国家数据依据 IIE，"Project Atlas：Infographics and Data"，https：//www.iie.org/Research-and-Insights/Project-Atlas/Explore-Data 整理而得；中国数据依据中国教育部网站历年来华留学统计、高等教育学校（机构）学生数整理而得。

表2 影响国际学生流动的宏观因素

维度	包含因素	维度	包含因素
社会	外籍人士生活服务水平	文化	文化吸引力
	留学后的就业机会		国际影响力
	签证移民政策		语言、文化共通性
经济	综合实力	高等教育	提供奖学金的可能性
	经济发展潜力		留学成本，包括学费、生活费
	经济实力		教育质量和水平
	在世界经济中的参与度		教育国际合作状况

资料来源：部分因素整理自艾忻《国际学生流动的影响因素及策略研究——以"双一流"建设为背景》，天津大学出版社，2018，第35页。

（二）高等教育因素

四川省是西部教育强省之一，高等教育质量突出，在 2017 年国家发布的"双一流"高校建设名单中，四川共有 8 所大学入选名单，其中世界一流大学建设高校 2 所、世界一流学科建设高校 6 所，总数排名全国第 4。[①] 2018 年，共计 34 所在川院校接收来华留学生。其中四川大学、西南财经大学以及电子科技大学成为吸引留学生最多的三大在川高校。[②]

四川高校重视从各方面优化高校国际化建设，包括积极引进国际化师资，强化高校国际交流合作，创新高校人事管理等。以西南财经大学为例，2006 年以来，西南财经大学吸引了来自英、德、美、日、澳、香港等十多个国家和地区，包括牛津大学、剑桥大学、哈佛大学、斯坦福大学、加州大学伯克利分校、东京大学等国际知名大学毕业的全职博士 247 人。与此同时，学校积极加强双语教学课程建设，截至 2016 年 10 月，学校共开设全英文课程 80 余门。在加强海外合作交流上，西南财经大学实施了"经济与管理国际化创新人才培养模式"，成功创建了经济与管理研究院，并成立了全英文创新人才实验班，与美国德州农工大学、法国 RENNES 商学院、加拿大圭尔夫大学等海外高校建立合作关系，实现双方互访交换。[③] 此外，早在2013 年，四川省就针对来华留学制定了《四川省外国留学生政府奖学金管理暂行办法》为优秀的外国学生提供每人每年 1~3 万元人民币的奖学金，其中博士奖励额度为 3 万元、硕士 2.5 万元、本科 2 万元、专科 1.5 万元、进修生 1 万元。而省内各地政府则为吸引优秀来华留学生生源，又纷纷出台当地的资助办法。如成都市设立国际友好城市留学生奖学金，每年划拨 500

---

① 中华人民共和国教育部：《教育部 财政部 国家发展改革委关于公布世界一流大学和一流学科建设高校及建设学科名单的通知》，2017 年 9 月 21 日，http：//www. moe. gov. cn/srcsite/A22/moe_ 843/201709/t20170921_ 314942. html。

② 资料来源：教育部国际合作与交流司《2018 来华留学生简明统计》。

③ 王辉耀主编《中国区域国际人才竞争力报告（2017）》，社会科学文献出版社，2017。

万元作为奖学金，支持友好城市学生来蓉留学深造等。[①]

2018 年，四川省委十一届三次全会提出了"突出南向、提升东向、深化西向、扩大北向"的战略方针，其中"突出南向"便明确提出了依托省内高校打造留学生学习基地、创造条件面向南亚、东南亚扩大留学生招收规模。在 2018 年 9 月的中国西部国际博览会上，四川省教育局公布，过去几年，四川省与共建"一带一路"国家和地区开展了广泛的教育交流与合作，已与全球 140 多个国家和地区建立良好的教育交流与合作关系，建立或参与的双（多）边长效交流机制有中俄"两河流域"地区合作机制、四川—基督城教育联盟合作机制、四川—新加坡中小学校长论坛合作机制等，省内学校也应用各类交流平台，与共建国家高校积极开展交流与合作。语言互通上，省内已开设非通用语专业 11 个，其中包括共建"一带一路"国家使用语 5 个。在招生和人才培养方面，自 2016 年以来，四川省已连续 3 年组织高校赴东南亚、南亚、中东欧等国进行教育推介与招生宣传，还派出大批汉语教师及志愿者赴泰国等地进行实习并在当地教授中国文化。此外，为增进来华留学生对四川的了解，教育厅、外侨办定期举办"中外大学生四川感知行""中非青年大联欢"等交流活动。[②]

（三）经济因素

四川省是中国的人口与经济大省，2018 年其常住人口排在全国第 4 位，全省 GDP 总值位居全国第 6。同时，四川省的经济增速也领先于全国平均水平。2019 年，四川全省实现地区生产总值 46615.82 亿元，同比增长 7.5%。其中，第一产业增加值 4807.24 亿元，同比增长 2.8%；第二产业增加值 17365.33 亿元，同比增长 7.5%；第三产业增加值 24443.25 亿元，增

[①] 《四川省首设外国留学奖学金》，2013 年 11 月 21 日，http://roll.sohu.com/20131121/n390544173.shtml。

[②] 吴宇婷、何文鑫：《第三届中国西部国际教育博览会举行》，2018 年 9 月 22 日，http://www.scedu.net/info/1066/61981.htm。

长 8.5%。①

同时，四川经济与国际社会的联系日益紧密。根据四川省经济合作局《四川省外商投资企业发展报告（2019）》所呈现的四川省外商企业 2018 年度发展情况，被统计企业共计 3426 家，总数位居中西部省份首位，外商投资总额 1127.2 亿美元，同比增长 9.09%。参报企业营业收入总额 6745.7 亿元，同比增长 6.71%；利润总额 559.5 亿元，同比增长 13.40%；吸纳就业人数总计 48.7 万人，同比增长 4.67%。②

2020 年初，受新冠疫情影响，四川省招商引资工作遇到一定程度的阻力，但在各方积极应对后，招商规模不减反增，新设外商投资企业（机构）219 家，同比增长超过 30%。"投资中国，首选西部；投资西部，首选四川。"四川省经济合作局相关负责人说，"这依然是广大投资者的共识"。③

特别值得关注的是，四川省与南亚、东南亚地区联系十分紧密。2020 年 9 月，"中国（四川）—南亚东南亚国家工商领袖云会议暨南亚、东南亚国家线上商品展"在成都召开。秉持"四向拓展、全域开放"战略中"突出南向"的特点，四川省在"推进标准联通，深化贸易与投资合作"主题之下，延续多双边工商合作机制，为企业搭建互利合作平台，提供更广阔的合作发展机遇，持续深化四川省与南亚、东南亚国家的经贸投资交流合作。④ 四川省与南亚东南亚地区强大的经济纽带，对于各国之间的人才流动、合作往来具有重要的推动作用。

---

① 《2019 各省 GDP 增速排名：19 省跑赢，2 省跑平，10 省跑输同期全国均速》，2020 年 1 月 23 日，https：//baijiahao. baidu. com/s？id＝1656528329248184492&wfr＝spider&for＝pc。

② 蒋燕：《〈四川省外商投资企业发展报告（2019）〉发布》，2019 年 12 月 18 日，http：//ww w. sc. xinhuanet. com/content/2019-12/18/c_ 1125360754. htm。

③ 唐泽文：《四川新设外商投资企业前四月同比增长超 30%》，2020 年 6 月 5 日，http：//www. sc. xinhuanet. com/content/2020-06/05/c_ 1126076685. htm。

④ 祝欢：《（四川）—南亚东南亚国家工商领袖云会议成功举行》，2020 年 9 月 26 日，http：//w ww. sc. chinanews. com/bwbd/2020-09-26/135605. html。

（四）社会因素

从社会政策角度来看，2016年8月，四川省就提出了高校外国留学生留川就业初步试点工作，满足条件的高校外国留学生毕业后不需要工作经验即可直接留川工作。具体限定条件为，一是在川高校的外国留学生；二是硕士及以上学位的留学生；三是国家批复确定的四川省系统推进全面创新改革试验区。此外，用人单位所提供的工作岗位与拟聘用的外国留学生所学专业还需对口或直接相关。四川与北上广三市共同成为开展外国留学生在华就业的试点，这为地处西部的四川增添了吸引力。

2017年6月，四川省正式实施12条吸引人才的出入境新政，首先将"人才签证"和"工作签证"纳入口岸签证发放范围，进一步拓宽外籍人才入境申请渠道；其次放宽在川工作的外籍人才签证和居留许可有效期限；最后积极开展外籍高层次人才认定，外籍高层次人才及外籍配偶、未成年子女可以直接向公安机关申请在华永久居留，除出入境便利外，取得永久居留资格的外国人，在川还将享受就业、就学、住房、社会保险等方面优惠政策。①

2019年1月，在中共成都市委对外宣传办公室召开的"成都市国际化社区建设规划和政策措施"新闻发布会上，《成都市国际化社区建设规划（2018—2022年）》和《成都市国际化社区建设政策措施》（成委办〔2018〕47号）正式发布，成都成为全国首个在市级层面系统编制国际化社区建设规划的城市。到2020年底，打造形成不同类别的国际化社区45个；到2022年底，建成国际学校6个，涉外医疗机构达到20家，出入境服务站达10个，外籍人士之家22个。② 成都大规模建立国际化社区，可以为外籍人士在成都的生活提供极大的便利，从生活医疗、子女教育、就业落户等多方面为有意向留在四川工作的外籍人士解决了后顾之忧。

---

① 刘宏顺：《四川省今起实施十三项出入境新政为服务自贸试验区和全面创新改革试验区》，2017年6月1日，http://sc.people.com.cn/n2/2017/0601/c345167-30262227.html。

② 《到2022年底成都将建外籍人士之家22个》，2019年1月10日，http://wap.scsjb.cn/q2US。

（五）文化因素

虽然地理位置深居内陆腹地，但四川省具有独特的地缘优势：向内与7个省区市相邻，向外不仅面朝东南亚、南亚，还可以辐射到西亚、北亚甚至欧洲。四川是中国古代南丝绸之路的起源地、茶马古道的起源地，成都是重要商埠，唐代就有"扬一益二"的说法。直到今天，成都依然保持着其会通中外的开放性。截至2019年，已有19个国家在成都设立了领事机构，成都市被誉为中国"领馆第三城"。使领馆的落地，不仅便利了四川居民走出国门，更便利了人才的跨国流动，加强了国际合作的持续性。

四川省的独特地域文化为其带来了丰富的旅游资源。2016年，四川推出"熊猫走世界·美丽中国"（Beautiful China, more than pandas）全球旅游营销，采用多种方式宣传熊猫相关文化产品，陆续在欧美及共建"一带一路"国家和地区开展，完成了13站的旅游营销推广活动，覆盖12个直航城市，覆盖人群超过1000万。四川充分利用其国际航线，依托境外友城，利用国际航线开拓入境旅游市场。2013~2018年，全省接待入境游客从209.56万人次快速提升到369.82万人次，实现"百万级"增长。[①] 入境旅游业的快速发展，有助于四川提高海外知名度，打造独有魅力的文化品牌，为四川带来更多对巴蜀文化有所向往的外国友人。

四 结语

本文首先对四川省来华留学现状进行了描述，包括四川来华留学的总量、增长趋势及学历结构的变化。此后，又从高等教育、社会、经济和文化四个维度对四川省吸引来华留学生的独特条件进行了分析。笔者认为四川省有以下几点经验尤其值得借鉴。

---

① 杨艺茂：《6年间四川入境游客人次实现"百万级"增长》，2019年4月24日，http://www.sc.gov.cn/10462/10464/10797/2019/4/24/cb0071b05efb4311be6c9d72503fb835.shtml。

1. 构筑立体全面开放布局

四川省提出的"四向拓展、全域开放"的战略方针，指引该省形成立体全面的开放布局。四向开放的领域各有侧重、各有所长。例如，"突出南向"就是利用四川面朝东南亚、南亚的地缘优势，参与中国—东盟框架合作、中国—中南半岛、孟中印缅、中巴等国际经济走廊建设，对接南亚、东南亚这个拥有23亿人口的巨大市场。通过构筑立体、明晰的开放体系，四川与欧美日韩、东盟、南亚和大洋洲国家都维持着不同程度的友好关系，为广纳各方人才、促进人才流动提供了畅通的渠道。

2. 积极推进城市国际化建设

四川在推进城市国际化建设方面积累了丰富的经验。第一，四川为包括优秀来华留学生在内的高层次外籍人士提供了较为全面又灵活的政策环境，在一定程度上保障了来华留学生在求学期间和毕业后在医疗、保险、就业、住房方面的权益。第二，对于国际化社区的系统性建设能够最大限度地提升社会各界的对外开放意识，整合当地资源，提升当地国际化人才吸引力和承载力。第三，重视开发文化资源，一方面突出文化品牌的地方特色，另一方面着力构建开放包容的城市形象，促进城市的文化交流和多元化发展。

同时，四川省在吸引来华留学生方面仍有一些待提高的方面，譬如来华留学生源质量有待提高（学历留学生比例偏低）、缺乏成体系的留学生服务（上海已专门设立国际学生服务中心）等。笔者认为四川省接下来可以从以下几方面提升其吸引力。

1. 进一步发挥高校在吸引来华留学生中的作用

为了吸纳更多高质量的学历留学生，各高校在来华留学招生上要摆脱"坐等靠"的思维模式，走到国外做推广，依靠校友树口碑。四川省已有部分高校连续多年赴东南亚、南亚、中东欧等国进行教育推介与招生宣传，建议在此基础上积极走访国外中学，建立长期招生合作关系；单独或组团赴国外开设办事处，并在办事处设置招生宣传和咨询功能；重视来华留学校友网络的维系，展现来华留学毕业生在各行各业取得的成就，鼓励来华留学毕业生参与高校招生推广工作；加强对来华留学中介机构的支持和监督，对于在来华留学招生中做出突出贡献的中介机构进行表彰。

2. 构建就业能力支持体系

目前四川已有支持高校来华留学生毕业后留川就业的签证、居留政策，但在具体支持留学生就业的职业培训、就业信息提供方面仍需提高。《QS2019 国际学生调查》显示，58%的国际学生在择校时会将学校就业率考虑在内，且国际学生尤为珍视那些能为他们提供职业发展路径和机会的高校。[①] 提高来华留学生就业能力，也有助于吸引更多的国际学生来川留学。四川省可以将来华留学生就业指导工作与国内大学生就业指导工作整合，举办中外学生合作创新创业大赛等能够促进中外学生交流或合作的活动。重视收集和分享国外实习、就业和创业信息，例如，官方可考虑与各驻华使馆、中国驻外使馆、国际劳工组织合作，了解国外用人单位需求和就业前景；而高校可考虑聘请关键地区来华留学生专职就业辅导员（如共建"一带一路"国家就业辅导员），收集和分享国外就业信息，深度挖掘国际校友资源，为来华留学生提供具有针对性的建议和机会。

---

① QS，"How Are You Talking to Prospective Students About Graduate Employability"，2019 年 12 月 10 日，https：//www.qs.com/talking - to - prospective - students - about - graduate - employability/。

新时代留学归国人员支持
成都创新创业发展研究

陈肖肖　吴菲怡*

摘　要： 习近平总书记提出，留学归国人员是我国人才队伍的重要组成部分。受国际形势影响，我国留学出国人员与归国人员数量持续增加。四川省作为我国西南地区的发展重地，其人才工作也居于地区前列，成都市作为四川的省会城市及新一线城市，其留学人员发展状况对我国其他地区有借鉴作用。故本文以成都市为例，根据成都市留学人员发展和留学人才工作开展情况，深入分析成都留学人才服务体系，从政策支持、资金补助、引才活动等方面探讨成都对留学人才吸引力逐年提升的原因，并进一步分析在此情况下成都将会面临的问题与挑战。此外，本文将成都市的经验和挑战扩展到国家视角，提出高校层面和国家层面出国留学与归国发展的政策建议。

关键词： 留学人员　创新创业　成都

一　国际关系变化下中国留学人员出国与归国趋势变化

（一）国际关系变化对留学意愿和选择具有重要影响

作为全球人才流动的重要组成部分，留学生及其留学目的国家和地

---

* 陈肖肖，全球化智库（CCG）副研究员，主要从事公共服务与管理研究；吴菲怡，全球化智库（CCG）副研究员，主要从事国际关系与公共政策研究。

区的选择受到国际政治环境的深刻影响。全球主要留学目的国美国，自前总统唐纳德·特朗普 2017 年上任以来，出台了一系列不友好的签证、就业及移民政策，导致留学生赴美留学意愿持续下降。[①] 第二大留学目的国英国，尽管新首相鲍里斯·约翰逊 2019 年上台后对特蕾莎·梅任期推行的限制留学、工作及移民的政策进行了大刀阔斧的改革以吸引留学生及海外专业技术型人才，但旷日持久的英国脱欧谈判和英国脱欧后政策走向的不确定性依然影响着各国学生赴英留学的意愿和积极性。相比之下，不少留学环境稳定，签证、工作和移民政策更为友好的国家，如澳大利亚、加拿大、德国、日本和新西兰等，正在成为新的热门留学目的地。

2020 年，新冠疫情在全球范围内的暴发和持续蔓延使全球化发展遭受严峻考验，受疫情影响，各国出台了一系列诸如封锁边境、航班管控、限制签证等严格措施，人员跨境流动受限，给国际学生及教育工作者在全球范围内的流动带来挑战。在中美关系不断恶化、西方主要留学目的国新冠疫情应对不力的大背景下，我国留学人员出国与归国趋势变化面临更大的不确定性。

（二）中国留学人员出国留学趋势变化：出国留学人员数量持续增加，但增速放缓，留学目的地更加多元化

根据教育部数据，2019 年度我国出国留学人员总数为 70.35 万人，较上一年度增加 4.14 万人，增长 6.25%；各类留学归国人员总数为 58.03 万人，较上一年度增加 6.09 万人，增长 11.73%。1978~2019 年，各类出国留学人员累计达 656.06 万人，其中 165.62 万人正在国外进行相关阶段的学习或研究，490.44 万人已完成学业，423.17 万人在完成学业后选择回国发展，占已完成学业群体的 86.28%。[②] 从留学人员增长情况看，2005~2007 年，

---

① IIE, "Open Doors 2019: A Quick Look at International Students in the U. S. ", https://opendoorsdata. org/data/international-students/academic-level/.

② 资料来源：教育部国际合作与交流司。

年度留学人员数量增长较为缓慢，但从 2008 开始出现爆发式增长并持续至 2012 年，而后在 2013 年大幅度回落，2014 年又有所回升，但近年来增长速度整体放缓（见表1）。

表1　2005~2019 年中国出国留学人员数量变化情况

单位：万人，%

年份	年度留学总人数	年度留学人员增长数量	年度留学人员增长率	1978 年以来留学人员累计数量
2005	11.85	0.38	3.31	93.36
2006	13.40	1.55	13.08	106.76
2007	14.40	1.00	7.46	121.16
2008	17.98	3.58	24.86	139.14
2009	22.93	4.95	27.53	162.07
2010	28.47	5.54	24.16	190.54
2011	33.97	5.50	19.32	224.51
2012	39.96	5.99	17.63	264.47
2013	41.39	1.43	3.58	305.86
2014	45.98	4.59	11.09	351.84
2015	52.37	6.39	13.90	404.21
2016	54.45	2.08	3.97	458.66
2017	60.84	6.39	11.74	519.50
2018	66.21	5.37	8.83	585.71
2019	70.35	4.14	6.25	656.06

资料来源：《中国统计年鉴 2010 年》，2010~2019 年数据为教育部公布的我国年度出国留学人员情况统计。

尽管如此，中国出国留学人员数量仍然继续保持全球第一。美国国际教育协会（IIE）发布的 *Project Atlas 2019* 数据显示，中国仍是美国、澳大利亚、英国、日本、德国和新西兰的第一大留学生来源国，同时在加拿大、法国、俄罗斯和瑞典的留学生来源国中位列前三（见表2）。

表2　中国留学生在主要留学目的国人数及占该国留学生总数的比重

单位：万人，%

国家	中国作为生源国的排名	中国留学生人数	该国留学生总人数	占该国留学生比例
美国	1	36.95	109.53	33.74
澳大利亚	1	15.38	42.05	36.58
英国	1	10.92	49.66	21.99
加拿大	2	9.62	43.54	22.09
日本	1	8.64	20.89	41.38
德国	1	3.69	28.20	13.09
法国	2	3.01	34.34	8.76
俄罗斯	2	3.00	33.45	8.95
新西兰	1	2.00	6.12	32.70
瑞典	3	0.26	3.79	6.80

资料来源：IIE，*Project Atlas 2019*，https：//www.iie.org/Research-and-Insights/Project-Atlas。

值得注意的是，新冠疫情影响下，国内学生在留学目的国家和地区的选择上发生了较大变化。传统的留学主要目的地国，如美国，对新冠疫情的不力应对以及不断收紧的留学签证与就业移民政策，使得越来越多的中国留学生选择到留学环境更加安全、签证移民政策更为友好的国家或地区进行深造，如英国、中国香港、法国、澳大利亚和新加坡等。①

（三）中国留学人员归国趋势变化：留学归国人员数量持续增加，受新冠疫情影响，我国对留学归国人员的吸引力或将进一步提升

随着中国经济的高速增长和国内发展环境与发达国家之间差距的缩小，中国留学人员归国发展的意愿越发强烈。根据教育部数据，2018年我国各类留学归国人员总数为51.94万人，与2017年相比增加了3.85万人，增长

---

① 《高校校友观察：中国高校毕业生职业发展研究与展望》，全球化智库（CCG）、领英中国，https：//mp.weixin.qq.com/s/YGU9eSjs56MfRBfRwvUVBw。

率为 8.01%。①

从留学归国人员数量增长情况看，全球金融危机爆发后的 2008 年和 2009 年，留学归国人员数量同比增长 57.5% 和 56.28%，这个猛增趋势在之后有所回落，近年来保持在 10% 左右的水平（见图 1）。然而，自 2016 年起，留学归国人员数量占已完成学业留学人员数量的比例已达到并超过 80%。教育部数据显示，1978~2019 年，490.44 万出国留学人员已完成学业，其中，423.17 万人选择回国发展，占比 86.28%。

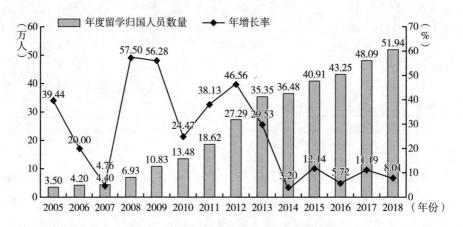

图 1　留学归国人员数量及其年增长率

资料来源：《中国统计年鉴 2010 年》，2010~2018 年数据为教育部公布的我国年度出国留学人员情况统计。

受新冠疫情影响，全球就业市场遭受沉重打击，领英全球雇佣率②数据显示，多数国家和地区雇佣率出现大幅下滑，为我国已完成学业的出国留学人员在国（境）外就业带来挑战。然而，随着疫情在部分国家和地区得到有效控制，各地劳动力市场也不同程度地复苏起来，中国作为全球最早呈现

---

① 《2018 年度我国出国留学人员情况统计》，教育部，http：//www. moe. gov. cn/jyb_ xwfb/ gzdt_ gzdt/s5987/201903/t20190327_ 375704. html。

② 雇佣率是领英会员在新工作开始当月在个人资料中添加新雇主的人数（即招聘人数）在当月当地整体会员数中的占比。该指数是判断就业市场招聘活跃度的重要指标，也展示了职位空缺的趋势。

正增长的国家,就业市场雇佣率已于 2020 年 4 月底、5 月初恢复至上年同期水平,[①] 国内就业形势稳步向好,为留学人员回国就业和发展创造了条件,预计 2020 年留学归国人员人数将有大幅度提升。

四川省作为我国西南地区的发展重地,不仅在国民经济与社会发展中发挥了重要作用,其人才工作也走在西南地区的前列。围绕建设西部人才高地的总体目标,四川省坚持全域开放广纳天下英才,实施了"留学人员回国服务四川计划",并通过机制改革和政策创新,推动完善留学人员参加职称评审的特殊政策,积极为留学人员来川创造良好的发展条件。[②] 在四川省通过重点人才工程和政策改革创新吸引留学人员的基础上,成都市作为四川的省会,在高校资源丰富、经济社会发展良好、国际化程度不断提升的基础上,也颁发了一系列留学人才吸引与培养政策,留学人员出国与归国数量在全国主要城市中排名前列。

在国际、国内环境错综复杂的情况下,成都市留学人员发展情况不仅是四川省及我国西南地区的代表,也从侧面反映了我国新一线城市开展留学人员工作的整体情况,以及我国创新经济发展对留学人才培养与吸引的作用。因此,本文对促进新时代留学归国人员支持成都创新创业乃至我国国际人才竞争力的提升都具有重要意义。

二 成都市留学人员发展情况

(一) 成都市出国与归国留学人员数量估计

1. 成都市出国留学人员数量估计

近年来,成都经济发展水平和国际化程度的提升为出国留学提供了良好

---

① Karin Kimbrough, "Global Hiring Continues to Stabilize, and Shows Positive Growth in Some Countries", https://www.linkedin.com/wukong-web/articleShare/668194754405194 1376? trk =article_ share_ wechat.

② 《四川省"十三五"人才发展规划》,四川人才工作网,http://www. scrcgz. com/e_ policy/e_ policy_ info. html? gov_ policy=150&t=2。

的条件。由于暂无关于成都市出国留学人员数量的整体统计，研究组根据全球化智库（CCG）在《2019 中国留学归国人员就业创业调查报告》① 中公布的数据对成都市的出国留学人员数量进行了估计。由于报告采用随机抽样的方式，且样本量较大，因此留学归国人员出国前户籍地为成都的样本在全国留学归国人员中的占比能在一定程度上代表成都市出国留学人员数量在全国出国留学人员数量中的占比。同时结合教育部 2018 年公布的出国留学人员数量，可以估算出成都市出国留学人员的数量。

报告调查结果显示，户籍地为成都的受访留学归国人员② 占比为 3.04%。根据教育部《2018 年度出国留学人员情况统计》公布的数据，2018 年度我国出国留学人员总数为 66.21 万人，结合报告提供的成都留学归国人员户籍地占比 3.04%，可以估算出 2018 年度成都市出国留学人员的数量约为 2.01 万人。从累计数据看，1978~2018 年，我国各类出国留学人员累计达 585.71 万人，按照 3.04% 的比例，可以估算出 1978~2018 年，成都市各类出国留学人员数量累计约为 17.81 万人。

2. 成都市留学归国人员数量估计

成都市作为新一线城市的代表，近年来经济社会的快速发展也吸引了大量的留学归国人员。由于目前没有数据源能够获取成都市留学归国人员的总数，研究组同样根据《2019 中国留学归国人员就业创业调查报告》公布的数据对成都市的留学归国人员数量进行了估计，以成都市留学归国人员样本在全国留学归国人员样本中的占比代表成都市留学归国人员数量在全国留学归国人员数量中的占比。同时结合教育部 2018 年公布的各类出国留学人员中在完成学业后选择回国发展的人员数量，可以估算出成都市留学归国人员的数量。

---

① 《〈2019 中国留学归国人员就业创业调查报告〉发布》，全球化智库，http://w ww.ccg.org.cn/archives/40110。
② 依托智联招聘大数据，留学归国人员户籍地的统计基于留学归国人员求职者，由于选择创业或其他去向的留学归国人员占比较低，在大样本情况下，留学归国人员求职者的户籍地占比可以认同为接近创业或其他去向留学归国人员的户籍地占比，代表了留学归国人员户籍地的整体情况，即户籍地出国留学人员的情况。

报告调查结果显示，成都的受访留学归国人员占比为 7%。根据教育部《2018 年度出国留学人员情况统计》公布的数据，2018 年度我国各类留学回国人员总数为 51.94 万人，结合报告提供的成都留学归国人员占全国留学归国人员总数 6.94% 这一数据，可以估算出 2018 年度成都市各类留学回国人员的数量约为 3.60 万人。从累计数据看，1978~2018 年，我国各类出国留学人员中累计有 365.14 万人在完成学业后选择回国发展，按照 6.94% 的比例，可以估算出 1978~2018 年，成都市累计留学归国人员数量约为 25.34 万人。

（二）成都市留学人员出国与归国状况与全国主要城市对比

从出国留学情况看，根据《2019 留学归国人员就业创业调查报告》关于留学归国人员户籍地占比的数据，可以看到全国主要城市的出国留学情况。其中，北京、上海和深圳的出国留学人数占比位列前三名，第 4 为天津，成都市排位第 5，广州排位第 6（见图 2）。从城市层级划分[①]看，成都市的出国留学人员占比低于一线城市的北京、上海和深圳，但高于广州，且在新一线城市中仅低于天津，位列第 2。

从出国留学人员数量看，结合留学归国人员户籍地占比数据及教育部关于我国各类出国留学人员的数量统计，按照估计成都市出国留学人员数量的方式，可以推算，1978~2018 年，成都市出国留学人员的累计数量仍低于北京、上海和深圳 10 万至 40 万人不等，展现出成都在经济社会发展、居民可支配收入、国际化水平，特别是教育国际化水平方面与一线城市的差距。

从留学归国情况看，《2019 留学归国人员就业创业调查报告》关于留学归国人员居住城市分布的数据展示了全国主要城市吸引留学归国人员的情况。其中，成都的留学归国人员占比在全国主要城市中位列第 3，仅次于北

---

① 城市分级依据"2020 城市商业魅力排行榜"，资料来源：《2020 年城市分级完整名单！这 15 个城市最有潜力》，澎湃，https://www.thepaper.cn/newsDetail_forward_7786813。

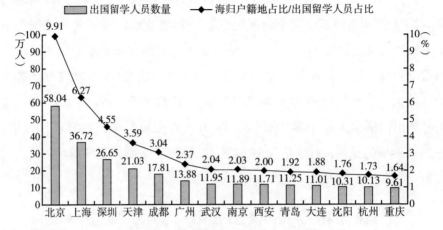

图2 全国主要城市出国留学人员情况

资料来源：全球化智库《2019留学归国人员就业创业发展报告》；教育部《2018年度出国留学人员情况统计》。

京和上海，在新一线城市中排位最高。

从留学归国人员数量看，结合留学归国人员居住城市分布及教育部关于我国各类留学归国人员的数量统计，按照估计成都市留学回国人员数量的方式，可以推算，1978~2018年，成都市留学归国人员的累计数量与北京、上海相比仍存在较大差距，但与深圳、广州及其他新一线城市相比仍具有数量方面的优势，说明成都对留学归国人员的吸引力较高（见图3）。

三　成都市留学人才工作开展情况

随着以成都为代表的新一线城市对于留学归国人员的吸引力不断增强，留学生向川集聚加速，具有国际视野的留学生逐渐成为新时期建设成渝经济圈、推动国内国外经济双循环的重要支点。对于留学人员的服务与吸引工作更在新时期、新战略下愈发关键。事实上，早在2002年四川省就出台《四川省鼓励海外留学人员来川服务办法》。该办法对于留学人员定义、来川服务方式、身份认定流程、创业就业、科研工作开展及社会保障等各个方面的

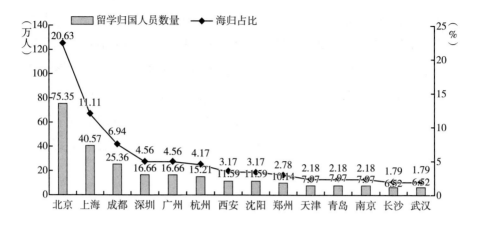

图3 全国主要城市累计留学归国人员情况

资料来源：全球化智库《2019留学归国人员就业创业发展报告》；教育部《2018年度出国留学人员情况统计》。

支持进行了明确的规定。此后，基于该办法四川省出台了《关于做好全省海外留学人员身份认证工作的通知》《关于做好海外留学回国人员职称认定工作的通知》《四川省机关选任、录用优秀海外留学人员暂行规定的通知》《关于加强全省留学归国人员服务工作的意见》等细化政策，初步构建起针对留学人员的管理与服务政策体系。这一体系成为四川省开展留学人员服务实践工作的重要依据。

在此政策体系基础上，成都市紧跟新形势变化，出台了一系列支持留学人员来蓉发展的升级政策，逐步打造成为四川省留学人才集聚高地。这既包括对于留学人员落户门槛与手续的简化，也包括对其创业启动资金的支持；既包括对于其开展科研活动的资助，也包括安家置业的政策倾斜。可以说，通过多层次、覆盖广、针对强的政策措施，成都已初步构建起相对完善的留学人才服务体系。

（一）人才白皮书助力留学人员精准定位

自2019年起，成都连续两年发布人才白皮书，围绕自身社会发展及产业布局，在先进制造业、现代服务业和新经济细分产业领域从岗位描述、专业要求、经验能力等多维度进一步明确了需求人才类型，并依据紧缺程度、区域导向等对岗位清单进行了等级划分。这很大程度上为留学人员来蓉工作与发展提供了重要导向，也为各类用人主体招引留学人员提供了参考借鉴。白皮书显示，会展设计、投融资管理、国际贸易、产业管理运营等领域懂专业、通外语的高素质复合型人才已成为撬动成都现代服务业的新动力。这一素质取向与留学人才的群体特征高度吻合，或将成为留学人员来蓉发展的重要岗位流向。

（二）便捷落户推动留学人才集聚

落户优惠早已成为留学人才争夺战中的重要政策砝码。对此，成都面向留学归国人员进一步降低落户门槛，规定：凡在国（境）外取得本科及以上学历的人员，经教育部留学服务中心认证，或在国内取得中级及以上职称或学士及以上学位，并在海外学习或进修1年以上的留学回国人员即可落户成都。这与杭州、西安等新一线城市相比，首次将海外进修学习的人员纳入留学归国人才类别中，极大拓宽了政策受众范围，强化了落户政策的人才引力。与此同时，成都还借助"公安微户政"微信公众号实现落户申办的线上预审批，申报者只需要在公众号平台上上传落户资料电子版，即可在线申办并预约线下办证时间，极大精简了行政流程。

（三）完善资助体系激发留学人才创新活力

2019年成都出台支持留学回国人员来蓉创业就业政策，从创业启动支持、税费减免、创业补贴、吸纳就业奖励等多角度加强对于留学人员在蓉发展的支持力度。根据支持政策，毕业5年内的留学归国人员在蓉发展可享受职业技能培训补贴、职业技能鉴定补贴、创业培训补贴、创业补贴、创业吸纳就业奖励及创业税费减免六项支持政策，同时给予获得博士学位的高层次人才以回国资助及安家补贴，借此构建起群体层次完备、内容涵盖丰富的留学人员创新创业资助体系（见表3）。

表3　成都市留学归国人员资助情况

资助板块	资助内容	对象	资助额度
就业	职业技能培训补贴	毕业5年内留学归国人员在本市参加就业技能培训的	按市人社、财政等部门发布的成都市职业技能培训补贴标准给予补贴
	职业技能鉴定补贴		按职业技能鉴定收费标准的100%给予职业技能鉴定补贴
	回国资助	获得博士学位在本市工作的留学归国人员	每年稳定工作9个月以上,可申请高层次留学人才回国资助,最高可享受30万元的资助
创业	培训补贴	毕业5年内的留学归国人员在本市开展创业活动的	取得创业培训合格证书或创业实训合格证书的,给予创业培训补贴,补贴标准每人1200元
	项目补贴		在本市创业平台、孵化基地内领办孵化创业项目,或在本市登记创办创业实体的,按每个创业实体或创业项目给予1万元的补贴
	吸纳就业奖励		在领取营业执照3年内,给予一次性创业吸纳就业奖励:招用3人及以下的,每招用1人奖励2000元;招用3人以上的,每增加1人奖励3000元;最高总额不超过10万元
	税费减免		在3年内按每户每年9600元的限额依次扣减其当年实际应缴纳的增值税(全面推开营改增试点前为营业税)、城市维护建设税、教育费附加、地方教育附加和个人所得税。毕业2年内从事个体经营的留学人员,自登记之日起,3年内免收管理类、登记类和证照类等行政事业性费用

续表

资助板块	资助内容	对象	资助额度
创业	贷款支持	毕业5年内的留学归国人员在本市开展创业活动的	对符合条件的个人发放的创业担保贷款最高额度为15万元;合伙组织创业的可根据人数放宽贷款额度,每人最高贷款额度不超过15万元,合计最高贷款额度不超过50万元
	启动支持	获得硕士及以上学位的留学归国人员在本市创业且为所创办企业的法定代表人的	申请留学人员回国创业启动支持计划,最高可享受50万元的资助
安居	住房保障	取得研究生及以上学历且获得相应学位的国内外高校毕业生	从引进的次月起发放安家补贴,共补贴3年。其中D类补贴标准为2000元／人·月。年度考核评价合格的,可在下一年度继续享受人才安居政策;租购人才公寓的人才连续5年年度考核评价合格的,可申请购买所租住的人才公寓或增购共有产权人才公寓
		取得博士学位或具有正高级职称的留学归国人员	符合《成都市鼓励企业引进培育急需紧缺专业技术人才实施办法》(成人社发〔2017〕37号)的,可按规定申请安家补贴和财政奖励

（四）打造品牌活动构筑留学人才联络网络

为进一步加大区域留学人才吸引力,让更多的留学生了解成都、选择成都,近年来成都市政府及各区均组织了形式多样、内容丰富的各类引才活动,加强与人才的定期联络,这既包括每年定期举办的"蓉漂人才荟"品牌系列活动,也有最新推出的"留学报国高新行"等感知考察类活动。以2020"蓉漂人才荟"系列活动为例,通过创新创业大赛、项目路演、海外猎寻、校园招引、园区对接引才等内容版块的合理设置,活动集合人才联络、项目挖掘、政策宣传、合作对接等功能,打通海外人才来蓉发展的各个关键环节，真正实现以活动拉近人才、以赛事集聚人才、以合作留住人才。同时，成都也加快海外人才联系网络构建，先后在英国、德国、日本、韩国等地布局 31 个海外工作站，建立项目落地综合性服务机制，为海外人才"双创"提供托管式服务，进一步将揽才网络布局延展到全球。

（五）留学人才来蓉发展主要问题与挑战

尽管当前成都已初步构建起相对完善的留学归国人员服务体系，并不断开展服务与管理创新，但随着留学人员的加速集聚，留学人才的发展需求日趋多元，更进一步呈现出复杂化、多重合的发展特点，其主要问题与挑战如下。

一是缺乏对国内就业形势的了解。2019 年《中国留学归国人员就业创业调查报告》显示，"不了解国内就业形势和企业需求"、"不熟悉国内市场环境发展和发展需求"及"国内人脉关系较弱"仍是留学人员回国发展面临的主要挑战，占比均超过 2 成。尽管近年来成都着力开展各类招聘活动，并依托海外工作站加强国内政策与形势宣传，但受到时间与空间的限制，受众相对有限。尤其在新冠疫情影响下，国际人员交流受到较大影响，海外定点宣传的方式亟待转型。

二是发展配套与一线城市相比仍存在差距。2019 年《中国留学归国人员就业创业调查报告》显示北上广深仍是留学归国人员的首要选择区域。长期以来，一线城市在人才吸引上具有明显的集聚效应，高度集中的创新资源与广阔的发展空间是新一代留学归国人员人才选择一线城市发展的重要理由。相比之下，尽管成都作为新一线城市以其巨大的发展潜力越来越受到留学人才的青睐，但其在市场及产业配套上仍存在明显短板，企业生态圈尚未建成，尤其在科技服务及科研设施基础配套建设方面尤为明显。这在一定程度上阻碍了留学人才来蓉开展科技创新。

三是创新创业支持形式有待丰富。根据成都对于留学人员资助政策的梳理分析可以看到，当前对于留学人员创新创业的支持仍主要集中在资助支持上，包括回国补贴、创业启动资助、创业贷等，这些措施能够有效缓解留学归国人员在创业初期的现实困境，但也造成一定的地方财政压力。与此同时，对于留学人员普遍反映的社交资源网络不足等问题，目前政策体系中却没有系统化的解决办法。引才功能集成的品牌活动只有有效应对部分资源搭建需求，对于更广泛的群体需求还有待进一步通过形式多样的资源对接服务进行满足。

四 新形势下出国与归国留学人员工作的着力点、建议和主要对策

（一）出国留学

面对高校毕业生国内深造与出国留学的选择困境，建议我国高等教育机构和相关政府部门进一步提升教育国际化水平、促进教育对外开放，为有留学计划的中国学生在国内提供高质量国际化教育创造机会。

1. 高校层面：进一步促进教育对外开放，加强中外合作办学力度

为应对新冠疫情给留学生及高校学生出国留学带来的挑战，建议中国高校加强与国外高校的合作办学，为中国留学生、中国学生在国内接受国际化教育创造机会。在疫情影响下，多国实行边境管控、暂缓签证办理，签证办理能力和国际通航规模受到严格限制，给中国学生赴国外留学带来极大挑战。为缓解疫情带来的影响，一些中外合作办学机构，如上海纽约大学、昆山杜克大学、宁波诺丁汉大学等成为无法返回国外继续学业的留学生在国内继续学业的又一种选择。这些中外合作办学机构不仅具有国际化的教育资源，如西方课程体系和国际师资资源，也能为留学生在秋季学期提供线下课程，为学生与教授、同学交流提供了便利，在一定程度上缓解了在国内跨时区学习线上课程的困难。在国外疫情控制形势存在不确定性的情况下，建议进一步加强中外合作办学，积极开拓优质资源合作渠道，为在国内、无法回到留学国家的中国留学生和计划出国的中国学生在国内接受国际化教育创造机会。

推动国际学校及中外合作办学机构在我国的发展，提升我国的教育质量与国际化水平，促进新时期中外国际教育交流与合作。长期而言，海南加快建设国际教育创新岛的一系列举措，包括允许国外高水平大学、职业院校在

海南自由贸易岛独立办学、设立国际学校，以及引进国外知名院校举办具有独立法人资格的中外合作办学机构，为我国进一步促进教育对外开放指出了方向。建议将海南促进国际教育发展的措施推广到京津冀、长三角、粤港澳大湾区等对国际教育具有高度需求的区域，促进具有独立法人资格的国际学校及中外合作办学机构在我国的发展，扩大国际师资比例、开设更多国际课程，提升我国的教育质量和教育国际化水平，在提升自主培养国际化人才能力的同时促进新时期中外国际教育交流与合作。

2. 国家层面：扩展更广泛的国际高等教育交流与合作机制，为中国学生留学目的地多元化选择及国际化发展创造条件

在中国学生留学的主要目的地国家和地区中，美国持续收紧留学与就业政策。在中美关系持续恶化的背景下，建议积极扩展与其他国家和地区的国际高等教育交流与合作，减少对中国学生出国留学与就业带来的负面影响，为中国学生出国留学、国外就业提供更加多元化的选择方案。一方面，加强中日韩高等教育交流与合作，为高校学生、访问学者、教授等相关人员提供出入境和签证便利，提升东亚乃至整个亚洲地区高等教育质量与国际化水平。另一方面，推动建立中国—东盟、中国—欧洲高等教育交流与合作机制，利用中国作为全球最大留学生来源国的优势，加深中国与上述区域在高等教育与经济发展领域的共同利益，为我国学生出国留学创造更加多元化的选择机会。

（二）归国发展

1. 抓住中国经济发展及新冠疫情下留学人才"回流"的机遇，通过建立长效人才引进机制吸引更多海外中国人才回国就业创业

随着中国经济的快速发展，越来越多的中国学生选择出国留学，2018年出国留学人员总数达到66.21万人，引发了国内关于"人才流失"的担忧。然而，领英关于高校毕业生深造及就业所在国家和地区的数据显示，尽管选择出国留学的高校毕业生逐年增加，但选择在国内就业的留学生比例也呈上升趋势，并在2018年超过80%，揭示出我国高校毕业生"出国留学—

回国就业"的良性人才环流趋势，也表明近年来我国经济的快速发展为越来越多海外中国人才"回流"到中国创造了机会。然而，受新冠疫情与国际关系等多重影响，留学生海外就业创业受阻，建议因势利导，将吸引包括U10毕业生在内的海外高水平人才回流纳入国家优先发展战略。首先，建立健全海外留学生回国就业、创业的渠道和机制，提供并完善包括税收、工资、落户、住房、子女教育等方面具有国际竞争力的人才发展激励与保障措施。同时，强调人才吸引政策在行业、区域、职业发展阶段等方面的差异性与针对性。例如，针对高层次高技术留学人才，应进一步加大研发与创新投入，提供与世界接轨的科研平台，营造国际化工作环境等，减轻人才对"996""007"现象的顾虑。其次，基于疫情背景下人才回流的复杂性，应进一步发展国家及区域留学人才服务中心的统筹作用，有效协调各战略与组织部门，实现高端人才与优势产业的精准匹配。最后，注重发挥高校、智库、企业人才研究部门，以及如欧美同学会等民间组织的联动作用，为更好地服务回流人才提供新的视角与建议。

2.通过体制机制创新鼓励就业模式变革，为留学归国人员灵活就业和创新创业提供政策支持

在新冠疫情对劳动力市场造成冲击、留学归国人员集中进入劳动力市场的背景下，灵活就业与创新创业成为越来越多高校毕业生的选择。与美国、英国等发达经济体相比，我国创新经济活跃度相对较低，应从国家政策层面鼓励留学归国人员开展灵活就业并完善对于灵活就业的社会保障机制。首先，建立就业信息平台，为灵活就业者与社区、企业建立信息链接，一方面方便留学归国人员了解灵活就业信息，另一方面为政府组织职业培训提供目标群体。其次，为灵活就业者提供五险一金，尤其是通过明确劳动合同关系提供失业保险和工商保险，解决灵活就业和创业失败的后顾之忧。最后，创造鼓励灵活就业和创新创业的社会氛围，提升社会对于灵活就业形势的认知度、对创业失败者的包容度，避免留学归国人员在灵活就业与创业失败的打击下再度遭受公众质疑，避免极端情况发生。

人 才 培 养
Talent Cultivation

基于"政产学研用"合作培养卓越
公共管理人才研究与实践*

赵海程　贾子欢**

摘　要： 为建设社会主义现代化强国，实现中华民族伟大复兴，高等学府需要为国家治理体系与治理能力现代化提供更多公共管理人才。现阶段，高校人才培养与国家现实需要之间存在"知识体系与国家情怀""能力结构与现实需求"之间的两大鸿沟。根据实践教育理论，借鉴英美日等国家公共管理人才培养经验，西南财经大学公共管理学院初步探索出"政产学研用"合作培养的公共管理人才培养模式，一定程度上可弥补上文提到的两大鸿沟，为"中国之治"提供卓越公共管理人才。

关键词： 公共管理　政产学研用　实践教育　人才培养　四川省

---

* 本文系2021~2023年四川省高等教育人才培养质量和教学改革一般项目"政产学研用合作培养，为'中国之治'锻造卓越公共管理人才研究与实践"（项目号：JG2021-360）阶段性成果。
** 赵海程，西南财经大学国内合作与发展处副教授，硕士生导师，主要从事思想政治教育、法学研究；贾子欢，西南财经大学马克思主义学院讲师，主要从事思想政治教育研究。

一　公共管理人才需求与现状

党的二十大报告指出，从现在起，中国共产党的中心任务就是团结带领全国各族人民全面建成社会主义现代化强国、实现第二个百年奋斗目标，以中国式现代化全面推进中华民族伟大复兴。根据战略安排，我国将于2035年基本实现社会主义现代化，基本实现国家治理体系和治理能力现代化，基本公共服务均等化；21世纪中叶建成富强民主文明和谐美丽的社会主义现代化强国，国家治理体系和治理能力现代化深入推进，基本公共服务均等化水平明显提升，多层次社会保障体系更加健全。公共治理与公共服务的现代化建设，为公共管理学科的进一步发展提供了更加广阔的前景。人才是第一资源，建设现代化国家需要现代化人才支撑，公共治理与公共服务的现代化建设更加离不开卓越的公共管理人才。

公共管理学作为研究公共组织尤其是政府组织管理及其规律的社会科学，具有典型的跨学科与强应用的特点。[①] 根据现代化国家治理要求，公共管理卓越人才应具有前瞻的国际视野与浓厚的家国情怀，具备较高的政治、管理、法律、经济等多学科基础知识，并能将理论知识创造性地应用于公共管理工作实践。而受困于传统观念与现实条件，大多高校的人才培养无法满足现实需要，存在两大鸿沟。

一是知识体系与国家情怀之间的鸿沟。我国公共管理领域的主要概念和框架基本上是西式的，与中国传统的治理理念、当代中国的治理经验存在较大隔阂，这使学生仅从书本上无法真正理解"中国之治"的文化根源、政治基础和体制逻辑。基于西方理论体系构建的专业课教学难以提升学生的国家认同、家国情怀和文化自信，导致其缺乏公共管理类人才必备的家国情怀与责任担当。

[①] 陈振明：《深入实施人才强国战略 着力夯实现代化建设人才基础》，《中国社会科学报》2022年12月21日，第7版。

二是能力结构与现实需求之间的鸿沟。在理论知识层面，数据时代已经到来，国家治理体系与治理能力现代化需要熟练掌握大数据新技术的公共管理人才，需要高校不断创新课程设置。另外，实践技能层面，高等学校在教学时往往重理论而轻应用，理论课程占学分比重过高，实践类环节占比很少。在校生鲜有机会参与到公共管理的实践工作中，无法将所学理论应用于实践，无法活学活用。

二 实践教育助力培养卓越公共管理人才

如何有效填补这两大鸿沟，实现培养卓越公共管理人才的目标，关键在于实践。实践是人类社会中有目的和有意义地改造客观世界的一切活动的总和，是马克思主义哲学的基本观点，是认识的基础，是人类获取知识的来源，是检验真理的标准。① 我国有着注重实践的优良传统，无论是家喻户晓的"读万卷书，行万里路"，还是《左传》中"非知之实难，将在行之"，都是强调"知行合一"的重要性。习近平总书记在中共中央党校建校80周年庆祝大会上说："学习和思考、学习和实践是相辅相成的，正所谓'学而不思则罔，思而不学则殆。'你脑子里装着问题了，想解决问题了，想把问题解决好了，就会去学习，就会自觉去学习。要'博学之，审问之，慎思之，明辨之，笃行之'。""博学、审问、慎思、明辨"是把所学所想在自己内部世界运作，或者说在思维层面处理，而最后的"笃行"，就是把所思所得，做出在外部世界的表达、在行为层面的落地，就是实践。

在实践教育上，我国著名教育学家陶行知提倡"教学做合一"，把"教""学""做"三者结合成一个整体，② 强调老师将教学理论转化为实践，学生在"做"的过程中获得知识，教学的真正目的是"教会"，即学生有能力将所学理论转化为实践。著名教育家杨叔子指出，学生学得如何？思

① 申纪云：《高校实践育人的深度思考》，《中国高等教育》2012年第Z2期，第11~14页。
② 杨叔子、张福润：《创新之根在实践》，《高等工程教育研究》2001年第2期，第9~12页。

考得如何？学会了么？对在哪里？错在哪里？为什么？以后应该怎么学怎么办？唯有实践才能找到答案。学习包括向实际学习，思考内含结合实际思考，好的学习、好的思考，都离不开实践。

三 国外高校公共管理人才培养经验

我国一直重视实践教育。新中国成立以来，党和国家出台一系列政策和文件对高校实践育人进行了全面部署和深化，调动全社会力量支持、参与高校实践育人工作。[①] 前文也从理论层面论述了通过教育实践填补两大鸿沟的现实可行性。但具体到操作层面，如何通过实践教育填补两大鸿沟，为国家治理体系与治理能力现代化培养卓越公共管理人才，世界知名公共管理院校向我们提供了诸多可借鉴之经验。

一是从事公共管理教育的教师大多具有政府或公共管理领域工作经历，有些甚至为现任或前任国家政府高官。如雪城大学麦克斯韦尔公民与公共事务学院第九任院长为时任美国奥巴马政府副国务卿的詹姆斯·斯坦伯格（James Steinberg）；学院教师中还有联合国世界粮食计划署的前主任、城市布鲁金斯税收政策中心的创始人。[②] 哈佛大学肯尼迪学院教授劳伦斯·萨默斯（Lawrence Summers），在20世纪80年代即就职于里根政府的白宫经济顾问委员会，90年代担任世界银行首席经济学家，1999年任美国财政部长，2001~2006年任哈佛大学校长，2009年成为奥巴马政府国家经济委员会主任，2011年他又重返哈佛大学肯尼迪学院，主讲"美国经济政策"和"萧条经济学：应对次贷危机的政策及评价"，作为奥巴马救市计划的总设计师，没有人比他更适合主讲这两门课。[③] 哈佛大学肯尼迪学院阿什民主治理与创新中心主任Anthony Saich曾担任福特基金会驻华首席代表，是个中国

---

① 甘霖：《高校实践育人研究》，武汉大学博士学位论文，2014。

② 宋学增：《麦克斯韦尔公民与公共事务学院》，《公共管理与政策评论》2012年第1期，第93~94页。

③ 毛晖：《哈佛肯尼迪学院教学模式及借鉴》，《当代经济》2015年第11期，第106~109页。

通。该学院还有相当一部分教师并没有博士学位，他们大部分来自政府及相关机构，有着非常专业的职业经验，主要讲授实务性课程。如在华尔街银行工作过很多年的 Shelby Chodos，授课案例丰富，联系实际，深受学生喜爱。

二是在人才培养中，更加注重实践，而非理论。英国高校的公共管理专业是由公共行政教育转化而来，它更强调实践导向，以学生和问题为中心，强调双向沟通式教学，更注重培养学生日后参加实际工作时所需的技能技术（如计算机、信息技术等）。[①] 哈佛大学肯尼迪学院所有学生在校期间都要参加大量实践活动，如"新闻媒体与政治和公共政策"课程就要求学生外出专访与案例相关的记者、政治家；"对欧盟政策"等课程会安排学生真正前往欧洲进行考察，所有公共政策硕士均须参加为期两周的春季实践。[②] 在招生计划中，肯尼迪学院强调申请者的工作经历，理由之一就是雇主更喜欢聘用有过工作经历的毕业生。

三是重视案例教学。哈佛大学肯尼迪学院的案例教学法来自哈佛商学院，学院设有专人负责编写案例库，案例总数达到 1500 个左右，每年更新30~40 个。上文提到，哈佛大学肯尼迪学院很多老师都是来自政府组织和实务领域，他们既为学院提供一手案例，又充当了学生案例学习的"引路人"，帮助学生将理论应用于实际，让学生在课堂上就真实参与到社会治理中，相当于完成了一次短期的"社会实践"。案例教学重视的是思考与辩论，是思想触碰中获得的解决问题的能力，而非得到正确答案。教师带领学生关注热点问题，提高社会参与感，无形中提升学生的市民意识与家国情怀。

四是产学研相结合的市场化人才培养模式。早在 20 世纪 60 年代，美国便开展"工读课程计划"，学生轮流在学校学习与企业工作，接受学校理论教育与企业工作技能培训，以提升学生文化水平与就业能力。为了增强毕业

---

① 张刚：《英国公共管理的教育和研究》，《浙江大学学报》（人文社会科学版）2003 年第 2 期，第 31~37 页。

② 季明明：《培养公共领域时代精英的摇篮——哈佛大学肯尼迪政府学院的 MPA 教育》，《世界教育信息》2012 年第 3 期，第 17~32 页。

生在市场竞争力，英国一些大学在本科设置了"三明治"教学模式：一种是"厚三明治"，即学生在进入学校之前在企业工作一年，积累一定的实践经验，然后回到学校，继续为期三年的实践课程学习；另一种是"薄三明治"，采用工、读交替的教学计划，类似于美国的"工读课程计划"。日本的"产学协同"更多的关注高校与企业的科研合作，即高校根据企业需求开展科研，将科研成果转化为企业产品，投入生产。[①]

四 政产学研用合作培养，为"中国之治"锻造卓越公共管理人才

如何实现人才培养高质量，填补两大鸿沟，上文从哲学与教育学理论层面论证了实践教育的作用。针对如何实践，上文也总结了国外知名大学公共管理学院的先进经验。经过多年尝试，结合我国实际，西南财经大学公共管理学院（以下简称学院）初步探索出政产学研用合作培养的公共管理人才培养模式，可一定程度上弥补上文提到的两大鸿沟，为"中国之治"锻造卓越公共管理人才。

（一）针对知识体系与国家情怀之间的鸿沟

政府层面，聚焦各级政府治理现实需要，组织师生广泛参与社会调查，用脚步丈量祖国大地。学院能源与经济研究团队在世界范围内首次将遥感数据应用到"碳达峰、碳中和"领域，完成了全国所有县域二氧化碳和陆地植被固碳测算，为我国如期实现 2030 年前碳达峰、2060 年前碳中和的目标提供基础科学数据。2 名学生入选学校"学习二十大 永远跟党走 奋进新征程'青春宣讲团'"，陈建东教授与 2019 届毕业生杨洋受邀参加团中央青年大学习网上主题团课录制。博士生高明受邀录制《中国青年报》第二季

---

① 丁刚：《国内外人才培养模式的类型及其对行政管理专业创新型人才培养的启示》，《中国轻工教育》2015 年第 2 期，第 80~82 页。

《强国青年》专题节目，节目在"学习强国"等平台刊播，引起热议。学院组织师生积极参加"三下乡"等社会实践，了解真实国情、提升家国情怀。

产业层面，加强校企合作。学院邀请合作企业人员到校宣讲，为师生讲解企业人才需求、工作生活实际、最新技术应用、第五次科技革命给公共管理领域带来的新机遇与挑战等师生关注的内容。学院依托校友资源，选聘合作企业优秀职业人担任学生职业导师，通过开展交流沙龙、专题讲座或担任学生活动评委等形式，将专题授课与交流指导结合起来，从思想品德、专业学习、实践创新等多方面，帮助学生进行行业探索，为学生提供职业建议和指导。另外，学院选派教师到企业宣讲党代会与政府会议精神、国家相关产业政策、土地政策、人才政策，介绍学界最新理论研究现状，协助企业完成战略计划制定，助力企业实业报国。

学校层面，加强课程思政。全面落实《习近平新时代中国特色社会主义思想进课程教材指南》《"党的领导"相关内容进大中小学课程教材指南》要求、思想政治理论课建设标准、课程思政建设方案，全部 67 门次本科课程、112 门次研究生课程实施方案有机融入课程思政。学院积极组织教师参加各层次课程思政教学培训，整合资源，推荐数十项课程思政案例参加年度课程思政优秀教学案例评选，"劳动与社会保障法""行政管理学"课程获批第三批高等学校省级课程思政示范课程。学院专业课均设置 1~2 周的实践调研环节，届时教师带领学生走出学校，走进城市街巷、乡村田野，将课堂摆在中国大地上。近两年因新冠疫情影响，师生不方便走出学校调研，学校与时俱进开设"名著阅读""综合实验""劳动教育""创新创业与社会实践"等校内实践课程，力求在象牙塔内为学生搭建出社会学习小课堂。

科研层面，着力解决"真问题"。聚焦国家治理体系和治理能力现代化的核心问题，围绕大数据治理、基层治理、湾区发展、应急管理等核心领域，组建跨学科师生团队，将论文写在祖国大地上。学院实施"科研育人工程"，组织学生积极参加"中国基层治理调查"，足迹遍布全国 29 个省区市、367 个区县、1481 个社区，帮助学生服务社会、了解基层。学生关注社会公共治理问题，积极参与专业学科竞赛，获得全国大学生公共管理案例大赛金奖等各类荣誉 30 余项。学院教师作为联合国残疾问题专题小组成员、民政部社会事务工作专家委员、四川省政府决策咨询委员、四川省政府法律顾问团成员、成都市政府参事，立志解决公共治理中的真问题，积极为政府部门建言献策，长期为中共四川省委办公厅、四川省办公厅、四川省委统战部、四川省委省政府决策咨询委员会等提供决策咨询，研究报告多次获国家、省、市领导肯定性批示。

应用层面，将西方理论与中国话语结合，构建中国公共管理理论，编撰中国理论教材。通过选派教师到政府部门挂职锻炼、参与乡野调研、为企业政府建言献策，掌握中国传统的治理理念和当代中国的治理经验，将其与现有的公共管理理论体系相融合，出版《公共管理案例解析》《公共管理案例十讲》等教材。学院收入分配与反贫困研究中心关注脱贫攻坚与乡村振兴，每年定期前往脱贫地区、乡村振兴典型地区调研，将公共管理知识理论融入调研成果，为基层治理贡献力量。本文系四川省 2021~2023 年高等教育人才培养质量和教学改革项目文章，将学院教学改革中的经验与不足总结成文，亦是为了与兄弟院校共同探索为国家治理体系和治理能力现代化培养卓越公共管理人才之路径。

（二）针对能力结构与现实需求之间的鸿沟

政府层面，加强校地合作，为高校师生提供更多挂职锻炼实践机会。国家体制不同，我国无法像美国一样开通政客、学者与教师之间的"旋转门"，但可以通过教师到政府单位挂职锻炼等方式，达到类似目的。学院先后选派多位教师到教育部人事司、四川省政协、共青团四川省委等政府部门挂职，教师在挂职期间提升对于国情、省情的认识，感受真实国家地方治理，将自身理论优势应用到实际工作中，为政府注入新鲜血液，发挥智库作用；挂职结束后，将所学所感带回教学一线，将工作中处理的一手案例带回课堂，理论联系实际，带领学生隔空体验公共治理实践。学院与四川省政府政务服务和公共资源交易服务中心、四川省凉山州甘洛县普昌镇、四川省成都市金牛区人民政府签订实践基地协议，先后推荐 18 名学生挂职锻炼、顶岗实习，师生通过参与行政单位一线工作，学习物联网、大数据等新一轮技术革命在公共管理方面的应用，学习真实治理经验。挂职实习结束后，师生带着问题回到校园，有针对性地选择相应课程继续学习，提高了学习效率，弥补了能力结构与现实需求之间的鸿沟。

产业层面，积极争取企业实习岗位，使学生的公共管理理论知识得以应用。学院与中铁房地产集团西南有限公司签订战略合作框架协议，与迈克生物、成都恒信人力资源管理有限责任公司、东吴人寿四川分公司等20余家企业单位签订实践基地协议，推荐100余名学生实习实践，除假期实习外，鼓励学生在大三（研二）下学期开始，利用课余时间（每周四天左右）开展不少于半年的顶岗实习，将课堂所学理论知识应用于实践、带着实践问题回校继续学习理论。学院鼓励学生将实习所做项目作为毕业论文（设计）案例，聚焦社会"痛点"，研究"真问题"，也丰富了学院教学案例资源。学院定期召开实习实践座谈会，解决在外实习实践学生学习生活中的困难，听取他们对于学院课程设置等方面的意见建议，不断完善人才培养方案，使毕业生更具市场竞争力。

学校层面，科学设置课程，加强实践环节。学院学习国内外知名公共管理学院经验，传承学校传统，以提高学生综合能力为导向，通才与专才结合培养。在低年级开设数学类、外语类、体育类、技能类通识课程及经济学、统计学、管理学等大学科基础课。数学、英语、计算机均为必修课程，通过高学分强调技能类学习。在中高年级设置"专业必修+专业限选+选修课"课程体系。其中，专业必修为所学专业基础课程，搭建理论知识框架；专业限选是在15门课程中选择7~10门，其中"学术论文写作"和"社会研究方法"两门课必选；选修课更多侧重于学生的综合素质培养，如法律类、人文艺术类、生活技能类，也包含其他学科专业课，学生可在全校课程中按需随意选择。重视实践环节，在专业方向课中设置30%以上的实践类课程，实践环节课占总学分的20%。强化以"赛"促"学"，举办了16届四川省模拟招聘大赛、4届四川省公共管理案例挑战大赛、8届"我是演说家"演讲比赛；基于学生能力需求，邀请10余名政府、企业、其他高校、科研机构的专家学者，举办"沟通与写作训练营"。打造聚焦技术、科学、治理的调研活动和学科竞赛，鼓励学生围绕社会热点，广泛收集数据，利用大数据的抓取、分析及应用为社会治理服务，以赛代练，用新科技赋能公共管理新型人才。

科研层面，通过科研反哺教学，引入前沿理论和方法，推进课程内容更新，扩大学生的学术视野，提升科研能力。选拔具有科研兴趣的同学组建跨职称教师、跨学习阶段、跨年级、跨专业学生的"四跨"科研项目组，每周开展组课学习，承接教师部分课题，通过教师指导，高学习阶段对低学习阶段（博士对硕士或本科）、高年级对低年级朋辈辅导，完成科研启蒙。由"四跨"团队组建的能源与经济研究团队致力于"碳达峰""碳中和"领域研究，先后有 10 余名在读博士参加诺贝尔奖获得者经济学大会。团队在国内外知名期刊发表 CSSCI/SSCI/SCI 论文百余篇，其中 "County-level CO2 emissions and sequestration in China during 1997-2017" 在国际权威期刊 *Scientific Data* 发表后，被国内外众多权威研究机构转载，一个月内跃升 *Climate Change Economics* 全年阅读量第 1 位，团队受邀在 *Nature* 官网刊文，向世界讲述他们科研工作背后的故事，团队荣获"四川青年五四奖章集体"荣誉。

应用层面，学院将师生从政府、企业学习到的新技术新做法，融入公共管理知识体系，向社会提供智库支持，建成四川省哲学社会科学重点研究基地——公共政策创新研究中心、地方政府治理创新研究中心、劳动关系研究中心、全国民政政策理论研究基地、健康政策与治理研究中心等研究平台。明确主攻研究方向，加强与成都市人民政府、四川省人民政府、四川省委省政府决策咨询委员会、四川省委统战部的交流、协作，逐步建立校地企广泛参与的产学研协同创新机制。先后出版《新中国社会治理制度变迁》《新中国卫生健康制度变迁》等专著。学院与各级政府部门及龙头企业通过组建实习基地、联合攻关课题等形式，将优秀学生带入国家治理实践的第一线。毕业生扎根基层，先后有百余名毕业生考取选调生、大学生村官、西部计划志愿者。毕业生罗雅宏获 2018 年"全国脱贫攻坚创新奖"，受汪洋接见。任瑞阳赴凉山支教，获四川省委书记彭清华亲笔回信和表彰。曾武红牵头建设云富综治中心荣获全国社会治安综合治理最高奖。

五 下一步计划

经过多年探索，学院在政产学研用合作培养，为"中国之治"锻造卓越公共管理人才研究与实践中取得了一定成绩，但仍有诸多不足，这也为下一步工作指明了方向。

政府层面，加强合作。教师挂职锻炼机会并不稳定，多依靠政府单位到校选聘、熟人介绍等方式，无法达到规模数量；挂职单位职位也较为随意，没有围绕公共管理相关部门展开。下一步尝试与更多组织部门形成意向性协议，定期定量向公共管理相关部门岗位选派教师挂职。依托MPA专业培养，学院拥有大批政府部门校友，学院计划重点选聘MPA校友担任在校生职业导师，教授实务经验，助力职业发展。

产业层面，保持沟通。企业人员流动快，学院与企业的沟通跟进不及时，造成时有"空有协议，无人落实"情况。学院设专人定期与企业联系，保持高频沟通，扩大学生实习、座谈讲座、智库建设等合作范围。与学校行政部门开展合作，鼓励低年级同学到学校行政部门勤工助学，在校参与实习实践。

学校层面，强化实践。严格实践环节要求，扩大实践范围，将实践周运行情况纳入教师课程考核体系。协助学生接洽实践单位，保证在读学生均完成"1+1"（即1次社会实践+1次岗位实习）实践环节，未完成学生暂不参加毕业论文答辩。增设区块链、大数据、人工智能等前沿领域课程，培养熟练运用新技术手段的新时代公共管理人才。

科研方面，组建团队。整合学校学院资源，为教师搭建平台，为新进教师配备科研"师父"，组成科研团队。在学院宣传"四跨"科研团队经验，鼓励教师选拔有科研热情的学生加入团队，开展科研启蒙。

应用层面，研发教材。组建学院层面的教材研发团队，有计划地将团队成员选派至相应公共管理部门挂职锻炼，加强实务部门交流调研，发扬优秀传统理念，凝练政务管理实务经验，结合典型体系模型，编撰更多公共管理中国理论教材。

"产学研用"协同创新模式下研究生培养路径探索[*]

陈燕萍　邵云飞^{**}

摘　要： 协同创新已成为实施"2011 计划"和科技创新的核心概念，反映了国内科学研究发展趋势和政策导向。本文结合现实背景及国内外研究现状，运用 OBE 理论与协同创新理论探讨高校协同创新过程中高校、企业、研究机构之间的关系和复合型研究生应该具备的素质；通过对四川省"产学研用"育人模式的现状分析，提出四川省"产学研用"协同创新模式下研究生培养的对策与建议。研究发现，川内高校需要从"产学研"拓展到"产学研用"协同创新的培养模式，并以教育为本、以平台为基、以学校为主、以企业为辅，为完善四川省高校"产学研用"协同创新下研究生的培养模式提供借鉴，为高校培养高素质复合型研究生建言献策。

关键词： 产学研用　协同创新　研究生发展　四川省

推动产业发展、服务国家战略是教育体系改革的终极目标。2019 年，国务院印发的《中国教育现代化 2035》提出，要加强创新人才特别是拔尖

---

* 本文系国家自然科学基金项目（项目编号：71872027、72172024）、"基于产学研用协同创新的人才培养模式研究"（项目编号：JYJG2021115）阶段性研究成果。
** 陈燕萍，电子科技大学经济与管理学院博士研究生，主要从事创新管理研究；邵云飞，博士，电子科技大学经济与管理学院教授，博士生导师，主要从事创新管理与人力资源管理研究。

创新人才的培养，加强高等学校创新体系建设。高等人才教育在实现中华民族伟大复兴进程中具有不可忽视的作用，尤其是工科研究生承担着促进国家科研创新和国家经济发展的重担。正如习近平总书记所说，"人才是第一资源""国家科技创新力的根本源泉在于人"。基于 OBE 教育模式理念要求，不可仅根据专业设置所确立的培养目标进行，而须完全掌握市场和客户的实际需求。为此，研究生的培养目标须从适应产业发展向推动产业发展、服务国家战略的方向转移。过去的几十年，我国工程基础科学研究取得了很大的进步，但主要是在弥补之前的空白、追赶世界的研究方向，自主开山架桥挖井的工作实施较少，解决"卡脖子"技术的难题还需要付出更多的努力。人才培养是技术创新的源头，也是制约我国科技创新的主要短板。无论是对于高校还是国家，创新也是一种培养人才的方法和过程。只有把人才和创新相结合，才能为国家发展提供根本的和持久的动力。

教育是国之大计、党之大计。培养什么人、怎样培养人、为谁培养人是教育的根本问题。研究生教育是国民教育的重要组成部分，是教育强国建设的引擎，是国家发展、社会进步的重要基石。2020 年 7 月，全国研究生教育会议上明确指出深化研究生培养模式改革，强调促进科教融合和产教融合，着力增强研究生实践能力、创新能力。事实上，研究生培养不能单打独斗，而是多主体协同作用的结果。我国研究生教育发展至今，经历了学徒式培养模式、专业式培养模式和多主体培养模式。研究生培养模式的多主体化是研究生教育改革与发展的必然趋势。但是，长期以来我国多元育人主体如高等院校、科研院所、企业等，存在着合作脱节、深度不够、效果不佳等突出问题，传统育人模式无法形成融会贯通、合作联动和集成转化的教育协同创新体系，尤其是无法满足用人单位、经济建设和社会发展对高层次人才的需求。因此，大力推动"产学研用"协同育人，成为新时期深入改革研究生培养模式、全面提高教学质量、提升人才竞争力的战略要求和良好契机。所谓产学研用协同创新育人是指以高校、企业、科研院所等创新主体的协同互动为前提，不同的教育环境和教育资源达到最佳组合，培养出适合不同用人单位需要的人才的教育模式。产学研用协同创新育人模式成为聚焦"四个面向"培育新时代人才的重要途径。

目前我国传统研究培养模式输出的人才存在与国家和产业人才需求匹配度不高的情况。传统单一主体育人模式或多主体育人模式，存在资源配置不合理、育人主体间合作深度不够、培育效果不佳等问题。培养出的研究生缺乏原创性、高质量研究成果，存在解决实际问题困难、缺乏管理实践能力等问题。

基于此，传统的研究生培养必须要适时、适地、适度地向以满足用人单位、社会和国家人才需求的培养模式转化，这也是适应我国研究生教育结构的调整和世界高等教育发展的需要。因此，要在充分掌握传统研究生育人模式的现状及问题基础上，探究"产学研用"协同创新育人的基本内核和协作模式，探索出适应高校研究生教育特色的产学研用协同创新的人才培养模式。

一 "产学研用"协同创新下育人模式的界定

（一）"产学研用"协同创新下育人模式的界定

在大数据时代，协同创新作为一种指导科技协同合作的管理创新思想，对高校人才培养模式变革有新的启示。喻江平和王思明在《协同创新视角下高校创新人才培养研究》中提出高校协同创新包括内外两个方面，内部协同创新主要是指高校内部各要素之间实现整合，共同创新，实现思想、技能、技术的分享，实现创新目的，提升创新能力，实现创新人才的培养；外部协同创新主要指高校与地方政府、企事业单位进行合作，构建政、产、学、研、用协同创新模式。[①] 即通过学科交叉与融合、产学研紧密合作等途径，在协同创新机制下，实现以高校为核心的多主体联合培养人才模式，在

---

① 喻江平、王思明：《协同创新视角下高校创新人才培养研究》，《内蒙古社会科学》（汉文版）2013年第4期，第150~152页。

该机制下的人才培养也将打造出更高素质的创新人才。① 因此，以"产学研用"为理念和导向，通过构建校内协同（学科融合）和校外协同（寓教于研、校企合作）机制下的研究生复合创新型人才培养模式，促进了研究生复合创新型人才培养的内涵式发展，提高了学校人才培养质量，为现有人才培养模式的研究和探索做出了有益补充，同时也可为其他高校人才培养提供有益参考。

传统的"产学研用"育人模式就是充分利用学校、企业、科研单位等多种不同教学环境、教学资源以及在人才培养上各自不同的优势，将在课堂上传授知识与以在企业中直接获取实际经验与实践能力为主的企业生产、科研实践有机结合。与传统的"产学研用"育人模式相比，"产学研用"协同创新模式的目的是整合学校和社会的优势资源，打破高校与企业等机构孤立的模式，积极引导。从创新需求看，通过"产学研用"协同创新，可以积极引导科学研究符合产业发展与应用的需求，从而提高成果的转化率，最终实现产业发展与人才培养的共同进步。从育人效果看，更加重视学校、企业、科研单位等机构的协同效应，打破彼此之间的壁垒，实现资源共享、优势互补，达到1+1>2的效果，组成利益共同体，进而更好地开展复合型研究生人才培养。

（二）复合型研究生应该具备的素质

当前，由于国际大环境的复杂化，以及随着科学技术的进步，愈来愈多的事物联系更加紧密，趋于融合化发展。具备单一的专业学科知识的人才难以应对这些变化，唯有融会多学科知识，成为复合型人才，才能精准识别问题症结，创新性地提出问题解决方案。近些年，在重大科技创新成果的取得方面，出现了越来越多的复合型人才。非常典型的案例是2003年诺贝尔医学奖的获得者，是两位分别具有化学和物理学背景的学者，他们结合医学知

---

① 邵云飞、曾勇、汪腊梅：《高校协同创新视角下的复合创新型人才培养模式探索——以电子科技大学为例》，《电子科技大学学报》（社会科学版）2017年第1期，第15~19页。

识，取得了对人类生命健康具有重大意义的技术突破——核磁共振图像技术。复合型人才培养模式是一种能够有效改善人才知识结构，提升其综合素质能力，提高其应对经济全球化的适应能力和应变能力的人才培养模式。贺世宇等指出在实际工作中，由于解决复杂问题常常需要跨领域、跨学科的知识与技能，因此，"一专多能"且具有跨界知识和能力的复合型人才得到极大重视。据统计，在诺贝尔奖中，属交叉学科研究领域的占 41.02%，其中，1901~1925 年只占 36.23%，而 1976~2000 年达到 47.37%。[1] 放眼科学发展的历史进程，重要科学发现、重大科技突破，以及新学科与新理论的产生，往往都不是依靠独立专业知识、技能以及思维方式实现的，而是综合不同学科的理论知识，融合渗透的结果。学科交叉融合能够爆发巨大能量，让具有多学科知识的复合型人才能够更全面、系统地看待问题，从而找到问题的突破点，针对性地进行创新。随着时代的进步、科技的发展，复合型人才将成为社会发展的主要推动者，因此也是未来人才培养的主要目标。正是由于复合型人才的重要性，世界各国都在积极探求复合型人才培养模式。

复合型人才的"复合"是学科知识的复合，是学科间的复合、交融和渗透。[2] 复合型人才专业能力突出，同时还具备全面的知识与较高的技能，在思维复合、知识复合、技能复合中均较为突出，并十分关注跨专业发展的素养与能力。高校中复合型人才的培养是 1963 年英国《罗宾斯报告》提出，通过跨学科培养模式，培养具有广博基础知识和现代生活所需要的实用性、应用性知识与技能的高级人才。多学科交叉融合，旨在通过至少两门学科的渗透融合，形成一种新的综合学科体系。

同时，世界范围内新一轮的科技革命和产业革命，以及席卷全球的新经济的蓬勃发展，对我国教育的改革和发展提出了新的挑战。例如，2017 年，基于 60 多所高校的协商共识，教育部正式提出了"新工科"建设的愿景与

---

① 《杨玉良校长"跨界"为本科生上公开课》，复旦大学，https://news.fudan.edu.cn/2012/1211/c4a59066/page.htm。

② 邵云飞、刘玉明：《基于协同理论的 EPUI 复合型人才培养模式研究》，《中国高校科技》2021 年第 10 期，第 71~75 页。

行动。"新工科"建设的提出是对 2010 年"卓越工程师计划"的拓展和升级。"新工科"的"新"包含三层含义：新兴、新型和新生①。"新工科"既包括前所未有、新出现的学科，也指原有学科转型、改造和升级，同时也指由工科和其他学科交叉融合出来的复合学科。与此同时，"新工科"建设对工科研究生能力的培养提出更高要求，致力于为国家培养出一批多样化、创新型卓越工程科技高层次人才。因此，创新思维能力成为研究生首先要具备的能力。对于研究生而言，创新思维能力是实现发现学科新问题、创新科学新设想、创造世界新事物的基本能力。② 创新是指对现有事物的更新、改造或创造的过程。创新思维是指人的思维方式的创新，也指提出新的理念、观点和想法的思维过程。③ 创新思维促使人类不断突破现有的认知，促进人们更加深入、全面地利用与改造世界。因此，创新思维成为人类的基本思想活动之一，是人类一切创新活动的基础，创新思维能力是指发现新问题、提出新设想、创造新事物的一种能力，创新能力成为衡量创新人才的关键指标，创新思维能力是反映创新能力的核心要素。④ 创新思维能力是一种综合能力，具有创新思维能力的研究生的个体一般还有逻辑性、敏锐性、独立性等特征。

二 "产学研用"协同创新下育人模式的相关研究

（一）研究性学习

从教学情景这个角度出发分析学生的研究性学习，包含对知识的主动获

---

① 林健：《面向未来的中国新工科建设》，《清华大学教育研究》2017 年第 2 期，第 26~35 页。
② 邵云飞、周湘蓉、陈涛：《基于 OBE 理论工科研究生创新思维能力培养方案研究》，《高等理科教育》2022 年第 2 期，第 40~47 页。
③ 王桂娥：《对创新思维的深层文化思考》，《北京师范大学学报》（社会科学版）2003 年第 5 期，第 77~81 页。
④ 李禾：《现代教育技术在大学生创新思维能力培养中的作用》，《黑龙江高教研究》2014 年第 6 期，第 127~129 页。

取、应用和解决问题三方面的学习活动。现代教育理论将教学过程看作是教与学的交互活动，两者相互依存、相互作用，是辩证统一的关系，教为学而存在，学又要靠教来引导。教育方式的改革必然要求和带动学习方法的改变，若单方面聚焦于"教"的改革，教学改革必将步履维艰且难以取得成效。目前研究性学习的大力推广，正是基于对我们长期只单方面关注"教改"的拷问。① 研究性学习的核心在于改变传统教学中学生被动接受知识的情形，构建一种主动探求知识同时注重解决实际问题的高效学习方式。研究性学习既是教学模式，也是学习模式。在实践环节，它是作为教学模式来实施的，学生立足于相应的情景，通过教师的帮助和指导，以研究的方式进行学习，同时提高研究思维和创新能力。

（二）OBE 理论

1988 年，G. W. Spady 提出一种根据预期目标和结果设计、开发、实施和记录的教育方法——成果导向型教育（Outcomes-based Education, OBE）。② OBE 可以理解为关于课程的设计是由学生在课程结束时应该表现出来的结果所决定的。通过明确学习水平，鼓励追求更高层次的目标，最大限度发挥学习者的潜能。基于结果的教育鼓励学生对自己的学习承担更多的责任。它为学生提供了一个清晰的框架，使他们能够计划学习并通过课程来衡量自己的进步。OBE 实施意味着首先要清楚地了解学生能够做什么，然后组织课程、教学和评估方式，这种紧密围绕学生的教育模式以确保学习目标最终得以实现。M. R. Harden 指出 OBE 模式在监控学生在课程不同阶段的进步以及在规划本科教育、研究生教育和专科培训之间的无缝连接性中发挥了重要作用。尤其是在研究生教育阶段，对学生专业能力和综合素质能力提

---

① 王思梦、邵云飞：《教学情景视角的研究性学习特性及其过程探索》，《高教学刊》2018 年第 2 期，第 48~50 页。
② W G Spady, "Organizing for Results: The Basis of Authentic Restructuring and Reform," *Educational Leadership* 46（1988）: 4-8.

出了更高的要求，成果导向恰好定义了对毕业生的期望。[①]

近年来，传统的教学观念已经严重制约了高等教育的发展，也影响了学生综合素质养成。研究生教学绝不能再照本宣科，而应更多地采取互动式、研究型教学，引导学生强化对工程原理的知识、方法、技术的综合应用能力。例如，以 OBE 为培养模式原则上要求将培养目标贯穿体现于课程设计的各个环节和要素之中。医学生基于 OBE 提出的三个圈结果模型，即培养一个专业领域的人才目标是：做正确的事—工作任务、正确地做事—达成任务方法、做正确的人—专业水平。[②]

（三）协同创新理论

德国物理学家赫尔曼·哈肯教授最早提出"协同学"。在《协同学：大自然成功的奥秘》一书中，他对"协同"进行了界定：系统中各组成部分之间相互联系、协作而产生的整体效应。马捷等提出协同是指为了达到个体无法独自实现的效果，系统中多个个体之间的非线性的相互作用。协同强调在整个协作过程中，各要素之间相互有序推动的作用，具有跨界性、交叉性。在协同视角下，学者更加关注的是系统中各成员之间的协同行为所产生的协同效应。赵杨基于协同理论的思想，对信息资源协同配置展开研究，通过分析信息资源协同配置的构成部分，制定了信息资源协同配置实现、控制和反馈系统机制。[③] 毛太田等基于协同理论，探究政府开放数据的共建共享的必要性以及为各利益主体获取和管理所需信息提供便利性条件。[④] 在高校人才教育领域，也有学者尝试应用协同理论来解决目前存在的部分问题。董秀娜等通过搭建教育主体协同、教育资源协同和教育过程协同所构成的高校

---

① R M Harden, "AMEE Guide No. 14: Outcome-based Education: Part 1 - An Introduction to Outcome-Based Education," *Medical Teacher* 21 (1999): 7-14.

② 陈涛、邵云飞：《〈华盛顿协议〉：内涵阐释与中国实践——兼谈与"新工科"建设的实质等效性》，《重庆高教研究》2018 年第 1 期，第 56~64 页。

③ 赵杨：《国家创新系统中的信息资源协同配置研究》，武汉大学博士学位论文，2010。

④ 毛太田、赵绮雨、朱名勋：《基于协同理论的政府开放数据共建共享研究》，《图书馆学研究》2020 年第 11 期，第 28~32 页。

"三全育人"协同机制，进而实现人人有责、人人尽责的全员育人、全方位育人。刘冰等在探究如何提高我国专业学位研究生教育的质量、完善体制机制、应对不健全的政策法规所带来的挑战时，提出根据协同理论，构建多元协同的专业学位研究生教育质量治理体系。谢仁海等从协同理论视角切入，探索出能够打破学科专业之间的阻隔、有效汇聚所需资源、培养跨学科人才的培养模式①。"产学研用"复合型人才培养模式如图 1 所示。

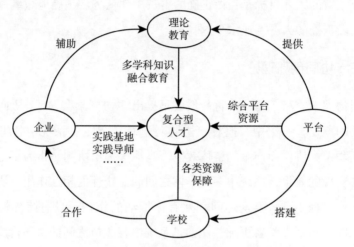

图1 "产学研用"复合型人才培养模式

三 四川省"产学研用"协同创新模式下研究生发展现状

从"产学研用"协同创新视角出发，提出了以教育（Education）为本、平台（Platform）为基、学校（University）为主、企业（Industry）为辅的 EPUI "四位一体"复合型人才培养模式。该模式将改变以往以学科为中心

① 谢仁海、刘同君：《基于协同理论视角的创新型人才培养机制研究》，《黑龙江高教研究》2017 年第 8 期，第 123~125 页。

的教学模式，转向以学生为中心，将学生置于教育活动的中心位置，有效激发学生学习、探索、创造的热情和使命感，最终形成人才链—创新—产业链协同发力，企业—大学合作创新融合发展共同体。

与传统复合型人才培养模式相比，EPUI 复合型人才培养模式将克服以往以学科为中心，双学位或第二学位与主学位之间相互独立，学科间"间隙"较大，培养以理论教学为主，缺乏科研与实践训练，并且由院系主导，调配的教育资源相对受限，同时也缺少企业参与人才培养的过程等种种缺陷；进而形成以学生为中心，打破学科之间的藩篱，建立联合学位培养机制，使各学科成为有机统一的整体，促进理论教学、科研与实践训练并重，并由学校主导，综合调配各方资源，为人才培养提供充足保障，同时，企业参与人才培养过程，与学校一并努力，共同完成培养复合型人才目标的培养机制。两种复合型人才培养模式自身所具有的特点导致其培养成效会形成较大差异。传统复合型人才培养模式培养出的是了解多学科知识，但并不具备融会、灵活运用多学科知识的思维的专业型人才。而 EPUI 复合型人才培养模式，将培养出具有跨专业知识、能力和思维，并将理论知识与实践技能融会贯通的高素质人才。

为了更好地对四川省"产学研用"协同创新模式下研究生发展情况进行研究，本文选取成都四川大学、电子科技大学、西南交通大学、西南财经大学 2021 届毕业生为研究对象，对其就业情况和就业质量的现状进行分析，为"产学研用"协同创新下的研究生培养提出建设性的建议。[①]

（一）毕业生规模较大，研究生培养比例较高

从毕业生结构来就看，四川大学 2021 届毕业总人数 16129 人，研究生毕业人数 7222 人（其中硕士研究生 6011 人、博士研究生 1211 人），占毕业总人数的 45%。电子科技大学 2021 届毕业总人数 9573 人，研究生毕业人数

---

① 资料来源：《四川大学 2021 届毕业生就业质量年度报告》《电子科技大学 2021 届毕业生就业质量年度报告》《西南交通大学 2021 届毕业生就业质量年度报告》《西南财经大学 2021 届毕业生就业质量年度报告》。

5127 人（其中硕士研究生 4723 人、博士研究生 404 人），占毕业总人数的
54%。西南交通大学 2021 届毕业总人数 10869 人，研究生毕业人数 4112 人
（其中硕士研究生 3786 人、博士研究生 326 人），占毕业总人数的 38%。西
南财经大学 2021 届毕业总人数 6450 人，研究生毕业人数 2776 人（其中硕
士研究生 2659 人、博士研究生 117 人），占毕业总人数的 43%（见图 2）。

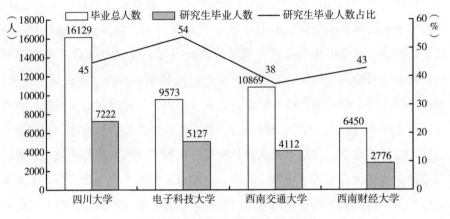

图 2　四所高校 2021 届毕业生情况

（二）整体保持稳定，研究生就业率水平较高

四所高校在 2019~2021 年研究生毕业总体就业率均达到 90% 以上，其
中四川大学在这三年中均处于最高水平，其研究生毕业就业率达到了 95%
以上。部分高校研究生就业率稍有降低，主要是受到了 2020 年初的新冠疫
情的影响（见图 3）。

（三）就业质量较高，就业满意度评价较好

就业质量可以通过研究生毕业生的就业满意度与用人单位对毕业生的满
意度等数据衡量。就业满意度的评价选项有"非常满意""满意""一般满
意""不满意""非常不满意"。就业满意度是选择"非常满意""满意"
"一般满意"的人数占就业人数的比例，电子科技大学 2021 届研究生毕业

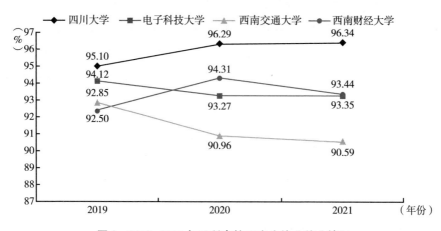

图 3　2019~2021 年四所高校研究生毕业就业情况

生就业满意度为 97.72%。其中，超过一半（58.62%）的研究生毕业生对自己的就业情况感到非常满意，没有毕业生对自己的就业情况感到非常不满意（见图 4）。

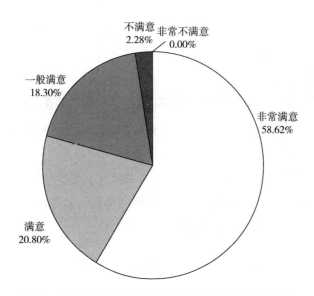

图 4　电子科技大学 2021 届研究生毕业生就业满意度

从用人单位的视角评价研究生毕业生的就业情况能够更加真实地反映毕业生的质量，进而更加全面地反映高校在研究生培养过程中所存在的问题以及"产学研用"协同创新模式下研究生培养的效果。用人单位对电子科技大学2021届研究生的个人品质、个人能力、能力素养等三个方面进行了科学系统的评价。5分为非常满意，4分为满意，3分为一般，2分为不满意，1分为非常不满意。

用人单位对研究生个人品质中的学习韧性（4.68）、主动思考（4.62）、责任担当（4.56）的满意度评价相对较高（见图5）。可见研究生在学习能力、思考能力与负责任程度等方面受到了用人单位的广泛认可，研究生在就业市场中具有较强的社会竞争力。

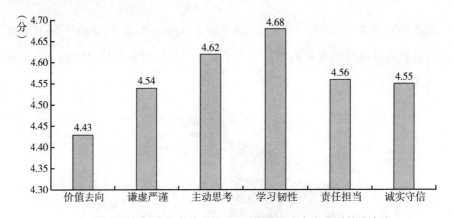

图5　用人单位对电子科技大学2021届研究生个人品质的满意度

用人单位评价前三的研究生个人能力依次为：逻辑分析、实践管理、通用能力（见图6）。用人单位评价前三的研究生能力素养依次为：理论基础、专业理解、工程技术能力（见图7）。

（四）"产学研用"协同创新模式下育人成效

高校外部协同创新中的高校与科研机构、科技类企业的协同大部分以协同创新中心的形式达成，在协同创新中心的运作过程中高校得以和科研机

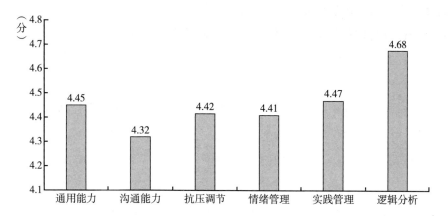

图6 用人单位对电子科技大学2021届研究生个人能力的满意度

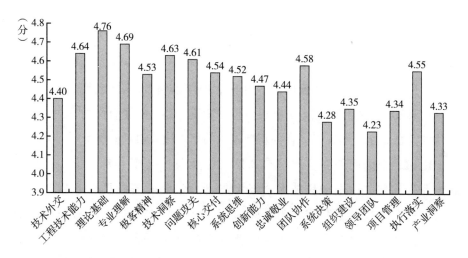

图7 用人单位对电子科技大学2021届研究生各项能力素养的满意度

构、企业合作培养复合创新型人才。

中国电科-电子科大"核心电子材料与器件"协同创新中心在电子科技大学成立。2012年9月11日，电子科技大学、南京大学、清华大学三所大学共同建立的太赫兹科学协同创新中心也在电子科技大学沙河校区举行了签约仪式。协同创新中心致力于研究前沿科技、汇聚拔尖人才，通过与国内外优秀大学以及科研机构进行合作，并按照国际惯例建立起知识创新模式，从而逐渐成为国际科学研究与合作的引领者。在"2011计划"的指导和"核心电子材料与器件"协同创新中心、太赫兹科学协同创新中心的支撑下，电子科技大学积极探索结合学校具体实际情况，现已形成以协同创新中心为平台的产学研合作形式下的复合创新型人才培养模式。

构建协同创新中心的实践已经颇有成效，但因为高校科研团队的协同通常是跨学科、跨单位的人财物的整合，高校传统的行政结构将成为创新团队有机协同的最大阻碍。常见的创新团队组织结构根据组织行为学理论可以分为职能型、项目型和矩阵型三种，国内高校在日常工作中普遍采用的是职能型组织结构，垂直管理对人的控制较机械，特别是对科研工作的组织和管理只能起到有限的作用。

同时，协同创新机制中的高校外部协同还有校企合作方式，高校通过与企业的合作，一方面能切实地根据企业和社会需求培养创新人才，另一方面能促进科技成果产业化。新的时代背景下，企业和社会的需求也发生了重大变化，只有密切地与企业合作，才能培养出顺应时代需求的创新人才，才能更好地激发高校的创新能力。电子科技大学正是通过校企合作的方式，以商业计划竞赛等途径实现了复合创新型人才的培养模式改革。

比如，中国西部创星计划是高校、企业及社会多方参与推动西部创新创业的计划，由电子科技大学经济与管理学院和毕友网联合发起，中国西部创星创投基金联盟参与孵化。创星计划旨在通过推动科技与产业融合，搭建市场、资本、人才及创新成果的共赢平台，将大学生的创新能力和企业家的创业经验进行有机结合，实现产、学、研的无缝对接和企业、学生、学校等的多方共赢。创星计划由企业负责人直接参与和主导，通过创星实训营、创星大赛和创星孵化"三位一体"的创新模式，落地具体实施方案，匹配技术与人才力量，持续孵化创业项目并培育西部明星企业和优秀创业家。西部创星计划实现了高校与企业两个创新主体的协同，提升了双方的创新实力：一方面，学生通过参与该计划，可以向企业和社会充分展示自身的创业实力和优秀的创业项目，合作孵化项目让学生的创新成果转化成产业，提升高校创新成果转化率；另一方面，企业通过参与该计划，可以挖掘优秀的投资项目和创新人才，使企业自身的创新能力得到提升。

四 四川省"产学研用"创新模式下研究生培养对策与建议

"产学研用"创新模式下的研究生人才培养模式，是结合当前产业发展以及未来产业倾向，打破学科藩篱、社会与学校、科研与教学划界而治的局面，培养出具有跨学科专业知识、动手能力强、能将理论与实际相结合、应对现实问题的高素质复合型人才。具体而言，是学科教育与学科教育之间的协同，将多个学科的专业知识形成有机统一整体，而不是将各个学科的专业知识单独地传授给学生，培养出真正具有跨学科专业知识、思维方式、处事方法的复合型人才。学科教育与平台的协同包括三种类型：学科教育与教学平台的协同、学科教育与科研团队平台的协同、学科教育与实践平台的协同。其作用分别是：有利于学生实操能力的提升与理论知识的理解吸收，促进学生科研能力的提高与专业知识的领悟，提高学生解决实际难题的能力与知识的融会贯通能力。而学校与企业之间的协同是，双方磋商条件，为达到双方共同的目标——培养出企业需要、社会需要、国家需要的复合型人才，共同努力，企业可为学生提供实践机会，培养、选派企业员工到课堂上为学生讲学。正是这四大主体之间的协同，产生的协同效应，才能培养出时代所需的复合型人才。

（一）从"产学研"拓展到"产学研用"协同创新

以"产学研"为核心的合作育人、合作办学、合作就业教育模式在我国高校人才培养领域已经得到了广泛认同。在此基础上，进一步强调知识应用的重要性，考虑用人单位的实际需求，聚焦"产学研用"四位一体的教育模式，更客观地制定人才培养方案。研究从创新协同理论出发，强调教育行动主体之间的联系以及系统内外部的交换关系。进而加强各主体之间的合

215

作深度，平衡其资源分布，推动产学研用培养模式的创新发展。

坚持"科研促进教学，教学反哺科研"的思路，利用教学和指导环节，在我校研究生教育中不断实践，坚持在研究生课程教学中创新课堂内容、优化课堂形式，将理论研究与实践操作相匹配。同时，大力推动研究生培养从课堂走向企业，将理论教学与企业实践紧密结合。

（二）联合学位培养，以教育为本

高校复合型人才的本质是学生，而学生唯有认真学习理论知识、夯实理论根基，才有可能成为复合型人才。因此，高校人才培养模式理应将理论教育置于中心位置，辅之以实践教学、实地参观、实际操作，推动复合型人才的培养。但复合型人才对学生的理论知识储备要求更高，学生不能仅仅只具备单一学科的专业知识，还需要其他某一学科或某几个学科的专业知识，实现跨学科知识的交叉融合、思维方式的贯通，具备看待问题的全局性。

目前国内跨学科知识教育的主要方式为双学位或第二学位。第二学位，被人们看作第一学位的一种补充性学习。因此，许多学校对于第二学位的毕业要求也相对宽松。由此容易导致学生在第二学位的专业课学习上的重视程度不如第一专业或主修专业，高校也就不能够很好地达到培养具有跨学科知识的人才的目的。面对国家和时代对复合型人才需求的急迫性，高校也积极探索新型人才培养方式，重新审视第二学位的优缺点，提出了联合学位培养的新方式。联合学位培养，指学生将在大学接受两门专业学科的知识教育，且两个学科的重要性是等同的，达到各学科的毕业要求时，即可获得两个学位证书。相较于第二学位培养模式中两个专业学科的教育"各自为政"，联合学位培养方式将两个专业学科进行了有效的结合。不仅是专业的结合，更多是在课程安排、实践教学方面，均将两个专业视为一个有机整体，易于让学生接受两个专业学科的知识并进行整合，从而达到培养具有跨学科知识的复合型人才的目的。

（三）综合平台资源，以平台为基

人才的培养离不开平台的支撑，强有力的平台支撑能够为老师和学生带来更多机会与资源。平台不仅包括实验室、中心等教育教学平台，科研团队等科研平台，还包括实践基地等实践平台。实验室、中心等教学平台配合专业教学，提升学生的实际操作能力，帮助促进学生在实操过程中领悟理论知识的精髓。科研团队平台带给学生科学研究指导，锻炼学生的科研能力，而在提高科研能力的同时，也能够增强学生对于理论知识的理解。实践基地平台提供实践导师、实践场所等实践所需资源，学生在实践过程中，会体验到在学校课堂上、实验室、书本上所见不到的实际情况。也正是每一次的实践，让学生应用书本知识、实操技能去解决以往未遇到的更为复杂的实际难题，使学生感到学有所用。这样才能激发学生的好奇心和创造力，从而培养出国家所需要的复合型人才。

建设一个出色的平台往往耗费较大，而一所学校拥有的资源是有限的，所以一所学校为了突出其重点学科，往往会打造支撑重点学科建设的平台。在传统的复合型人才培养过程中，由一所大学完成学生的所有培养任务，由此造成的结果是学生能够利用的重点平台太少。另外，由于对学生的科研能力与实践能力缺少重视，传统复合型人才培养模式未能充分利用高校的各种平台。

（四）发挥主导作用，以学校为主

在复合型人才培养方面，学校一直以来都处于主导地位，师资力量的建设，培养方案的设置，软硬件设施性能的提升，平台的搭建，校企、校际、政学之间的合作均由学校努力促成。因此，一所拥有行事高效、组织有序、责任意识强、创新能力高的管理团队的高校更能协调各方资源，建设强有力的教师队伍，设置符合时代需求的复合型人才的培养方案，不断提升校内及学校周边软硬件设施的性能，努力建设高水平、高层次教学、科研、实践平台，促进校企、校际、政学之间的合作，为复合型人才的培养提供强大保障。

传统的复合型人才培养模式突出的是院系的主导作用，通过一所学校内的不同院系的相互合作，完成复合型人才的培养。在培养过程中院系时常会处于"心有余而力不足"的境地，想要完成一项事情，但由于自身力量不足，只能放弃。另外，有时由于合作院系都过分强调本专业的重要性，并且沟通不畅，从而导致人才培养效果不尽如人意。

（五）参与人才培养，以企业为辅

2022 年高校毕业生预计达 1076 万人，5 月份 16~24 岁人口调查失业率达到 18.4%，说明以大中专毕业生为主的青年群体就业明显不足。[①] 究其原因，正是由于在传统复合型人才培养模式中缺少了企业这一重要主体参与到高校人才的培养过程中来；同时，由于缺乏到企业进行实践的机会，学生不能将学到的专业知识与技能应用到企业所面临的实际问题当中，从而缺少应对实际问题的能力。因此，企业必须积极承担社会责任，踊跃参与高校人才培养，为学生提供实践机会，为学生配备实践导师，并选派企业 HR 或技术高管等到校为同学授课。这既能摆脱企业招聘不到合适人才、毕业生找不到工作的尴尬局面，也促进了社会和谐与进步。

---

① 《助力大学生走稳就业路》，中国社会科学院，http://www.cass.cn/xueshuchengguo/shehuizheng faxuebu/202206/t20220624_ 5413990. shtml。

四川省高校"新工科"创新型
人才培养模式研究[*]

杜江涛　邵云飞^{**}

摘　要：　我国高等工程教育急需培养创新型的工科生,"新工科"建设正着力打造工程教育人才培养新模式。四川省内各工科院校抓紧新一轮产业变革和科技革命的重要交汇期,积极培养多元化的创新型工科人才。本文根据"新工科"创新型人才的特点,结合四川省培养现状,总结"新工科"建设背景下创新型人才的培养目标。以电子科技大学为例,阐明"本专业+跨专业"教学内容、"互联网+教育"教学手段和"政产学研"教学体系的培养方案,以期用科学教育方法培养具有创新实践能力的工科人才。

关键词：　四川高校　新工科　创新型人才　"政产学研"教学体系

　　新一轮的科技革命和产业革命在世界范围内加速演进,推动我国产业发展呈现"快速多变、高度集成、跨界整合"的新特征。新时代背景下的新技术、新产业、新业态和新模式对我国的高等教育发展提出了新的要求,也对我国工科教育的改革和发展提出了新的挑战。我国现有工科教育尚不能满足新产业、新技术突破性发展需要,仍存在重科研能力培养、轻创新潜力开

---

　　* 本文系国家自然科学基金项目(项目编号：71872027、72172024)、"基于产学研用协同创新的人才培养模式研究"(项目编号：JYJG2021115)研究成果。

** 杜江涛,电子科技大学经济与管理学院硕士生,主要从事创新管理研究；邵云飞,博士,电子科技大学经济与管理学院教授,博士生导师,主要从事创新管理与人力资源管理研究。

发等问题。四川省内高校在工科人才培养模式的探索与实践方面取得了一定成绩，但人才培养供给侧和产业需求侧在结构、质量、水平上还不能完全匹配。

2017年，基于60多所高校的协商共识，教育部正式提出了"新工科"建设的愿景与行动，由此开始积极推进"新工科"建设。"新工科"的提出是高等教育领域规模最大、决心最强的一次改革，是以"人才培养"为核心、以"技术创新"为动力、"以服务国家战略需求"为目标的教育体系与培养过程改革，是提升我国工科生教育质量水平、为国家培养高素质创新人才的新起点。在以创新为根本推动力的新经济时代，如何培养创新型的人才已经成为我国工科生教育面临的主要困境。长期以来，我国传统高等教育呈现以就业为目标导向的封闭式教学模式，忽视对学生创新精神和创新能力的培养。在面对企业和现实需求时，高校毕业生仍存在创新意识不足、创新能力不够的现象。学生和学校均未意识到创新特质对学生今后发展的重要性，导致学校对学生创新能力的培养力度投入低，没有形成系统化、科学化的培养方式，更没有完善的培养模式考核评价体系。因此，应以摆脱旧式教学所产生的固有思维模式为切入点，探索从系统工程的角度对"新工科"背景下创新型人才培养机制进行改革。

为落实《四川省"十四五"规划和2035年远景目标纲要》，加快发展现代产业体系、壮大战略性新兴产业，推动新时代治蜀兴川再上新台阶，川内工科院校应该立足于"新时代推进西部大开发形成新格局""成渝地区双城经济圈建设"等国家战略与区域战略，进一步面向世界科技前沿、面向经济主战场、面向国家重大需求，按照"新工科"的建设要求，培养具备坚定的理想信念、扎实的专业知识、活跃的创新思维、丰富的实践经验和开阔的国际视野的新时代工科专业人才。2023年四川将实施拔尖创新人才培养计划，建设首批10个左右省级基础学科拔尖学生培养基地；启动新一轮"新工科"建设，实施高阶课程建设计划和创新实验行动计划，遴选建设首批100门体现前沿学术成果、最新科研成果和技术创新成果的高阶课程；加强四川高等教育智慧教育平台资源建设和共享应用，深入推进"虚拟仿真实验教学 2.0",探索跨校、跨地区教研新模式,建强新型基层教学组织。

因此,本文关注的核心问题是如何通过培养机制改革,让工科生摆脱过去固有的思维模式,通过教学设计培养创新型的工科人才。首先,从"新工科"创新型人才的内涵及特征入手,探讨目前四川省内创新型工科人才的培养现状以及培养目标;其次,基于培养目标,从教学内容、教学手段、教学体系反向设计"新工科"创新型人才培养的教育体制方案;最后,总结电子科技大学创新型人才培养的改革实践,以期为同类型工科生的教学改革提供参考,希望能为国家输出更多具有创新能力的高学历人才。

一 "新工科"创新型人才的内涵和特征

(一)"新工科"创新型人才的内涵

2017 年 2 月 20 日,教育部高等教育司发布《关于开展新工科研究与实践的通知》。[①]"新工科"建设的提出是对 2010 年"卓越工程师计划"的拓展和升级。"新工科"的"新"包含三层含义:新兴、新型和新生。[②] 所谓"新工科"建设,就是要立足于新经济、新产业、新业态和新技术发展,打造我国工程教育新理念、学科专业新结构、人才培养新模式、教育教学新质量和分类发展新体系。显然,"新工科"是我国产业升级转型发展的产物,是当前工科人才培养与劳动力市场需求矛盾的现实反思,更是对国际工程教育发展做出的中国本土化的回应与对接。"新工科"既包括前所未有、新出现的学科,也指对原有学科的转型、改造和升级,同时也指由工科和其他学科交叉融合出来的复合学科。

二十大报告提出要不断增强我国经济创新竞争力,大力培养研究创新人

---

① 《教育部高等教育司关于开展新工科研究与实践的通知》,http://www.moe.gov.cn/s78/A08/tongzhi/201702/t20170223_297158.html。

② 林健:《面向未来的中国新工科建设》,《清华大学教育研究》2017 年第 2 期,第 26~35 页。

才，加快建设创新型社会。"新工科"建设对工科生能力的培养提出更高要求，致力于为国家培养出一批多样化的卓越工程科技高层次创新人才。因此，在"新工科"建设目标中，培养创新型的工科人才成为了不可或缺的一环，创新能力成为工科生需要具备的基本能力。对于工科生而言，培养创新能力也是发现学科新问题、创新科学新设想、创造世界新事物的基本能力。"新工科"背景下创新型人才一般具有逻辑性、敏锐性、独立性等特征。

（二）"新工科"创新型人才的特征

逻辑性是工科生的学术特征。工科生在开展科学研究、发明创造、工程设计等规范的学术研究中需具备严谨的逻辑思维能力。学术研究是一套复杂的系统工程，不单是依靠本专业的知识，跨专业的交叉融合成为创新的重要方式。所以，逻辑性除了体现在本专业的探索外，还包括对专业以外知识和技术的整合能力。

敏锐性是工科生的思维特征。目前，学术研究功利化的倾向，使急功近利的研究模式不断出现。为了完成某一项任务，为了实现某一课题，学生对科研的探索过程受到压迫，极端功利的现象持续膨胀。在这种背景下，工科生虽具有较强的学习意识和对新领域探索的渴望，但缺少理性思考的锻炼和实际动手的能力，最终导致创新能力明显不足。要破除这种现象，工科生培养应该强调敏锐性观察、创造性试验、科学性分析的训练模式，鼓励学生积极探索科研新发现。

独立性是工科生的能力特征。对比文科与工科培养方式，文科生对文献资料进行整合、理论分析和学术思考，通过调研和实践发现问题并提出解决办法；工科生的研究则是在导师的带领下，通过科学试验和分析来展开研究和讨论，得出具体的新成果。因此，工科生更应该注重独立性培养，既要有导师的引导，也要保持自我见解，才能突破旧有思维寻求创新①。

---

① 杨红旻：《MOOCs对大学教育思想的继承、超越与变革》，《教育发展研究》2014年第7期，第8~13页。

基于以上创新型工科人才的特点可知,创新教育在工科生人才培养过程中具有不可忽视的重要地位和作用。这不仅需要注重学生创新实践能力的培养,还需重视社会对创新型、复合型人才的需要。创新型工科人才培育必须回归其育人本质,明晰育人取向。

二 四川省"新工科"创新型人才培养现状分析

2018 年教育部公布的首批"新工科"研究与实践项目中,四川省共有16 所院校的 28 个项目入选。最终有 9 个国家级"新工科"项目结题验收获得优秀,位居西部第 1、全国第 2。2020 年教育部第二批"新工科"研究与实践项目中,四川省有 11 个项目入选。同时,川内各工科院校抓紧新一轮产业变革和科技革命的重要交汇期,把握机会主动布局,升级改造传统工科的教育,积极培养出更高水平的多元化、创新型的工科人才。

(一)推进创新人才培养的教学改革

为实现创新型工科人才培养目标,省内部分工科院校以培养学生的创新能力和创新思维为主线,以教学建设和教学方法改革为重点,以此促进学生知识、能力和素质的协调发展。目前,电子科技大学、西南交通大学等川内理工科高校已初步建立起适应"新工科"要求的、体现创新型工科人才培养特点的课程体系。此外,各高校正大力推进教学手段和方式方法的改革,积极开展模拟教学、现场教学、案例教学等,推广启发式、研究式、讨论式教学,实现教学方法的多样化,丰富教学内容,多方面增长学生创新能力,培养学生创新思维与创新能力。

(二)鼓励学生参加各类创新创业活动

除培养学生创新思维和创新能力的教学建设第一课堂改革外,省内部分工科院校还采取加强实验实践教学和科研引导教学等多种措施,针对工科课程中对探索新知识的创新要求,积极组织、鼓励学生参加各类提高创新能力的校内外活动，实现第一课堂与第二课堂的良性互动。以此提高学生的科学精神和创新能力，使更多学生在课外科技活动中得到创新能力的锻炼。此外，高校还对在各类竞赛中创新能力突出的学生进行表彰与奖励，并将其作为奖学金评定的重要参考，给予相应的课程学分、课程设计或毕业设计（论文）学分等。

三 "新工科"创新型人才培养目标

（一）建立学科兴趣，掌握专业知识

建立学生的学科兴趣是促进学科持续发展所需。过去"填鸭式"教学会遏制学生的课堂表现和学习积极性，容易忽视学生在教学过程中的感受和反馈，严重阻碍学生对学科知识体系建立理性的思考。[①] 现代化教育理念正不断强调"以学生为中心""以学生个性发展为导向"，工科院校不能一味追求教学成果而忽视对学生的关注。教育上应逐步探索激发学生学科兴趣爱好的创新培养模式。让学生实现基于学科兴趣的学习，摒弃以往死记硬背的学习模式，真正热爱才能主动地探索学习专业知识。

（二）达成科研成效，获得专业技能

达成科研成效是检验工科生获取专业技能的基本构成指标。创新人才培养过程建立在学生专业知识积累和应用基础之上，因而科研能力需纳入教育评估体系的主要指标中。学生综合评价应考虑学业知识评价和个人能力评价两方面。学业知识评价包括专业知识和跨学科知识等，个人能力评价包括科研能力和实践能力等。提升考核次数，从入学、中期、结业三个阶段进行鉴定，让学生每个阶段都提高警惕，避免出现"临时抱佛脚"的情况。尤其

[①] 刘辉、孟兴林：《创新应用项目为导向的电子工程设计课程实施思路——以渥太华大学为例》，《高等理科教育》2021年第3期，第105~110页。

抵制学术造假、科研态度不端正的情况，培养学生谨慎科研的态度，鼓励学生将知识转化为创新思维，将科研能力转化为创新能力。

（三）推动产业发展，服务国家战略

推动产业发展、服务国家战略是教育体系改革的终极目标。2019 年，国务院印发《中国教育现代化 2035》提出，要加强创新人才特别是拔尖创新人才的培养，加强高等学校创新体系建设。[1] 高等人才教育在实现中华民族伟大复兴进程中具有不可忽视的作用，尤其是工科生承担着促进国家科研创新和国家经济发展的重担。正如习近平总书记所说，"人才是第一资源""国家科技创新力的根本源泉在于人"。工科生人才培养不可仅根据专业设置所确立的培养目标进行，而需完全掌握市场和客户的实际需求。[2] 为此，工科生的培养目标需从适应产业发展向推动产业发展、服务国家战略的方向转移。

过去的几十年，我国工程基础科学研究取得了很大的进步，但主要是在弥补之前的空白、追赶世界的研究方向，自主开山架桥挖井的工作实施较少，解决"卡脖子"技术的难题还需要付出更多的努力。培养创新型的人才是技术创新的源头，也是制约我国科技创新的主要短板。无论是对于高校还是国家，创新也是一种培养人才的方法和过程。只有把人才和创新相结合，才能为国家发展提供根本的和持久的动力。基于"新工科"背景的创新型人才培养目标见图 1。

四 "新工科"创新型人才的培养方案

创新活动与人类的生存和发展密切相关，如何提升创新能力便成为人们关注的焦点。创新能力并不是天生的，可在后期社会生产、学习和实践的过

---

① 《中共中央、国务院印发〈中国教育现代化 2035〉》，http：//www.gov.cn/zhengce/2019-02/23/content_ 5367987. htm。
② 杨毅刚、孟斌、王伟楠：《基于 OBE 模式的技术创新能力培养》，《高等工程教育研究》2015 年第 6 期，第 24~30 页。

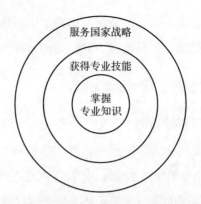

图1 "新工科"创新型人才培养目标

程中不断培养和发展。因此，可以通过训练和教育的方式培养创新型人才。其培养也有其特定的方法，正确的方法可以让我们事半功倍。

目前大多高校的人才教育模式都是统一的，没有依据不同专业不同领域的特点进行差别化培养。这导致学生之间个体差异化小、思维方式统一、同质化现象越来越严重。创新型工科人才教育模式首先定义了工科专业学生的培养目标，支持学生发挥主动性学习，鼓励学生在实践中体验、在探索中反思、在研究中自主构建创新能力。基于此，培养方案设计的关键是先明确教学目标，根据教学目标设定相对应的教学内容，并制定教学手段，最后由各教学主体联合实施（见图2）。这种反向设计思路将创新能力培养分解到每个小部分和小阶段，并将其贯穿于工科生教育整个过程。定位于匹配学生个人能力需求、企业人才需求和国家战略需求的创新能力教育模式，就是要把创新教育融入人才培养的全过程，以培养具有创新型的高层次人才为核心目标，在创新能力教育和"新工科"建设目标促进下推动社会向着更高层次发展。

（一）"本专业+跨学科"教学内容

在2021年全国两会上，李克强总理强调"一定要注意加强基础知识学习，打牢基本功和培训创新能力是并行不悖的，树高千尺，营养还在根

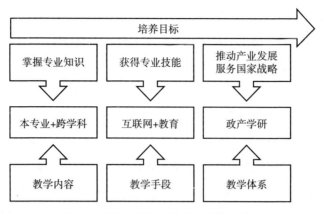

图 2 "新工科"创新型人才培养方案

部"。由此可见,基础教育仍然是创新型人才培养的关键。持久加强专业知识和理论的输入,是帮助学生开展本专业领域研究的基础。本专业基础理论知识的学习始终是学习生涯中必须打下的根基。

高质量、跨学科、适应社会发展需要的课程群是培养"新工科"创新型人才的必要条件。只精通专业领域,而对其他学科一窍不通的学生难以成为卓越的研究者。尤其是在工程科学领域,一个小问题或小产品从设计到研发、生产再到最后的商业化,尤其需要多学科交叉融合。例如一个 LED 灯,其设计、研发和生产过程就离不开电子、光学、物理、材料等学科合作,尤其是当产品需落地转化,就要涉及经济、管理等文科类学科知识。因此,为满足学生思维多元化发展,应为学生提供更多学科知识教学内容。具体而言,要把"本专业+跨学科"的多元化教学内容作为教育主线。通过创新课程设置,加入综合性和前沿性的教学内容,实现学生可根据个人兴趣和科研需求等选择的多样化课程体系。目前,部分学校给予学生自制培养方案的机会,已经实现学生自由跨专业或跨学科选课。

(二)"互联网+教育"教学手段

在过去的教育手段中,受技术、环境、思维、资金等多方面影响,学生能连接的其他个体或资源范围十分有限。以互联网为媒介的信息化时代,一块屏幕背后所覆盖的学生可能成千上万。借助网络，不同地区的学生可以联通教育体系内外部资源。"互联网+教育"便特指运用云计算、学习分析、物联网、人工智能等现代化信息技术构建一个丰富的、开放的、智慧的教育服务体系。

大规模的在线开放课程（MOOCs）便是诞生于现代化教育技术下的一种"互联网+"教学手段。在线开放课程的出现打破了传统唯课本的教学模式，丰富了教学内容和教学渠道。学习者通过这些数字教学平台与其他学习者建立联系和构建知识体系，甚至利用平台分享自己的学习心得和新的发现。这极大鼓励了学习者的参与意识和主动意识，锻炼了学生寻找当前信息和过滤次要和外来信息的重要学习技能，使学生真正成为课堂和学习的控制者。

在新冠疫情期间，全国高校为保证日常教学工作有序进行，各个学校依托各大课程教学平台和视频直播平台开展在线教育工作。同时利用二维码集成平台编写数字化教材，以实现三维动画演示、实时交互等功能，使工科类学生摆脱缺乏学校实验设备教学的困扰，使线上学习的开展不再受时间和空间限制。胡小平与谢作栩调研发现90.2%的学生对在线教学总体情况表示满意，在线学习帮助学生自主学习和获取不同的教学资源，学生的创新能力得到提高。[1] 费跃农与孙忠梅在解决理工科专业课线上教学中的实验问题时，利用MOOC平台引入虚拟仿真实验，让学生在线上教学中也能建立理论与实际的联系。[2]

（三）"政产学研"教学体系

"互联网+教育"教学手段的发展使得社会各界都可以参与到信息的共享和共建中。对高校来说，既整合其自身的教育资源优势，也让大量社会中

---

① 胡小平、谢作栩：《疫情下高校在线教学的优势与挑战探析》，《中国高教研究》2020年第4期，第18~22页。

② 费跃农、孙忠梅：《基于MOOC的混合教学模式在理工科专业课教学中的应用》，《工业和信息化教育》2016年第8期，第28~31页。

的创新实践进入到教学体系中。工科生的实践过程体现了思维能力的逻辑性和完整性,考验了学生的知识积累量和应用能力。"政产学研"教学体系可以为工科生培养提供稳定和优质的实践实习机会。

"政产学研"教学体系指政府、高校、企业和科研院所联合培养的模式。相比于"产学研"教学体系,充分强调了政府在学生培养过程中担任的协调和保障角色,让产业发展和教学内容紧密结合。培养过程中,通过实践调研、学术交流、企业参观、校企合作等模式为学生提供多样性实践机遇,多方面提升学生创新能力和实践动手能力,为今后科研和就业奠定坚实基础。不断通过"理论—实践—理论"过程激发学生创新意识,并调动其研究的积极性,让学生感受到科研和创新的挑战性和趣味性。

五 电子科技大学的培养模式与经验

如今,"复旦共识"、"天大行动"和"北京指南"已经成为领跑我国"新工科"教育改革的新中国模式和新教育经验。哈尔滨工业大学建立的"8Π模型"涉及多学科交叉融合、教育教学改革、产学协同育人、通专结合教书育人、国际联合培养等多个方面,为工科类院校提供了创新人才培养的新模式。[①] 作为在四川省乃至全国范围内电子信息行业的领头学校,电子科技大学也在积极响应"新工科"教育改革,提出"培养家国情怀与格局胸怀的工程科学的发现者,工程技术的发明者,工程系统的设计者和创造者,商业价值的创造者和实现者"。本文以电子科技大学为例(见图3),从"跨学科课程教学"、"跨专业联合培养"、"在线课程开发"和"多主体协作育人"几个方面阐述这所工科类特色院校是如何在"新工科"建设的背景下,将培养创新型人才的思想和行动贯穿工科生教育全过程的。

---

① 徐晓飞、沈毅、钟诗胜等:《新工科模式和创新人才培养探索与实践——哈尔滨工业大学"新工科'Π型'方案"》,《高等工程教育研究》2020年第2期,第18~24页。

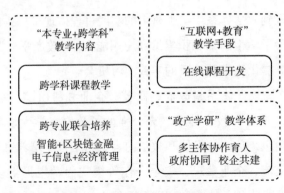

图3　电子科技大学的培养模式

（一）跨学科课程教学

电子科技大学正在围绕"双一流"和"新工科"建设，根据"培养堪当民族复兴大任的创新引领性人才"的目标，从授课内容开始改革。电子科技大学虽作为一个典型理工科院校，但始终都在不断尝试融合工科和文科。为更好地培养具有创新能力的人才，充分重视经济、管理和法律等文科类学科在理工科人才培养内容中的交叉融合作用。例如，设置"多学科交叉复合培养模式"和"通识教育与领导力培养体系"等。在教学内容方面，尤其注重知识产权在激发创新者热情、保护创新者科研成果上发挥的"利器"作用。

"知识产权与信息检索"是电子科技大学培养方案中的一门公共基础课程。创新是引领发展的第一动力，保护知识产权就是保护创新。该课程的建立的初心是让学生识别和管控创新过程中知识产权的风险问题，帮助他们获得创造、运用、保护和组织知识产权的能力。创新过程包括技术研发、创新成果转移、创新成果扩散几个板块，知识产权管理行为又包括知识产权的创造、运用、保护和组织与战略几大部件，二者之间恰好可以形成紧密的对应关系。为了使课程贴合电子科技大学工科专业学生思维特点，该课程教学团队专门配备从事科研技术创新的老师、主讲法学和知识产权管理理论的教师和承担信息检索教学的教师，组成了一支跨单位、跨专业、跨团队的复合型师资队伍。不同领域的师资聚集在一起,不同学科的学生一同学习,思维碰撞往往产生创意的火花。在该课程开设的十余年内,老师们和同学们不断进行着教育目标、教学内容、教学方法、教学课本的探索和优化。该课程实现了"技术+管理"人才的培养理念,教导学生做好知识产权风险管控,引导电科大学子从工程师向高层管理人员转型。

(二)跨专业联合培养

"新工科"是相对于我国《本科专业目录》中的传统工科专业而言的,其强调工科人才培养的跨界、交叉与融合,根本是打造具有国际竞争力的工程教育新质量体系。[①] 电子科技大学在培养创新型工科人才的过程中,以"电子信息+"为抓手,主动融入成都市"电子信息万亿级产业集群"的区域发展,积极探索、拓展多样化的交叉复合创新型行业精英培养模式。

1."智能+区块链金融"

创建"新工科+新商科"跨校、跨界复合培养模式,与西南财经大学联合开设金融学和计算机科学与技术的联合学士学位专业,即"智能+区块链金融"学士学位项目。电子科技大学计算机科学与技术(智能金融与区块链金融"双A"联合学位实验班)面向国家在区块链领域和金融科技领域的重大战略需求,依托两校在计算机科学技术与人工智能等信息科技、金融学的学科专业优势,授予学生"工学-经济学"联合学士学位。通过融合性方案、整合性课程体系、贯通式综合项目,培养兼具计算机与金融理论知识的跨界创新工科人才。

2."电子信息+经济管理"

电子科技大学依托学校在电子信息领域的优势,创建面向"电子信息+经济管理"的"管理-电子工程复合培养实验班",推动"能力—素质—创新创业"三者有机融合。达到学位授予条件的学生,将同时获得管理学

---

① 陈涛、邵云飞:《理念与现实:我国高等工程教育加入〈华盛顿协议〉后的发展趋向探析》,《高校教育管理》2018年第1期,第54~60页。

（或经济学）和工学两个学士学位。该实验班整合学校经济管理和电子信息的优质教学资源，培养具有信息技术专业素质，能够分析、判断、把握电子信息技术发展规律和趋势，以及具有经济管理研究兴趣、能力和潜质的人才，为治蜀兴川不断输出具备经济管理能力与信息技术素养的复合型精英人才。

此外，电子科技大学整合 6 个学院、4 个大类学科、6 个专业的优质教学资源，创建面向"电子信息+行业产业"的"互联网+"双学位培养实验班，通过定制化培养方案、跨学科交叉课程、产教融合创新创业项目，培养服务国家数字化战略的创新型人才。还培养了面向"电子信息+生命科学"的"生物-信息复合培养实验班"；面向"电子信息+现代医学"的临床医学、护理学"高精尖"复合型医学人才；面向"电子信息+实验艺术"的交叉复合型人才。

（三）在线课程开发

电子科技大学深化"互联网+教育"模式改革，高度重视在线开放课程的建设与应用，大力推进翻转课堂与混合式教学等教学改革。截至 2021 年6 月底，电子科技大学已有 11 门课程入选首批国家精品在线开放课程，在"爱课程"中国大学 MOOC 平台开课 54 门，共开课 144 期，累计选课人数超过 183 万。学校大力推进示范性虚拟仿真实验教学项目建设，推动线上线下教学相结合的个性化、智能化、泛在化实验教学新模式。学校以智慧教室建设为抓手，以"高清触摸屏+可拼接桌椅+互动教学系统"为核心的 80 余间小班探究教室，实现了现代信息技术与教室的深度融合，极大地促进了学校挑战性研究型教学体系的推进，也正在不断倒逼更多的师生投入"课堂革命"之中。

"算法设计与分析"是电子科技大学主要面向软件专业和部分医学院学生开设的一门课程。该课程除了培养学生对算法复杂性正确分析的能力，更多是为了让学生掌握经典算法的"思想"，实现以不变应万变，获得创新思维能力。在新冠疫情期间，该课程积极响应"停课不停学"的号召，利用

"雨课堂"这一微信互动式智慧教学模式。老师和学生通过关注微信公众号、扫描二维码，可以实现课前教学资源推送，课程中实时答题、弹幕交流互动，以及课后数据分析等功能。在新学期开学后，该课程依然保留了"雨课堂"这一线上教学手段作为课堂教学辅助。利用该平台，学生可以及时在手机上提问或者反馈上课效果；老师也可以查看学生标注不懂或疑惑之处，并可以在下节课进行讲解和解答。相较于线下举手发言的方式，线上互动同学们表现更积极，学习效果和课堂氛围也更好。"互联网+教育"的教学模式不仅能解决教学受空间和时间阻碍的问题，更有利于教学效果的提升。可视化的教学内容、互动性的教学课堂、及时型的教学反馈，这将有助于学生思维得到充分锻炼，从而培养其创新能力。

（四）多主体协作育人

1. 政府协同

电子科技大学一直以来与各地政府在"政产学研"上有着深度融合和交流。2019年12月，电子科技大学与深圳市人民政府签署全面战略合作框架协议，建立电子科技大学（深圳）高等研究院（以下简称高等研究院）。双方将为培养高层次创新人才、开展科学研究、促进成果转化、建设国际平台和交流等建立全面战略合作关系。作为市校合作的重点项目，深圳市给予高等研究院相关政策和科研配套经费支持。高等研究院落地深圳市龙华区，周边有电子信息、生物制药等领域的科技企业，为学生提供丰富的实习、实践和就业资源。同时，高等研究院对龙华区电子信息和智能制造产业的发展具有极大的推动作用，也给银星科技园带来产业聚集、人才聚集的促进作用。此外，深圳市还支持电子科技大学与深圳信息技术学院共建"深圳市电子信息产业技术研究院"，以开展创新人才培养、科学研发和成果转化。深圳正抢抓"双区驱动"的重大历史发展机遇，电子科技大学也正在积极向"双一流"建设奋进，高等研究院落户深圳将助力学校资源和社会资源共享，积极开展市企、校企合作，实现互惠互利。

2. 校企共建

电子科技大学在"新工科"建设的过程中积极推动校企共建产业技术研究院、校企联合实验室。产业技术研究院是校企共建的跨学院、跨学科的产业技术创新平台，具有体制机制健全、灵活、高效、各类创新资源整合能力强等特点。2019年，为发挥校企双方各自资源优势，提升双方在学科、人才、资源等方面合作水平，北京思特奇信息技术股份有限公司与电子科技大学签署协议，共建"电子科技大学——思特奇未来信息科技联合研究院"。该联合研究院在电子科技大学与成都易信科技同时挂牌，首期合作期限为5年，北京思特奇分年度提供一定金额的科研经费，双方共同开展科研公关和课题研究。

校企联合实验室是科技型中小企业联合高校、科研院所共建的，引导高校院所优势创新资源为企业技术创新和产品开发提供技术支撑服务的研发平台。联合实验室有助于学校加速学院科技成果转化，为教师科研、学生实习提供基础条件和实践基地，同时可为企业提供直接上岗的优秀人才及技术支撑。园区投运以来先后有申威科技与电子科技大学等共建校企联合实验室，校企双方依托联合实验室，开展课题合作、技术研发、人才培养等方面合作。"政产学研"四位一体的教学体系可弥补学校教育资源的不足，促进跨学科融合，提供创新实践环境，让学生在实践中发现问题、解决问题，提高工科生的创新能力。

四川省高职院校混合所有制办学人才培养制度建设困境及对策建议[*]

——基于 2005~2021 年政策文本的分析

李易军[**]

摘　要： 以 2005~2021 年 63 份国家和四川省、市政府相关政策文本为研究对象，使用 NVivo 11 Plus 质性分析软件开展分析，发现目前四川省高职院校混合所有制办学人才培养在制度建设方面还存在需要改进之处，并针对发现的问题提出了完善立法规范、增强政策支持、构建多级协作、塑造先进典型的建议。

关键词： 高职院校　混合所有制办学　人才培养制度　四川省

一　研究背景

2014 年，国务院颁布《国务院关于加快发展现代职业教育的决定》，首次从国家层面提出"探索发展混合所有制职业院校"。2021 年 4 月，全国职业教育大会传达了习近平总书记和李克强总理对职业教育工作的重要指示，要求深化产教融合和校企合作，健全多元办学格局。高职院校混合所有制办学是我国职业教育改革的重要内容，也是实现产教融合和校企合作的有效途

　* 本文系四川中医药高等专科学校建设2022~2024年职业教育人才培养和教育教学改革研究资助/立项项目"'双高'背景下公办中医药专科学校产业学院建设路径研究"成果。

** 李易军，管理学硕士，四川中医药高等专科学校教师，主要从事教育政策与管理研究。

径。近年来，我国在混合所有制办学方面取得了一定的进展，但也面临着诸多挑战。尤其是在人才培养方面，混合所有制办学需要建立一套与其特点相适应的制度体系，以保证培养质量和效果。然而，目前我国对混合所有制办学的法律法规和政策制定还不完善，导致在实践中存在诸多不确定性和风险。四川省作为西部地区的重要省份，高职院校混合所有制办学有着广阔的发展空间和潜力，但也面临着同样的问题。本文以 2005~2021 年高职院校混合所有制办学相关政策文本为分析对象，从人才培养的角度，探讨四川省高职院校混合所有制办学在制度建设方面的现状、问题及其进路，旨在为四川省高职院校混合所有制办学人才培养提供理论支持和政策建议。

二　文献综述

截至 2022 年 2 月，通过在中国知网上以"高职院校""高职""高校""职业教育""职业院校""混合所有制"为主题搜索近五年的相关文献，得到文献 180 多篇。其中文献综述 7 篇，学位论文 4 篇，案例研究 24 篇。通过文献梳理，发现目前混合所有制高职院校办学人才培养的制度建设主要存在下面两个问题。

（一）法律法规

目前混合所有制高职院校的法人属性缺乏立法规定，资产评估缺乏立法规范，法人财产权不够完整，出资、资本流动以及退出缺乏清晰的法律依据，利润分配规则不够明确，学校兼并、转让等重大变更事项缺少可供操作的具体规定，董事会成员的进退出机制、学校的收益回报、资产处置、风险防范等也缺乏相应的法律规范。①②③ 企业参与职业教育混改也缺少相应法

---

①　张啸宇：《公办高职院校混合所有制改革的法律困境与立法建议》，《教育发展研究》2017 年第 11 期，第 63~68 页。

②　雷世平：《历史发展、现实困惑与根本突破——我国混合所有制职业院校办学的再思考》，《职业技术教育》2018 年第 22 期，第 6~12 页。

③　阙明坤、潘奇、朱俊：《探索发展混合所有制职业院校的困境及对策》，《中国职业技术教育》2015 年第 18 期，第 28~32 页。

制支撑。① 学者们已经认识到教育领域的混合所有制改革在管理上涉及多个部门，而在目前的体制下，要实现跨部门合作，构建支持混改、相互配合的法律框架还存在困难。②

（二）政策保障

国家层面虽多次对职业教育混合所有制办学指出了方向，但在具体落实中缺乏深入的规划设计，制度建设不完善，实施路径、方案和评价机制缺少区域针对性和指导性等。③ 法制、政策提供的保障和监管缺失，增加了投资风险，降低了社会资本与政府相互合作的积极性。④

为了破除这些困境，学者们做了大量研究。一是立法层面。孟源北、樊明成等建议按照教育相关法律而不是《公司法》来管理，要通过修订《教育法》《高等教育法》《职业教育法》《民办教育促进法》的相关条文，对不适应混合所有制办学的内容进行清理；对混合所有制办学的基本内容，如机构属性、治理结构、运行机制、产权归属、产权交易、退出机制、国有资产及其他产权主体的权益保护等内容进行补充规定。⑤ 朱跃东等还希望在相关法律中解决好企业的办学义务和权利问题、重要岗位人员选拔和任用问题以及收益分配原则问题等。⑥ 陈春梅则希望从法律层面对董事会制度进行规范。⑦

---

① 周桂瑾、俞林、顾惠明：《职业院校混合所有制办学现实困境、改革路径及现代治理研究》，《职业技术教育》2018 年第 36 期，第 21~24 页。

② 孟源北、樊明成：《发展混合所有制职业院校的若干思考》，《中国高教研究》2016 年第 5 期，第 92~96 页。

③ 朱跃东、何凤梅、李玮炜：《高职教育混合所有制改革的目标、典型模式、阻力与建议》，《中国职业技术教育》2019 年第 25 期，第 41~48。

④ 姚翔、刘亚荣：《混合所有制高等院校发展的宏观治理结构探索》，《中国高教研究》2016 年第 7 期，第 37~42 页。

⑤ 王燕：《高职院校混合所有制办学的困境与对策》，《武汉工程职业技术学院学报》2018 年第 4 期，第 59~61 页。

⑥ 朱跃东、何凤梅、李玮炜：《高职教育混合所有制改革的目标、典型模式、阻力与建议》，《中国职业技术教育》2019 年第 25 期，第 41~48 页。

⑦ 陈春梅：《2030 混合所有制高职院校内部治理展望》，《中国职业技术教育》2017 年第 24 期，第 42~46 页。

二是政府层面。学者们建议政府应该通过制订针对性强的地方性法规和实施方案，引导和支持各方办学主体参与高职院校混合所有制办学。同时加强配套制度建设，为高职院校混合所有制办学的实现方式、办理程序、投入机制、管理模式、资产评估、产权界定、产权结构、产权交易、营利范围、收益分配、人事管理等制定实施细则和制度规范。[1] 通过"平权"使混合所有制高职院校同时具备公办高职的政策和行业企业的设备资源及灵活的体制机制；[2] 适当放权实现由举办向统筹、由管理向治理的转变；加大支持实现多方共赢；[3] 适当监管明确政府监督者、引导者、"中介者"的角色；[4] 试点推进、探索发展的重点、难点、步骤、方法、路径及配套制度。[5]

2021 年修订后的《民办教育促进法实施条例》规定，实施职业教育的公办学校可以举办或者参与举办实施职业教育的营利性民办学校，并对组织、财务等进行了规定。2022 年，修订后的《职业教育法》规定地方各级人民政府及行业主管部门应鼓励、指导、支持社会力量依法参与联合办学；企业可以利用资本等要素，举办或者联合举办职业学校；地方政府应以多种形式扶持企业和其他社会力量依法举办职业学校等。

随着我国高职院校混合所有制办学的发展，相关法律法规逐渐完善，特别是新职业教育法的颁布，更是有"定海神针"的作用，各省区市相关政策也在陆续出台，并且越来越完善、越来越贴合自身实际。

---

[1] 孟源北、樊明成：《发展混合所有制职业院校的若干思考》，《中国高教研究》2016 年第 5 期，第 92~96 页。

[2] 洪绍青、王行靳：《高职院校混合所有制改革的制约因素及其突破》，《教育与职业》2018 年第 20 期，第 60~63 页。

[3] 雷世平：《混合所有制职业院校治理体系和治理能力现代化论略》，《当代职业教育》2020 年第 4 期，第 12~18 页。

[4] 陈春梅：《高职院校混合所有制内部治理的发展趋势》，《中国职业技术教育》2020 年第 19 期，第 49~53 页。

[5] 阙明坤、潘奇、朱俊：《探索发展混合所有制职业院校的困境及对策》，《中国职业技术教育》2015 年第 18 期，第 28~32 页。

三　研究框架

（一）研究思路

本文以国家层面和四川省、市级层面的高职院校混合所有制办学政策文本为研究对象，对其进行系统的梳理和分析，探讨政策的特点和不足。本文应用 NVivo 11 Plus 质性分析软件，对政策文本进行三级编码，建立了政策目标、政策内容和政策实施三级编码体系，从而揭示政策的内涵和逻辑。在此基础上，对现行政策进行评价，指出政策的优势和局限，并根据实际情况提出完善制度建设的建议。

（二）研究方法

本文采用文本分析法作为主要研究方法。文本分析法是一种通过量化和比较文本中的特征词，从而对文本内容进行综合分析和提炼的方法。[①] 为了探讨四川省高职院校混合所有制办学人才培养的制度建设问题，本文收集了相关的法律法规、政策文件和学术文献，涉及职业教育、混合所有制办学等方面。通过运用文本分析法，本文对这些文本资料在不同层面、时间段、主体和形式上进行了系统的分析，并从中提取了四川省高职院校混合所有制办学人才培养制度建设的现状、问题和改进方向。

（三）样本收集与分析方法

为了更好地了解混合所有制、职业教育的相关政策，本文采用以下方法进行文献收集和分析：一是在教育部、四川省人民政府及四川省教育厅官方网站上，以"混合所有制""职业教育"为检索词，搜集相关政策文件，并

---

① 习勇生：《"双一流"建设中地方政府的注意力配置——基于 30 项省域政策文本的 NVivo 软件分析》，《教育发展研究》2017 年第 21 期，第 31~38 页。

进行初步筛选；二是在北大法宝、中国知网等数据库中，以同样的检索词，补充收集政策文件，并进行进一步筛选；三是对筛选后的政策文件进行仔细阅读和整理，排除与研究主题无关的文献，最终确定63份政策文件作为研究样本。本文运用Excel等软件对样本文件的发文时间、单位、形式等进行统计描述；并采用NVivo 11 Plus软件对样本文件的政策内容进行质性分析，按照开放编码、轴心编码和核心编码的步骤，对政策内容进行分类和归纳。通过分析，本文在国家及四川省、市级层面分别提取出3个核心类别，即办学主体、学校运行和政策，具体类目包括办学形式、办学性质、利益分配、参与方式、参与要素、企业、社会、政府等。

四　研究现状

（一）样本颁布时间

63份政策文本时间为2005~2021年，图1、图2呈现了文件发布数量和发布速度的变化趋势。其中，国家层面的政策文本从2014年开始就有关于职业教育混合所有制办学的相关描述，2019~2020年政策发布数量最多，达到了15份；2018年政策发布数量最少，仅有1份；2014年、2015年政策发布量均为3份；2016年、2017年的政策发布量分别为4份、2份。2018年是一个重要的变化节点，前期发布数量和速度基本持平，后期发布数量和速度猛增。具体来看，2014~2018年的政策发布量较为均衡，以《国务院关于加快发展现代职业教育的决定》为代表，职业院校混合所有制办学在国家层面被正式提出。2019~2020年，政策发布量急剧上升，职业教育混合所有制办学被列入了《国家职业教育改革实施方案》，教育部与其他部门的多项联合发文中持续提到此项政策，并开始在与地方的联合发文中出现了相关表述，其中2020年最多达到了5份，同年教育部转发了山东省《关于推进职业院校混合所有制办学的指导意见（试行）》。2021年教育部持续在与地方的联合发文中将职业教育混合所有制办学写入其中。由此可见，国家层面对于职业教育混合所有制办学正在稳步推进，逐步将政策从国家落实到地方，从宏观具体到微观。

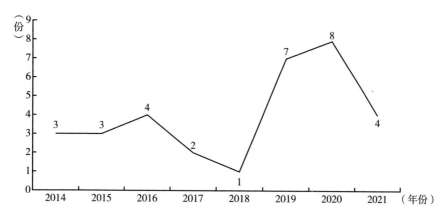

图1 国家层面职业教育混合所有制办学相关文件年度发布数量

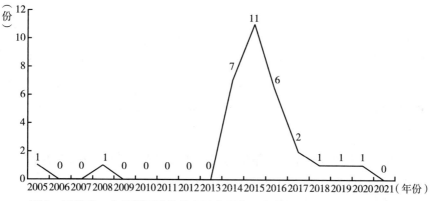

图2 四川省、市级层面职业教育混合所有制办学相关文件年度发布数量

四川省、市级层面的政策文本从2005年开始有关于职业教育混合所有制办学的相关描述，2008年在《宜宾市职业教育三年攻坚的实施意见》中也出现了类似表述。由此说明，四川省无论是在省级还是市级层面对职业教育混合所有制办学都有一定的敏感度。但2009～2013年，四川并没有更多文件出台，或许跟国家层面没有相应文件出台有关。2014～2016年相关政策发布数量猛增，其中以省政府与各市州关于加快发展现代职业教育的实施意

见为主，显然与国家出台《国务院关于加快发展现代职业教育的决定》等文件有密不可分的关系。2016年的6份文件中有2份都是关于答复建议的函，说明社会对职业教育混合所有制办学的关注有所提升。2017~2020年政策发布数量较少，逐渐趋于稳定，但均是省级层面的规划、实施方案、实施意见和办法等。由此说明，经过一段时间发展，四川省对职业教育混合所有制办学的相关政策并未得到充分发展，相关规划、方案等还未完全得到落实，仍处在萌芽状态。

（二）样本颁布主体

国家层面颁布职业教育混合所有制办学政策文件的部门主要有全国人大、国务院、教育部、财政部、人社部、发改委、国家邮政局、交通运输部、市场监管总局等。其中，国务院及其办公厅发文5份；教育部与地方联合发文7份；教育部发布或参与发文最多，有22份，占国家层面颁布相关文件总量的2/3。不难看出，国务院发挥了最高权威部门的作用，教育部及其职成司发文数量占了大半部分，体现了政策职能部门的核心作用，同时也体现了国家层面对职业教育混合所有制发展的高度重视。从教育部与地方联合发文可以看出，职业教育的混合所有制办学正逐步从国家层面向地方铺开（见图3）。

四川省、市级颁布相关政策的部门有四川省人民政府、中共四川省委教育工委、四川省教育厅、四川省扶贫和移民工作局及11个地级市人民政府等。四川省人民政府发布或参与发文5份，四川省教育厅发布或参与发文数量3份，其他省级部门均为1份；成都市人民政府及市级部门共计发文7份，广安市发文3份，德阳市发文2份，其他地级市发文数量均为1份，说明四川在省级层面对职业教育混合所有制办学给予了高度重视。成都教育局发布或参与发布的文件中有3份是答复建议的函，说明成都职业教育混合所有制办学在社会上引起了一定关注。经统计，四川并非所有地市州都发布了相关政策文件，说明相对于省级层面的重视，各地市州并未对职业教育混合所有制办学作出反应，可能由于本地职业教育发展程度不够等原因（见图4）。

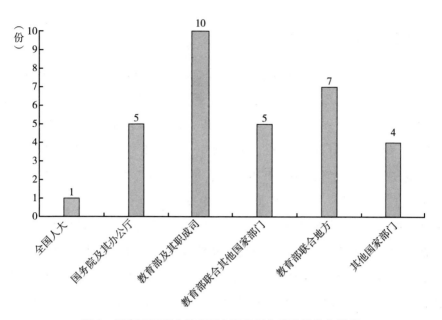

图 3　国家层面职业教育混合所有制办学政策发布部门

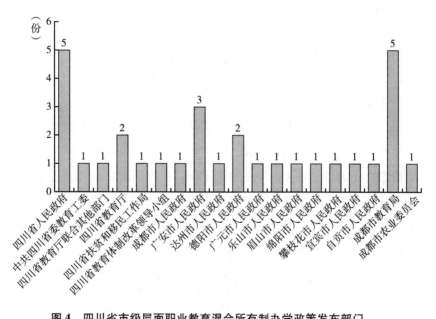

图 4　四川省市级层面职业教育混合所有制办学政策发布部门

（三）样本颁布形式

政策样本中有国务院规范性文件、部门规范性文件、部门工作文件、地方规范性文件和工作文件等。其中，以"意见"形式出台的政策文本数量最多，为 36 份；"规划""工作要点"均为 6 份；"决定""办法""讲话""启事"等其他文件共计 15 份。纵向来看，从国务院发布《国务院关于加快发展现代职业教育的决定》开始，省级、地市级陆续出台了实施意见、规划和工作要点等文件，体现了各地对中央政策的积极响应。"意见"等形式属于权威工具，具有很强的规制性、操作性，可见政府在职业教育混合所有制办学发展中的"主导者"身份。从统计来看，政策样本中缺少"奖励办法"等激励工具，"条例""办法"等占比较低，政策文本颁布形式多趋同，说明职业教育混合所有制办学政策还未充分发展，相关工作还处于探索期。

（四）样本内容

通过 NVivo 11 Plus 对收集的政策内容进行分析，分别在国家和四川省级、市级层面得出办学主体、学校运行、政策 3 个核心编码。

1. 办学主体

职业院校混合所有制办学涉及多主体的参与。国家层面政策主要关注企业、学校、社会、政府四个主体，并对参与办学方式和要素作出了规定；四川省级层面还关注了各类办学主体的定位；市级层面对政府、企业和主体的定位关注不足，主要集中点在参与要素和参与方式上。关于主体参与办学的要素，以《国务院关于加快发展现代职业教育的决定》为代表，"探索发展股份制、混合所有制职业院校，允许以资本、知识、技术、管理等要素参与办学并享有相应权利"的表述在此后的文件中被频繁引用。此后国务院陆续将此政策写进《"十三五"促进就业规划》和《关于深化产教融合的若干意见》，多个部门陆续将此政策列入自己的文件中，在与教育部联合发文的多个文件中也出现了类似的表述；四川省、市级层面关于参与方式和参与要素的表述基本相同，但四川省人民政府《关于印发四川省职业教育改革实施方案的通知》还将企业以土地作为要素参与办学写入其中。关于主体参与办学方式，国家层面主要表述为"独资、合资、合作等形式"，这种表述实质上将"购买、承租、委托管理、购买服务、委托管理以及 PPP 模式"包含在其中，值得注意的是多项政策提出鼓励公办职业院校引入社会资本的混合所有制改革方式。省级层面政策大多延续了国家层面的表述，《四川省教育厅等六部门关于印发〈四川省职业学校校企合作促进办法〉的通知》还将"确保国有资产安全"作为开展混合所有制办学的前提条件。关于主体的其他方面，各层面关注点主要落在其在办学的作用上，但并没有相关具体内容。

2.学校运行

各层面对学校运行的关注主要体现在办学形式、办学性质和利益分配上。在收集到的政策文本中，办学形式可分为混合所有制学校、混合所有制二级学院（产业学院）、混合所有制实训基地（技能培训基地、生产性实训基地）、混合所有制技工院校、混合所有制职教集团等，可见职业教育混合所有制办学形式丰富，有足够的空间供举办者选择。在办学性质上，各层面政策文本没有明确规定应按何种分类方式去划分，但均把职业教育混合所有制办学与发展民办教育相关政策放在一起表述，实践操作中绝大部分混合所有制高职院校都被划分为民办学校，这表明在我国职业教育混合所有制办学被列为民办教育进行管理。办学性质不仅可以按照私属性划分，还可以按照营利性划分，其中《国务院办公厅关于深化产教融合的若干意见》就有"重点支持举办非营利性职业院校"的表述。《民办教育促进法》及其实施条例也将民办学校划分为营利性和非营利性两类，根据《民法典》的规定，法人分类在营利性和非营利性之下还有企业法人和事业单位法人等区别。在利益分配上，教育部与河南省人民政府在《关于深化职业教育改革推进技能社会建设的意见》中明确学校可以获得智力、专利、教育、劳务等利益，并可由学校按相关规定自行分配，同时提出探索建立企业获得合理回报的机制以调动企业积极性。在四川省层面，《四川省职业学校校企合作促进办法》对学校可以获得的利益也有相同规定，但未表示要建立企业获得合理回报的机制，其他文件的提法均为"享有相应权利"，但未规定相应权利是哪些权利以及如何享有这些权利。

3. 政策

国家层面对于混合所有制的鼓励和探索态度基本相当，前期发布的文件主要表述为"探索"，后面出现了"鼓励……探索……"的表述，并且"鼓励"出现的频率逐渐增加。说明经过一段时间摸索，国家层面对职业教育混合所有制办学取得的成绩持乐观态度并逐渐鼓励这种办学模式。值得注意的是教育部等六部门 2014 年发布的《现代职业教育体系建设规划（2014—2020 年）》对建立混合所有制学校、公办院校与企业合作举办混合所有制二级学院、职教集团建立混合所有制学校的态度有明确的区分，前者为"探索"后两者为"鼓励"，这说明对于不同办学形式国家层面的态度有所不同，对易于开展的办学形式持鼓励态度，由于学校层面混合所有制办学形式涉及问题纷繁复杂，所以持谨慎态度。四川省、市级层面的态度更为谨慎，省级层面"鼓励"的参考点为 4 个、"探索"的参考点为 8 个，还有使用"稳步推进"表述的样本；市级层面"鼓励"的参考点为 1 个、"探索"的参考点为 15 个，鼓励的对象主要是国家鼓励态度比较明确的公办学校混合所有制办学和混合所有制职教集团。但 2020 年四川省人民政府发布了《四川省职业教育改革实施方案》，明确鼓励发展股份制、混合所有制等职业院校和各类职业培训机构，说明四川省正在将职业教育混合所有制办学向前推进。

但无论是国家层面还是四川省、市级层面，具体的支持政策都很少。国家层面上，没有专门发布关于职业教育混合所有制办学的指导意见、管理办法等，但教育部转发了山东省《关于推进职业院校混合所有制办学的指导意见（试行）》，教育部此举表明了对山东职业教育混合所有制办学治理的认可，也让各地根据自身实际制定政策有了依据。国家层面已将职业教育混合所有制办学纳入了立法进程，2019 年 12 月，教育部发布了关于《中华人民共和国职业教育法修订草案（征求意见稿）》公开征求意见的公告，

2021 年 6 月第十三届全国人大常委会对征求意见稿进行了审议并向公众征求意见，征求意见稿第二十六条规定"地方各级人民政府及行业主管部门依法支持社会力量参与联合办学，举办股份制、混合所有制职业学校、职业培训机构"。四川省、市级层面关于职业教育混合所有制的表述大多都被融合在"校企合作""产教融合""民办教育"等文件中，相应的支持政策也没单列，但都对"与公办院校具有同等法律地位和政策待遇"作出了规定。此外，无论是国家层面还是四川省、市级层面都对制度建设特别是办学机制提出了要求。

五 四川省高职院校混合所有制办学人才培养制度建设困境

综上所述，国家层面对职业教育混合所有制办学的态度由探索转变为鼓励支持，政策由"决定""规划"等转变成立法，从宏观具体到了微观，从中央推行到了地方，这些均表明国家正将职业教育混合所有制办学朝着纵深推进。但四川省在相关制度建设方面还没有与中央"同频共振"，暂时还处在待发掘潜力的阶段。根据上文分析，四川省高职院校混合所有制办学人才培养的制度建设还存在以下问题。

（一）法律保障不足

一是概念界定不清。我国现行的《教育法》《高等教育法》《职业教育法》《民办教育促进法》等法律并没有对混合所有制办学进行明确的定义和分类，导致在实践中存在混合所有制办学与其他类型办学的界限模糊、认识不统一、操作不规范等问题。例如，有些地方将混合所有制办学视为民办教育的一种形式，有些地方则将其视为公私合作的一种方式，有些地方则将其视为一种特殊的公办教育。这些不同的认识会影响混合所有制办学的性质判断、权利义务确定、政策支持等方面，难以形成对混合所有制办学人才培养有效的监管和评价机制。

二是立法缺位或滞后。我国目前没有专门针对混合所有制办学的法律或条例，也没有将其纳入现有法律体系中进行系统规范。虽然2021年全国人大常委会在《职业教育法修订草案（征求意见稿）》中提出了"混合所有制职业学校、职业培训机构"的名称，但并没有对其进行具体的规定，而是采用了"依照民办教育促进法执行"的方式，这样就忽略了混合所有制办学与民办教育之间存在的差异和特殊性。同时，民办教育促进法实施条例也没有对混合所有制办学进行详细的规范，只是对公办院校举办或参与举办民办院校作出了部分规定，而对其他形式的混合所有制办学则缺乏相应的条款。此外，四川省级层面也没有出台关于混合所有制办学的指导意见或条例法规，导致在实施过程中缺乏统一的标准和依据。

三是形式多样不规范。我国现行的教育法律体系中，并没有对混合所有制办学的具体形式作出明确规定，只是在部分法规政策中提到了一些可能存在的情况，如公办院校举办或参与举办民办院校、公有资本进入民办院校、其他公有资本与非公资本举办民办院校等。这就导致了混合所有制办学在实践中出现了多种多样的模式，如股份制、合作制、联营制、租赁制等，但这些模式都没有得到法律上的明确认可和规范，存在着较大的风险和隐患。

四是人才培养不保障。我国现行的教育法律体系中，并没有对混合所有制办学的人才培养作出专门规定，只是在部分法规政策中提到了一些基本要求和原则，如坚持社会主义方向、遵守国家教育规划和标准、保证教育质量等。但这些要求和原则都比较抽象和笼统，并没有针对混合所有制办学的特点和需求作出具体化和细化的指导和支持。如何保证混合所有制办学能够培养符合国家和社会需要的高素质技术技能型人才，如何平衡各方利益主体在人才培养中的权利和义务，如何建立健全人才培养的质量保障体系等问题亟待解决。

（二）政策支持不力

为了加快推进职业教育改革发展，国家和地方政府出台了一系列政策文件，为包括高职院校混合所有制办学在内的职业教育人才培养提供了指导和支持。然而，从收集到的政策文本中可以看出，政策支持方面还存在一些问题，主要表现在以下几个方面。

一是政策支持内容不够具体。收集到的政策文本中，大多有"各级人民政府按规定给予适当支持""出台实施细则，落实土地供给、资质许可等具体办法""在财政拨款、融资、税收、土地等方面予以支持"等内容，而具体怎样支持却少有提及。这就导致了政策执行的难度和不确定性，也不利于职业院校明确自身的权利和义务。

二是政策支持力度不够大。从财政投入、税收优惠、土地供应等方面看，职业教育与普通教育相比还存在较大差距，混合所有制办学更是少有支持。例如，四川省出台的《四川省职业教育改革实施方案》中提到，"到2022年，全省中等职业学校和普通高中在校生比例实现大体相当"，但在财政拨款上却没有明确规定职业教育与普通教育同等待遇。这就导致了职业教育在资源配置上的不公平，也影响了包括混合所有制办学在内的职业教育的发展质量和吸引力。

三是政策支持协调性不够强。从国家层面到地方层面，涉及职业教育的政策文件较多，但缺乏统一的顶层设计和协调机制。例如，《国家职业教育改革实施方案》中提到，"建立公开透明规范的民办职业教育准入、审批制度"，但具体如何实施却没有明确规定。又如，《教育部等五部门关于印发〈职业学校办学条件达标工程实施方案〉的通知》中提到，"鼓励各地探索社会力量多元投入机制"，但具体如何鼓励和探索却没有明确规定。这就导致了政策执行的不一致性和低效性，也不利于形成政策合力。

（三）多级联动不畅

所谓多级联动，是指国家层面、省级层面和地市级层面之间，在职业教育混合所有制办学的规划、布局、管理、监督、评价等方面，形成有效的协调机制和配合措施，实现政策的统一性和针对性，促进各地区各类型的职业教育混合所有制办学人才培养健康有序发展。从现有的政策文本来看，国家层面的政策文本逐渐趋向于多部门联合发文，体现了对职业教育混合所有制办学的高度重视和全面支持。但在省级和地市级层面，却没有形成相应的多部门联合发文机制，反映出职业教育混合所有制办学的政策建设还没有推进到多级联动的阶段。

缺乏多级联动会给职业教育混合所有制办学人才培养带来不利影响。首先，会导致政策落实不到位。由于各地区各部门对国家层面政策文件的理解和执行力度不一致，可能出现政策偏离、滞后或空转的情况，影响职业教育混合所有制办学人才培养的规范化和标准化。其次，会导致资源配置不合理。由于各地区各部门对职业教育混合所有制办学人才培养的需求和优先级不同，可能出现资源分配不均衡、重复浪费或利益冲突的情况，影响职业教育混合所有制办学人才培养的效率和效果。最后，会导致服务能力不强化。由于各地区各部门对职业教育混合所有制办学人才培养的服务对象和服务内容不清晰，可能出现服务供需不匹配、服务质量不保障或服务创新不足的情况，影响职业教育混合所有制办学人才培养的适应性和竞争力。

（四）典型塑造不够

典型案例是指在混合所有制办学中取得了显著成效和经验的高职院校或项目，它们可以为其他高职院校提供借鉴和参考，起到示范引领作用。典型案例的打造不仅需要高职院校自身的积极探索和创新，也需要政府部门的支持和推广。从收集到的政策文本中可以看出，国家层面对混合所有制办学人才培养的典型案例征集和表彰工作开始较晚，第一次征集通知的发布时间是2016年。而且，这些通知或启事只是简单地要求高职院校提交自己的案例，并没有明确提出评价标准和奖励措施，后续也未见公开资料显示对已经提交的案例进行系统的整理和分析，更未见公开资料显示组织方对优秀案例进行广泛的宣传和推广。

四川省在混合所有制办学人才培养方面也没有形成自己的典型案例。从政策文本中可以看出，四川省对混合所有制办学的支持主要体现在制定指导意见、鼓励试点、加强监管等方面，并没有专门针对典型案例的打造进行规划和部署。四川省高职院校在混合所有制办学中也没有取得突出的成绩和经验，没有形成具有自身特色和影响力的典型案例。这与其他省份相比存在明显的差距。例如，山东省在混合所有制办学方面取得了显著的成果，截至2020年，全省混合所有制办学改革试点项目达到40多个，近百亿元的社会投入被拉动，一批职业院校在区域产业转型升级、向中小微企业提供技术服务和培养紧缺技能人才方面发挥了巨大作用。[①] 山东海事职业学院等就是山东省混合所有制办学的典型案例，它们通过与社会资本合作，实现了教育资源共享、教育质量提升、教育效益增长等目标。

六　四川省高职院校混合所有制办学人才培养制度建设的对策建议

针对以上问题，四川省高职院校混合所有制办学人才培养制度建设可以从以下几个方面进行完善。

（一）完善相关立法

首先，明确混合所有制办学的概念界定和法律地位。在现有的教育法律体系中，应对混合所有制办学进行明确的定义和分类，区分其与其他类型办学的差异和联系，确定其在教育体系中的法律地位和性质。同时，应根据混合所有制办学的特点和需求，制定专门针对其的法律或条例，或将其纳入现有法律体系中进行系统规范，为其发展提供坚实的法治保障。

其次，规范混合所有制办学的具体形式和运行机制。在现有的教育法律体系中，应对混合所有制办学的具体形式作出明确规定，如股份制、合作制、联营制、租赁制等，明确各种形式的优缺点、适用条件、运行规则等，避免出现形式多样且不规范的现象。同时，应建立健全混合所有制办学的运行机制，如资本注入、利益分配、权力分配、风险防范等，保证各方利益主

---

① 尹明亮：《山东40余个混合所有制办学试点，拉动社会投入近百亿》，https://baijiahao.baidu.com/s？id=1679133131468935289&wfr=spider&for=pc。

体在混合所有制办学中能够合理参与、公平竞争、有效监督。

最后，保障混合所有制办学的人才培养质量和水平。在现有的教育法律体系中，应对混合所有制办学的人才培养作出专门规定，如人才培养目标、人才培养模式、人才培养标准、人才培养评价等，确保混合所有制办学能够培养符合国家和社会需要的高素质技术技能型人才。同时，应建立健全混合所有制办学的人才培养质量保障体系，如教师队伍建设、教育资源配置、教育教学改革、教育质量监测等，提升混合所有制办学的人才培养水平和竞争力。

（二）增强政策支持

一是明确政策支持的具体内容和标准。政府部门应根据职业教育的特点和需求，制定具体的政策措施，明确混合所有制办学的权利和义务，为其提供清晰的发展方向和保障。例如，可以制定混合所有制办学的资质认定、评估监督、财政补贴、税收优惠、土地供应等方面的具体标准和办法，为其提供稳定的政策环境。二是加大政策支持的力度和范围。政府部门应根据职业教育的重要性和紧迫性，增加对职业教育的财政投入，扩大对混合所有制办学的支持范围，为其提供充足的资源保障。例如，可以将混合所有制办学纳入国家和地方的职业教育发展规划，将其与普通教育同等对待，给予其与公办职业院校相同或更高的财政拨款、税收优惠、土地供应等支持。三是加强政策支持的协调和配合。政府部门应根据职业教育的复杂性和多元性，建立起统一的顶层设计和协调机制，形成政策合力，为混合所有制办学提供有效的制度保障。例如，可以建立起国家层面的职业教育领导小组，统筹规划职业教育改革发展的总体目标和重点任务，协调解决各部门之间的政策分歧和冲突，推动各地区各部门落实好国家层面出台的政策文件。

（三）构建多级协作

一是明确各级各部门的职责和权力。国家层面应制定统一的职业教育混合所有制办学人才培养的目标、原则、标准和评价体系，对各地区各部门的工作进行指导和监督。省级层面应根据国家层面的政策要求，结合本地区的实际情况，制定具体的职业教育混合所有制办学人才培养的规划、布局、管理和支持措施，对地市级层面的工作进行协调和督促。地市级层面应根据省级层面的政策安排，结合本地区的需求和特色，实施具体的职业教育混合所有制办学人才培养的项目、课程、师资和服务措施，对基层单位的工作进行落实和反馈。二是建立有效的沟通和协商机制。各级各部门应定期召开职业教育混合所有制办学人才培养的工作会议，交流信息、分享经验、解决问题、提出建议。同时，应建立专门的职业教育混合所有制办学人才培养的协调小组，由相关部门的负责人组成，负责处理日常工作中遇到的重大或紧急事项，及时做出决策和应对措施。此外，应加强与社会各界的沟通和协商，广泛听取职业教育混合所有制办学人才培养的利益相关者，如企业、行业协会、专家学者、教师和学生等的意见和建议，增强政策的公信力和可接受性。三是完善有效的监督和评价机制。各级各部门应建立健全职业教育混合所有制办学人才培养的监督和评价体系，包括政策执行情况、资源配置效果、服务能力水平等方面。同时，应采用多种方式和方法进行监督和评价，如定期报告、现场检查、问卷调查、数据分析、案例研究等。此外，应及时公布监督和评价结果，对优秀的地区和部门给予表彰和奖励，对不合格或违规的地区和部门给予整改或处罚，促进职业教育混合所有制办学人才培养的质量提升和持续改进。

（四）塑造先进典型

一是明确评价标准和奖励措施。典型案例的打造需要有明确的评价标准和奖励措施，以激发高职院校的积极性和主动性。评价标准应该从混合所有制办学人才培养的目标、过程、结果等多个维度进行综合考量，重点关注混合所有制办学对高职院校的教育质量、教育效益、教育创新等方面的影响和贡献。奖励措施应该从政策支持、资金补助、荣誉表彰等多个方面进行激励，以提高高职院校的获得感和认同感。二是加强案例征集和整理。典型案例的打造需要有充分的案例征集和整理，以保证案例的真实性和代表性。案例征集应该广泛覆盖各类高职院校，尤其是那些在混合所有制办学中有创新实践和突出成效的高职院校，鼓励他们主动提交自己的案例，并提供详细的数据和证据。案例整理应该由专业的机构或团队进行，对提交的案例进行严格的审核和筛选，确保案例的真实性、合法性、可复制性等。三是加大案例宣传和推广。典型案例的打造需要有有效的案例宣传和推广，以提升案例的知名度和影响力。案例宣传应该利用各种媒体平台，如报纸、杂志、电视、网络等，对优秀案例进行全方位、多角度、多层次的报道和展示，让更多的人了解混合所有制办学人才培养的理念、模式、成果等。案例推广应该结合各地区各行业的实际情况，对优秀案例进行有针对性、有侧重点、有创新性的复制和推广，让更多的高职院校参与到混合所有制办学人才培养中来。

理 论 前 沿

Theoretical Frontiers

人力资源服务业：变迁、机遇与未来趋势

卿涛　胡佳玲*

摘　要： 人力资源服务业是现代服务业的重要组成部分，在需求、政策、经济和人口等因素的拉动下，中国人力资源服务业进入了发展的"快车道"。随着人工智能、大数据、云计算、物联网的发展，中国人力资源服务业面临着众多挑战，同时也迎来前所未有的历史机遇。本文基于行业发展驱动因素，结合劳动力市场特点，尤其关注到四川省人力资源服务业的发展特点，认为中国人力资源服务行业将向高端化、数字化、品牌化和标准化等方向发展。面对新形势、新变化和新机遇，我国人力资源服务业应该把握好当下，抓住新切入点、新增长点，实事求是，与时俱进，在瞬息万变的未来发展中成为赢家。

关键词： 人力资源服务业　行业发展　劳动力市场

* 卿涛，西南财经大学工商管理学院教授，博士生导师，主要从事人力资源管理研究；胡佳玲，西南财经大学工商管理学院硕士研究生，主要从事人力资源管理研究。

一　人力资源服务业发展变迁

（一）人力资源服务业概念界定和分类

人力资源服务业是为劳动者就业和职业发展、为用人单位管理和开发人力资源提供相关服务的专门行业，[①] 伴随人力资源市场化已发展成为一个新兴产业，是现代服务业的重要组成部分，具有现代服务业的"两新四高一低"[②] 的特点。人力资源服务的本质是经营客户、经营人才，主要功能是促进人力资源有效开发与优化配置。主要业务形态包括人力资源招聘、职业指导、社会保障事务代理、人力资源培训、人才测评和技能鉴定、劳务派遣、高级人才寻访、人力资源外包、人力资源管理咨询及人力资源信息软件服务等。

从服务的内容来讲，人力资源服务主要分为四大类别：就业服务、提升服务、专业服务和支撑服务。就业服务主要包括就业信息服务、求职招聘服务、高级人才寻访服务等业态；提升服务包括指导服务、培训服务、人才评价服务等业态；专业服务包括咨询服务、劳务派遣服务等业态；支撑服务包括平台建设、软件服务等业态。从机构性质来讲，人力资源服务又分为公共性及经营性两大类，前者以政府提供的公共就业和人才服务为主，后者指营利性组织依法开展的人力资源相关服务。可见，人力资源服务已经形成了门类齐全、产品和服务丰富的庞大产业，其发展程度直接反映一个国家或一个地区人力资源的开发水平，关系到经济社会发展全局，也直接关系到人的全面发展。

（二）国外人力资源服务业发展

1871 年英国伦敦正式出现了由政府主导的劳动力市场交易所，从此拉

---

① 《关于加快发展人力资源服务业的意见》（人社部发〔2014〕104 号）。
② "两新"指新的服务领域、新的服务模式；"四高"指高附加值、高人力资本含量、高技术含量和高情感体验；"一低"指低资源环境依赖。

开人力资源服务业的序幕。随后，美国人弗雷德·温斯洛（Fred Winslow）于 1893 年在美国创办了世界上第一家私营职业介绍机构。在开始阶段，由于出现了许多贩卖人口、强迫劳动和压榨剥削劳工等事件，国际劳工组织和部分国家的政府对私营机构从事职业中介服务是持否定态度的。国际劳工组织 1919 年制定了《失业公约》（第 2 号）和《失业建议书》（第 1 号），全面禁止私营职业介绍所，直到 1997 年通过《私营职业介绍所公约》（第 181 号），私营就业服务机构才实现了合法化。在这个过程中，许多国家政府相继制定了规范人力资源服务机构的法律法规，同时人力资源服务机构也通过加强自律、重塑自身形象来赢得社会的认可。从 20 世纪 90 年代开始，国外人力资源服务业就进入了快速发展阶段。

1. 发展阶段

总体来说，国外人力资源服务业发展的历史早期是政府主办的公共就业服务占主导地位。国际劳工组织早期制定的公约和一些国家的法律、政策提供和鼓励公共就业服务。而私营就业服务机构从被禁止、放松限制到多元化发展，再到被鼓励发展，其发展总共经历了四个阶段。[①]

（1）禁止私营服务介绍机构的阶段（1919~1933 年）。一战结束后，为了进行经济重建、解决就业问题，但怕出现贩卖人口、强迫劳动等现象，国际劳工组织于 1919 年制定了《失业公约》等法规，只允许通过公共职业介绍所解决失业问题，禁止私营职业介绍所，确立了公共机构的垄断地位。

（2）对私营服务机构放松限制的阶段（1933~1949 年）。全球经济危机爆发，失业问题日趋严重，国际劳工组织不再坚持公共职业介绍所的垄断地位，允许收费职业介绍所与公共职业介绍所并存。

（3）私营服务机构业态多元化发展的阶段（1949~1997 年）。1949 年，国际劳工组织制定《收费职业介绍所公约》，该公约被认为是从国家垄断向多元化并存转变的里程碑。20 世纪 60 年代，随着产业结构调整（制造业衰落、第三产业兴起）和劳动力市场变化，同时短期合同工、临时工、非全

---

① 陈玉萍：《国外人力资源服务业的发展：历史、现状和启示》，法律出版社，2013。

日制工作开始大量出现，激烈的市场竞争使企业和个人迫切需要获取劳动力市场信息，导致各个国家先后解除了对私营职业中介的禁令。

（4）鼓励私营服务机构发展阶段（1997年至今）。1997年，国际劳工组织通过《私营职业介绍所公约》，标志着经过曲折的发展历程，私营就业服务终于为国际社会认可，主要体现为私营职业介绍所合法化、经营范围扩大至包含劳务派遣等新型就业形式，以及强调加强对劳动者的保护，如推出体面劳动等。

2. 主要发达国家的行业发展

（1）美国人力资源服务业

尽管人力资源服务在国际上的发展一波三折，但人力资源服务诞生后，美国是为数不多的对私营职业机构始终保持承认态度的国家，较早起步的发展优势为美国人力资源服务霸主的地位奠定了坚实基础。在经历了早期的专业化人事管理阶段后，美国进入了现代人力资源管理阶段，人力资源服务在经济社会中也最终上升至战略伙伴地位[①]。

经过多年发展，美国人力资源服务各大子行业已形成较为成熟的竞争格局，每个子行业培育出的巨头公司在全球行业中都占据了不可撼动的地位，比如美世（Mercer）人力资源咨询与管理咨询为客户提供一体化的战略、组织、变革管理和微观经济咨询等多方面的增值服务，是健康、退休、投资和人才领域的全球领导者。ADP、威达信、领英、万宝盛华等公司市值均高达百亿美元级别。上榜"2021HRoot全球人力资源服务机构50强"的企业分别来自11个国家，其中总部位于美国的企业数量达24家、占48%，居全球首位（见图1）。

（2）欧洲人力资源服务业

据2019年统计，欧洲、美国和日本三大经济体人力资源服务营收达到全球营收的70%以上，其中欧洲是最主要的市场，占世界总量的41%。在

---

① 《人力资源服务系列报告之二，美国篇：师夷长技，借力腾飞》，国泰君安，2017年9月6日。

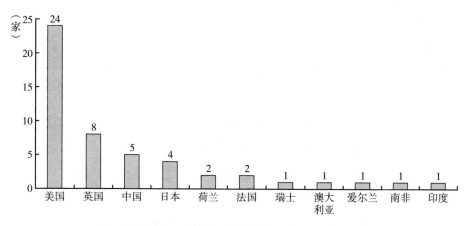

图 1　2021HRoot 全球人力资源服务机构 50 强国别分布

资料来源：《2021HRoot 全球人力资源服务机构 50 强榜单》

欧洲，人力资源服务业就像是经济的晴雨表。经济衰退时，人力资源服务行业从业人员总是最先受到影响；经济回暖时，该行业率先呈现回暖趋势。[①]

　　欧洲的灵活用工萌芽于 20 世纪七八十年代，当时整个欧洲陷入了高滞涨和高失业率的尴尬境地，为解决就业问题，欧洲各个政府放宽就业保护政策，鼓励企业放宽对工资和工时的限制，解决更多人的就业问题。但是行业发展初期并不规范，存在剥削、歧视、克扣工资等问题。各国政府为了减少这些社会问题，颁布了一系列法律，从员工结构、派遣周期、适用行业等方面限制灵活用工。随着行业发展，后续政策也不断调整，试图达到就业增加与企业人性化的平衡，而每次政策向宽松方向调整都会带来灵活用工营收的大幅增长。荷兰任仕达凭借 2020 财年 244.3 亿美元营收，荣登人力资源服务行业榜首。新冠疫情期间，任仕达勇担重任，成立人力资源服务行业联盟，发布"复工指南"并在全球公开分享。针对疫情用工问题，推出分时共享用工服务，以雇佣关系不变、按小时共享员工、平台调配、到岗即开工等特点，满足企业特殊要求，稳保就业。2030 年，任仕达预计触达全球 5 亿候选人的工作及生活，推动就业质量提升。

---

　　① 萧鸣政、李栋主编《中国人力资源服务业蓝皮书 2014》，人民出版社，2014，第 229~265 页。

（3）日本人力资源服务业

1950~1970 年，日本经济高速增长，劳动力供不应求，终身雇佣制和年功薪酬制在此时发挥了重要作用。终身雇佣制由日本松下公司创始人、被称为经营之神的松下幸之助提出，他说："松下员工在达到预定的退休年龄之前，不用担心失业。企业也绝对不会解雇任何一个松下人。"年功薪酬制是指为了企业效率的形成和积蓄，对青年期的被雇佣者支付低于他们生产效率的薪酬、对中高年被雇佣者支付高于他们生产效率的薪酬。连续工作的年数和年龄成为被使用最多的指标，企业从长远的角度进行人才教育，以此培养员工对企业的忠诚度，给予员工归属感，稳定劳动力队伍，这在当时被认为是极其合理的。

然而，1972 年全球石油危机爆发，日本经济增速换挡，企业开始逐步抛弃终身雇佣制，大量裁员的同时增加派遣用工的比例，大量不规范的灵活用工涌现。直到日本政府 1985 年出台《劳动者派遣法》，民众的恐慌情绪才得以缓解，企业有效利用灵活用工的方法也被日益重视。日本政府出台一系列政策法规放松对灵活用工的限制，并加强保障灵活用工人员平等的经济地位。《劳动者派遣法》自颁布以来，历经大小五次修改，主要解决了劳务派遣适用范围过窄，劳务派遣员工收入过低、与正规雇用员工待遇相差过大等问题。这些措施对日本的灵活用工行业产生了深远的影响，催生了如 Recruit 这样的灵活用工龙头企业。

（三）中国人力资源服务业发展

1. 发展阶段

一个行业的发展离不开社会、政治、经济等环境的影响。中国改革开放以后，随着经济体制改革的不断深入和劳动力市场的逐步建立，作为市场中介的职业介绍服务机构也迅速发展起来。我国人力资源服务业虽起步晚，但历经 40 余年，也得到规范和协同发展。大致经历了五个主要发展期：萌芽期、高速发展期、纵深发展期、规范发展期及协同发展期。[①]

---

① 《2021 年中国人力资源服务行业研究报告》，36 氪研究院，2021 年 6 月 22 日。

（1）萌芽期（20世纪八九十年代）。此时劳动力资源配置方式发生重大转变，由原来的国家统包统配（一分定终生）逐步向企业开放式用工变化，催生了围绕人力资源配置展开的系列服务。国家首先出台了针对外资企业驻华代表处中方雇员的管理规定，外资企业需借助指定的第三方机构对中方员工进行人事管理，推动了我国人力资源服务行业的初步发展。

（2）高速发展期（20世纪90年代至21世纪初）。我国经济发展驶入快车道，营商环境得以优化，民营企业收获发展红利、外资企业纷纷来华开展业务，越来越多的劳动力涌入民营及外资企业，由此产生的劳动力招聘、培训及管理等企业需求进一步带动了人力资源服务行业发展。

（3）纵深发展期（21世纪初至2011年）。2008年《劳动合同法》颁布，人力资源服务的内容及边界不断得到拓展。即使在全球经济危机大背景下，我国该行业表现也非常突出，涌现出一批具有代表性的企业，如主营外包业务的中智、以在线招聘为主营业务的前程无忧、以人才测评为主营业务的ATA等。

（4）规范发展期（2012年至2016年）。自2012年《劳动合同法》修订后，我国人力资源服务业法律法规陆续出台，人力资源服务体系得以基本确立，步入正轨并向规范化方向发展。

（5）协同发展期（2017年至今）。十九大提出"人力资源与实体经济、科技创新、现代金融协同发展，构成现代产业体系"，以新技术跨界融合为特征与实体经济、现代金融协同发展。

2. 发展动因

得益于需求、政策、经济和人口等因素拉动，中国人力资源服务业自改革开放以来经历了跨越式的发展。截至2020年底，我国已有各类人力资源服务机构4.58万家，从业人员84.33万人，年营业收入2.03万亿元，比"十二五"末分别增长69%、87%、100%。[①] 截至2021年2月，国家级人力资源服务产业园达22家，入园企业超3500家，出现了"亿元楼""百亿

---

① 人力资源服务业高质量发展论坛，重庆，2021年7月28日。

园"，打造了行业创新发展的新高地。

（1）对人才的需求增长快

发达国家对人才的需求和重视开始早。美国将人才开发和引进作为首要战略之一，出台和修改移民法以吸引来自全球各地的高层次人才，由此也催生了全球最优秀的人力资源服务业。学习国外成功经验，再结合本国发展实情，中国走上改革开放的道路。中国当时对人才的需求，表现在恢复高考、知青回城、落实知识分子政策等一系列举措。改革统包统配之后，人才市场逐渐出现并快速发展。随着近20年来对人才的需求越来越大，国家出台了人才强国战略，各个城市地区开展人才大战、出台优惠政策、举办各种活动。如四川省近些年连续举办"美丽四川·创业天府"人才活动周和"智汇天府"人才大招聘等活动，集结众多家企事业单位开展招聘，进一步促进高校毕业生就业、引导人才顺畅流动。四川省成都市委市政府还将每年4月最后一周的星期六确定为"蓉漂"们的节日——"蓉漂人才日"，以专属节日方式向为成都发展做出贡献的人才致敬。可以说对人才的需求增长成为我国人力资源服务业发展的主要动因，没有需求就没有市场和发展。

（2）系列利好政策陆续出台

自20世纪90年代我国人力资源服务行业雏形初现，国家对行业相关监管政策的探索便从未止步。2007年，国务院发布《国务院关于加快服务业发展的若干意见》（国发〔2007〕7号）首次提出人才服务的概念，行业渐趋规范化。2013~2014年，国家密集出台了一系列针对劳务派遣、人力资源外包等形式的管理办法，旨在推动人力资源市场整合，提高管理水平，健全人力资源市场管理制度。之后，我国持续出台针对人力资源服务市场的系列指导意见、监管政策，各省区市也纷纷行动起来。2007年6月起，四川省政府陆续出台了《四川省人民政府关于加快发展服务外包产业的意见》（川府发〔2007〕35号）、《关于促进服务外包产业加快发展的实施意见》（川府发〔2015〕30号）、《四川省"十三五"服务业发展规划》（川府发〔2017〕23号）等文件，将人力资源服务列为重点支持行业，并做出专门要求和规划。

（3）产业结构转型及新业态涌现

我国产业结构不断调整，第三产业从业人数比例快速上升，从 2011 年的 35.7% 上升至 2020 年的 47.7%，而第一产业从业人数比例则持续下降。截至 2020 年底，我国共有 7.5 亿就业人口，第三产业从业人员约有 3.56 亿。[①] 第三产业具有人员密集、人员流动大等显著特征，提供给人力资源服务行业广阔的业务领域拓展机遇。在产业结构转型升级背景下，共享经济模式逐渐提升，涌现出一批新业态。2019 年我国参与共享经济的用户人数高达 8 亿，2020 年用户人数上升到 8.3 亿人。可见，产业结构转型及新业态的涌现，为我国人力资源服务业提供了良好的发展平台。

（4）人口结构变化及国民受教育程度提升

中国人口老龄化趋势日益明显，劳动力红利减退，带来企业用工成本提高、劳动力结构性短缺等问题。根据第七次全国人口普查，2020 年我国 60 岁及以上人口为 2.64 亿，占比达到 18.70%，65 岁及以上人口 1.91 亿，占比为 13.5%，与上个十年相比，上升幅度分别提高了 2.51 个和 2.72 个百分点。劳动年龄人口数量和占比呈现双下降趋势。15~59 岁劳动年龄人口总规模为 89438 万人，与 2010 年的 93962 万人相比减少了 4524 万人，同时 15~59 岁人口占总人口的比重也有所下降，从 2010 年的 70.14% 下降至 2020 年的 63.35%，降幅达到 6.79 个百分点。针对该问题，可以采取加大人力资本投资、推进职业技能提升、提高劳动力供给质量以及劳动力供需匹配质量、促进人力资源数字化转型等措施，这也意味着人力资源服务业具有极其可观的增长空间。此外，第七次全国人口普查显示，拥有大学及以上文化程度的人口达到 2.18 亿，与 2010 年第六次全国人口普查相比，每 10 万人中拥有大学文化程度的人数翻了近一番。高素质人才快速增加，针对他们的需求变化，也带来人力资源服务市场的新动力，比如增加职业匹配度、组织匹配度、完善终身职业发展规划以及提升对知识员工的管理等。

---

① 《2021 年中国人力资源服务行业研究报告》，36 氪研究院，2021 年 6 月 22 日。

二　我国人力资源服务业的挑战与机遇

党的十九大报告明确做出"更好推动人的全面发展""加快建设人才强国""人力资本服务等领域培育新增长点""着力加快建设实体经济、科技创新、现代金融、人力资源协同发展的产业体系"等重要论断，充分肯定了人力资源服务业在国民经济体系中的重要地位，并单独把"人力资本服务"列为培育新增长点、形成新动能的重点领域之一，充分体现出党中央对人力资本服务在产业转型升级、创新驱动发展及转换增长动力等方面重要作用的深刻洞察和高瞻远瞩，充分表现出党中央对人力资源服务业在建设现代化经济体系中作用的高度重视，充分肯定了人力资本在推动经济发展质量变革、效率变革、动力变革、提高全要素生产率等方面的关键作用，具有划时代的意义。

当今，全球进入人工智能、大数据、云计算、物联网新时代，经济发展进入以颠覆性技术创新为主导的历史阶段。突如其来的新冠疫情也对全球经济社会发展产生了巨大冲击。我国现在正处于一个非常关键以及特殊的发展时期，结合国内外人力资源服务行业发展前沿动态，我国人力资源服务行业发展面临众多新问题和新挑战，同时也存在众多新机遇。

（一）人力资源服务业发展的挑战

1. 地区发展不平衡

目前国内人力资源服务业集聚的"东、中、西"区域分布不平衡显而易见。上海人力资源服务业产业规模处于全国领先水平，据 2020 年统计，上海行业营业收入达 3891 亿元，约占全国的 1/5，近十年年均增速达30.9%。全市共有人力资源服务机构 2278 家，从业人员 7.23 万人。不仅形成较为完备的产业链，还培育出互联网+人力资源、人力资源信息软件服务、高级人才寻访、人力资源+法律、人力资源+金融、人力资源+健康等创新业态、衍生业态，35 家机构被认定为高新技术企业。同时，上海大力推进国际化产业布局，引进外资、港澳台资人力资源服务企业 103 家，另有 23 家世界顶级人力资源服务机构设立了亚太区、大中华区等区域总部，本土机构海外市场遍布全球多个国家和地区。①

对标上海，四川省人力资源服务业在营业收入、集聚态势等方面均有明显差距。2020 年，四川人力资源服务业实现营业收入 528 亿元，虽同比增长 35.9%，但仍不及上海的 1/7，这与四川人力资源大省和经济大省地位严重不匹配。人力资源产业园区将人力资源服务业中不同业态的机构聚集在一起，进行规模化和市场化运作，这种方式有利于形成产业链、进行资源整合、实现产业创新。上海人力资源产业园区建设较早，发展较为良好，集合了德科、任仕达、万宝盛华、美世、韬睿惠悦、翰威特等知名企业，而四川省于 2016 年 6 月才开始建设，目前还处在探索阶段，在规模和组织管理效力上尚存在不足。

2. 中高端人力资源服务产品供给不足

国内传统业态的服务产能过剩和价值链中高端服务产能的供给不足并存，客观反映了人力资源服务产品业态及产业链领域的供需矛盾②。传统的人力资源服务机构的服务产品，基本是在多元化方面做文章，主要集中在人事代理、劳务派遣、服务外包、党团关系管理、档案管理等基础服务领域，占据着人力资源服务市场的主要份额。产品同质化和低水平竞争现象突出，高端业务拓展及商业模式滞后。虽然以互联网、大数据、人工智能等为代表的新技术在人力资源服务不同领域得到广泛运用，但是可以满足创新型企业、科创型企业人力资源服务需求的新业态、新技术、新模式培育不足，难以有效满足市场的差异化、个性化和数字化服务要求。

以四川为例，只有成都拥有全业态服务链，而其他市州大多数人力资源服务机构的服务产品还是处于产业链中低端的事务性产品/服务，比如一般

---

① 《第一届全国人力资源服务业发展大会圆满落幕，上海代表团顺利参会！》，上海人力资源和社会保障局，https://rsj.sh.gov.cn/ttpxw_17107/20210729/t0035_1401252.html。

② 董良坤：《人力资源服务业转型升级：制度障碍与策略路径——以上海为例》，《中国人事科学》2019 年第 11 期，第 31~42 页。

性的招聘、职业介绍、劳务派遣、劳务外包等，服务功能单一。高级人才寻访、企业人力资源管理咨询、人力资源法务咨询，尤其基于用户业务流程的整合式服务等高端服务，四川人力资源服务机构涉及并不多，也不深入，基于互联网+的人力资源服务项目更是少有涉足，反映出大部分人力资源服务机构对传统业务模式及传统动能的路径依赖。

3.市场需求结构新变化

伴随全球范围内新冠疫情常态化，我国经济增长面临着贸易争端、全球化与逆全球化博弈以及地缘格局变化等多重不确定性因素影响。[1] 一些企业经营明显缩减预期，通过裁员、降薪等方式降低运营成本，对人力资源招聘和培训等的需求出现较大程度下滑。政策明确鼓励人力资源服务机构减免受疫情影响较大的企业或者承担政府保障任务企业的服务费用。同时疫情防控需要限制大规模人员聚集，这无疑增加了企业开展业务的难度，降低了服务效率。一批规模偏小、知名度不高的人力资源企业因此面临倒闭，而一些大企业则趁机完成收购和兼并，市场份额迅速提高，人力资源服务行业的整体竞争水平提高。[2] 此外，疫情对不同行业的影响也存在差异，短期内劳动密集型服务业人力资源服务需求下滑，直播、电商和物流仓储等行业人力资源需求上升。[3] 人力资源服务业亟须调整业务结构以应对市场需求结构新变化。

（二）人力资源服务业面临的机遇

1.共享经济迎来"灵活用工"时代

共享经济打破了标准雇用劳动关系，越来越多的劳动者加入自由职业者的队伍，灵活用工逐渐成为人力资源服务行业最重要的主题之一。随着企业

---

① Jamie Peck and Nik Theodore. "Flexible Recession: the Temporary Staffing Industry and Mediated Work in the United States," *Cambridge Journal of Economics* 31 (2007): 171-192.

② 王书柏:《后疫情时代我国人力资源服务业发展趋势研究》,《内蒙古社会科学》2021年第2期, 第114~120页。

③ 《应对市场新挑战多措并举稳就业——疫情之下的中国就业市场景气指数调研》,《光明日报》2020年5月15日, 第7版。

雇主灵活用工需求的涌现和劳动者对灵活用工方式接受度的提高，灵活用工市场高速发展，2016～2019 年灵活用工市场规模年均复合增长率达 45%，2019 年灵活用工市场渗透率为 7.89%。在疫情影响和政策推动下，国内市场灵活用工需求持续上升，预计 2022 年将增长至 8.99%。灵活用工已经成为企业应对不确定性的"保护伞"。据 HRoot 统计，在宏观环境普遍低迷的情况下，中国上榜人力资源企业在 2021 年普遍稳定增长，灵活用工业务成为中流砥柱。科锐国际的灵活用工营业收入达 31.1 亿人民币，营收占比为79.2%，公司灵活用工业务展现更强的抗周期效应和发展持续性；万宝盛华大中华灵活用工占公司营业收入比例进一步增加至 93.5%，中国大陆的灵活用工业务较去年同期大幅增长 28%；HRO 灵活用工收入在人瑞人才营业收入中占比最高，2020 年该部分收入约 2.58 亿元人民币，同比增长 19.8%。[①]

在政策方面，灵活用工在 2020 年获得了国家的大力支持，用以促进人力资源服务业的发展并扩大就业路径。在经济方面，受疫情等多因素影响增长率正在放缓，进行产业结构调整已经势在必行，第三产业占比增加并成为国内生产总值的主要贡献者。我国是人力资源大国，拥有全球最丰富的劳动力资源。未来的人力资源服务不再只是为企业服务，更要为数量日益庞大的自由职业者服务。这是我国未来人力资源开发面临的重大历史机遇，也是人力资源服务业大展拳脚的历史契机。

2. 政策利好为人力资源服务业发展助力

近十年来，在国家政策引领下，人力资源服务业受到了前所未有的重视。从 2011 年人力资源服务业首次被写入《国民经济和社会发展第十二个五年规划纲要》，到 2015 年《关于加快发展人力资源服务业的意见》首次对发展人力资源服务业做出全面部署，再到 2018 年国务院颁布实施《人力资源市场暂行条例》，标志着我国人力资源服务业首部行政法规诞生，直至

---

① 《灵活用工时代已来临？如何保障"零工"们的合法权益》，中国青年网，https：//baijiahao. baidu. com/s？id=1692987800526710262&wfr=spider&for=pc。

2021年国家发布《关于推进新时代人力资源服务业高质量发展的意见》，以促进新时期人力资源服务业的高质量发展。政策法律法规体系的逐步完善，为人力资源服务业的发展不断注入新的政策红利和持续驱动力。

2020年初新冠疫情发生，直面疫情新挑战，国家政策鼓励和引导人力资源服务业支撑疫情防控和企业复工复产工作，按条件及时给予人力资源服务机构补助补贴，并对做出重要贡献的人力资源服务机构给予房租减免等优惠。同时进一步优化行业事前、事中和事后监管，发挥行业组织作用，规范人力资源市场秩序，为人力资源服务业发展营造良好环境。[1] 一系列措施均表明，国家对人力资源服务业的战略性地位、发展需求都进入了新的认识高度。[2] 四川省2020年起陆续发布《关于加快发展人力资源服务业的意见》《支持和促进人力资源服务业发展十五条措施》《关于加快构建"4+6"现代服务业体系推动服务业高质量发展的意见》等政策。面对新时代人力资源服务业高质量发展的要求，四川省人社厅于2022年2月发布《关于支持新时代四川人力资源服务业高质量发展的若干政策措施》（征求意见稿），力图吸引各类人才集聚四川，加快推动四川人力资源服务业提速增量、做大做强，助力人力资源服务业高质量发展。

3.科技进步为行业转型提供新动力

随着全球化带来的新一轮科技进步，特别是大数据、人工智能、区块链等广泛渗透到各个产业领域，人力资源服务行业边界逐渐被打破，业务也变得高度透明。在当前人力资源服务业发展中，越来越多的互联网公司进入这一领域，互联网技术和人力资源服务新业态、新模式的创新融合，必将促进扩大人力资源服务数字化供给的能力。

新冠疫情期间，面对用人单位"招人难"和劳动者"就业难"的双重困境，人力资源服务机构积极发挥作用。面对疫情防控要求，线上招聘和培

---

① 李燕萍、陈文：《后疫情时代我国人力资源服务业发展转型：基于疫情防控常态化下人力资源服务政策文本分析》，《中国人力资源开发》2020年第10期，第18~32页。
② 黄芮：《人力资源服务专题 我国人力资源服务业发展中面临的机遇与挑战》，《中国劳动》2018年第3期，第74~76页。

训服务获得了绝佳的发展契机。仅疫情发生后的 4 个月，就有 1.9 万家人力资源服务机构投入疫情防控工作，组织了 3.6 万场网络招聘会，不仅在关键时刻体现出了人力资源服务业的社会价值，也有助于加快我国人力资源服务技术更新，推动我国人力资源服务业转型升级。

三 我国人力资源服务业发展趋势

（一）劳动力市场特点

1. 人资市场向人才市场转变

第七次人口普查数据显示，我国劳动力素质提升很快，与 2010 年第六次全国人口普查相比，15 岁及以上人口的平均受教育年限由 9.08 年提高至 9.91 年，增幅达 0.83 年，16~59 岁劳动年龄人口平均受教育年限也从 2010 年的 9.67 年提高至 10.75 年，并且每 10 万人中具有大学文化程度的由 8930 人上升为 15467 人。专业技术人才从 2010 年的 5550.4 万人增长到 2019 年的 7839.8 万人，本科及以上学历人员的比例由 35.9%提高到 48%，中国一跃成为全球规模最大、门类最齐全的人才资源大国。此外，我国研发人员总量连续 8 年稳居世界首位，2020 年国际专利申请量以 68720 件稳居世界第 1。《2020 年全球创新指数报告》显示，我国排名从 2015 年的第 29 位快速上升到第 14 位。化学、材料、工程科学、生命科学等学科领域高水平科学家数量增长迅速、进入世界前列。2021 年 9 月 27~28 日，中央人才工作会议召开。这是继中央 2010 年召开全国人才工作会议之后，在人才领域召开的最高规格会议。习近平总书记强调，综合国力竞争说到底是人才竞争。人才是衡量一个国家综合国力的重要指标。科技和人才，正日益成为国际战略博弈的主战场。人才被提到前所未有的高度。

2. 国内市场向国际市场转变

习近平总书记指出，一个国家对外开放，必须首先推进人的对外开放，特别是人才的对外开放。首先，人才"走出去"的步伐加快。各组织纷纷采取留学进修、访问学者、联合培养、项目合作等方式开展互惠共享的人才交流。据 2021 年统计，国家公派出国留学项目累计派出 18 万余人，教育部、人力资源和社会保障部选派高校教师、博士后海外访学 1.7 万余人，科技部支持科技人员"走出去"110 余万人次、出国（境）培训超过 23 万人。其次，人才回国（来华）也更加便利。2013~2019 年，留学回国人数从 35.35 万人增长到 58.03 万人，中国逐步从世界最大人才流出国转变为主要人才回流国。2013 年，《中华人民共和国外国人入境出境管理条例》增设"人才签证"（R 签）类别，面向国家急需紧缺的外国高层次人才和专门人才发放。2017 年，全面实施外国人来华工作许可制度，建立统一的外国人才管理体制，截至 2021 年，全国累计发放外国人工作许可超过 70 万份。2019 年，国家移民局推出 12 条移民与出入境便利政策，扩大外国人才申请永久居留、长期签证和居留许可的范围，这一系列政策，发出了广聚天下英才的积极信号。最后，针对海外回国（来华）人才的医疗、养老、住房、子女教育等问题，政府出台了具体举措，努力营造具有国际竞争力和吸引力的环境条件。江苏建设"海智湾"国际人才街区，以"一站式"服务打造归国人才首站；上海、广东、湖南等地实施"人才投""人才贷"等专属金融服务，扶持海外人才创新创业；杭州出台"人才生态 37 条"。回国人才没有了后顾之忧，有的是融入感和归属感。

3. 城市市场向乡村市场转变

有学者提出乡村振兴 6 模式，即特色产业型、生态保护型、城郊集约型、文化传承型、休闲旅游型、高效农业型。乡村振兴既需要土生土长的乡土人才，也需要引进农业科技领军人才和有技术懂管理的人才。2020 年统计数据显示，全国农民工总量 28560 万人，比上年减少 517 万人，下降 1.8%，大专及以上学历农民工占比提高，比上年提高 1.1 个百分点。可见，农民工回流成为趋势，且其学历逐步提高。2021 年 2 月中央出台《关于加快推进乡村人才振兴的意见》，提出建立乡村人才培养、引进、管理、使用、流动、激励等一整套政策体系，各类人才要在服务西部建设、服务基层一线中锻炼成长，带动西部人才培养取得突破性进展。人才引进上，要立足问题导向，"按需引进"，解决人才供需中的矛盾，补齐产业升级转型中的人才短板，突出引进农业生产经营人才、农村产业发展人才、乡村公共服务人才、乡村治理人才、农业农村科技人才等；人才培养上，重视发现、发掘善经营的"农创客"、懂技术的"田秀才"，特别是培养一批农业职业经理人、经纪人、乡村工匠等；人才界定上，突出实践导向的人才评价体系，破除唯学历论，为新型乡村人才提供更好的条件和发展空间，激发各类乡村人才的活力。

4. 雇佣市场向共享市场转变

在共享经济蓬勃发展过程中，人才共享成为一股势不可挡的推动力量。柔性引才是相对于传统的以户籍、身份和人事关系调整为特征的刚性引才而言的一种新型人才引进模式，通过淡化人才归属、强化智力使用，帮助那些刚性引才受阻的地区或单位，达到一种"不求所有，但求所用"的状态。如咨询顾问、兼职聘用、项目合作等。传统人力资源体系与员工的界面是"岗位"，在新体系下，界面就可以变成"任务"，在任务界面下，组织变得极富弹性，从 5 千人到 5 万人可能在一夜间发生。共享平台实现对人力资本最大限度地开发和使用，为企业增长利润空间的同时培养了一批高质量的斜杠青年、优盘式员工。

5. 数量市场向质量市场转变

1999 年 6 月，国际劳工组织首次提出体面劳动的概念，所谓体面劳动，就是劳动者的权利得到保护、有足够的收入、得到充分的社会保护和拥有足够的工作岗位，其核心是强调劳动者在工作中的权利和保障。然而，《中国企业员工职场健康白皮书 2019》显示，在近 9 亿的就业人口中，37.6% 的企业员工没有体检福利，肩颈腰椎等生理问题和抑郁焦虑等心理问题正在工作场所中蔓延。[①] 员工健康问题不仅不利于企业持续发展和雇主品牌建立，更影响引进和管理优秀人才。全球化背景下，实现劳动者的体面劳动、提升健康人力资本、提供全生命周期服务已成为重要课题。

---

① 《美世发布〈2019 中国职场员工健康风险白皮书〉》，美通社，https：//baijiahao.
baidu.com/s？id=1644801044478122924&wfr=spider&for=pc。

（二）行业发展趋势分析

1.行业结构趋势——趋于灵活及高端，价值链持续优化与延展

基于行业发展驱动因素，结合劳动力市场特点，未来行业将向灵活化及高端化方向发展，行业价值链有持续优化和延展的趋势。具体表现在服务新业态的灵活用工、服务高端人才的人才寻访将迎来更大市场；能提供全生命周期服务将成为竞争优势；数字化转型进一步加快，争取用数字化技术弥补消失的人口红利；跨界融合趋势明显，区块链技术、神经科学、心理学等新兴力量开始融入人力资源服务行业，推动行业转型升级、趋向高端；人力资源服务价值链将逐渐向高素质人才培训、人力资本价值提升、领导力提升及管理咨询深入等方向延伸。

四川省在《支持和促进人力资源服务业发展十五条措施》中明确支持园区引进培育高端人才猎头等专业机构，鼓励发展人才寻访、人才测评、管理咨询、服务外包等中高端业态。在关于新时代高质量发展人力资源服务业的若干措施中也强调创新发展的重要性。大力推动人力资源服务管理、技术、服务和产品创新升级。随着用户量的增加、服务及时性和准确性要求的提高，四川省多数人力资源服务机构在组织内部进行了不同程度的信息化改造。瑞方人力资源管理有限公司开发了以服务客户为主的人力资源服务S2B2C系统，该系统是人力资源服务业与互联网技术的深度融合和应用，通过大数据、智能化、云计算的平台S，赋能小型人力资源服务机构B，来为目标客户C服务。2021年7月起，中国的SaaS领域新增一个创新"品类"——OC SaaS，即组织能力SaaS，开创者为四川省人瑞人才集团。OC SaaS提供的是一体化的解决方案，与业务场景相结合，而不只是单一模块单一功能的工具化软件，它的着力点在于帮助用户找到人力与业务增长的关联性，并提供O2O的解决方案，从云端技术平台到线下服务。互联网技术的进一步成熟、竞争的加剧以及客户对服务质量要求的提高，将持续推动四川省人力资源服务机构在"互联网+人力资源服务"上前进。

2. 行业生态趋势——资源进一步倾向领军企业

由于行业准入门槛不够高，竞争壁垒不够强，仍有不少新入玩家以垂直领域、垂直客群切入，以期在万亿规模的人力资源服务市场中分一块蛋糕。激烈的竞争下，敢于创新，提升产品、服务和技术，积累与巩固客户资源的企业，才能够脱颖而出，反之，缺乏创新意识、不认真打磨产品的企业将"黯然离场"。目前，我国综合类的服务商巨头较少，大部分企业还在各自的细分赛道中前行，但也加紧了向其他领域的布局，实现价值链的延伸。如在线招聘平台领先者前程无忧，近年来以投资或并购的形式将拉勾网、智鼎咨询等纳入企业价值链，拓展"核心业务优势+全面业务版图"布局，助力企业做大做强；以猎头业务起家的科锐国际，作为国内首家登陆 A 股的人力资源服务企业，逐步拓展灵活用工业务并走向海外。2018 年完成对英国招聘公司 Investigo 的并购后，公司中高端客户资源优势明显，同时公司与国家顶尖实验室合作，共同打造 AI 招聘语料库与 AI 招聘引擎。面对疫情影响，科锐国际迅速把握行业机遇，依靠原有的"线下服务+线上平台"，推出一系列无接触一体化解决方案，如无接触视频面试、无接触考勤管理、薪酬管理等。随着我国第三产业比重提升、互联网与共享经济快速发展、国家相继出台政策大力扶持，人力资源服务市场规模将持续扩大，同时将诞生一批优秀的综合性人力资源服务领军企业。

3. 科技应用趋势——科技向行业加速渗透，助力企业数字化转型

中国 1000 强企业中，一半以上的企业把数字化转型作为核心战略。实施数字化转型是必然趋势，但推进也有困难。麦肯锡在全球范围调研了 800 多家传统企业，结果显示，尽管已有 70% 的企业启动了数字化，但是其中的 71% 仍然停留在试点阶段，其 85% 的企业停留的时间超过一年，不能实现规模化推广。这种"试点困境"，主要是由于企业的业务、技术以及组织转型中存在种种障碍。所以，企业的数字化转型绝不仅仅是技术问题，这为人力资源服务业提供了很大的空间。数字化转型是在组织架构、运行机制、人才培养和组织文化上的深刻变革。成功的转型需要企业高层明确目标，成为指挥转型方向的"大脑"；树立一致的变革管理理念，成为引领组织变革

的"心脏"；形成转型举措和财务指标，成为反映转型成效的"眼睛"；构建弹性组织和敏捷团队，建设数字化文化，构建激励模式并形成持续发展的"动机"；推进数字化能力和人才梯队的建设，组成推动转型大规模进行的"肌肉"。这是人力资源服务业未来的市场所在。在企业数字化转型浪潮下，未来人力资源服务行业将呈现更多的技术导向特征，打造智能且高效的人力资源服务解决方案，是行业玩家共同努力的方向。

4. 疫情防控常态化趋势——确保劳动者安全健康，行业产业链有待恢复和提升

疫情严重影响世界政治经济发展格局，改变着人力资源服务业生态和服务方式。疫情防控常态化对于人力资源服务业既是挑战也是机遇，一方面需要聚焦人才和企业面临的具体问题，为人才和企业提供支持；另一方面还需要开展前瞻性的需求探索，为人才和企业抓住新一轮发展机遇提供服务支撑，如随着劳动者健康和安全主题被提到前所未有的高度，行业可以提供健康相关服务。疫情发生之后，行业响应号召，集中开展网络招聘和线上服务；在武汉雷神山、火神山和方舱医院的建设过程中，人力资源服务机构积极发挥专业优势，组织、招聘了相关工作人员1800余名，这些都是很好的尝试。另外，远程工作、处理大量失业与过度劳动的矛盾等，都是可探索的新领域。

5. 自我强化趋势——行业的自身强化是未来的必然趋势

张瑞敏说："鸡蛋从外面打破是食物，从内部打破是生命。"如今行业不仅在国内和国际上竞争激烈，还面临着集团企业自我化的威胁，宝钢、新东方、申通等集团企业纷纷组建人力资源服务公司，开展自我招聘、自我派遣、自我外包等人力资源服务业务，与现有第三方人力资源服务机构形成竞争态势。因此，企业要识别自身核心竞争力，认识核心业务优势，进而逐步扩大业务版图。同时要善于打造雇主品牌，包括雇主文化、雇主形象、薪酬福利、培训发展、组织管理和工作环境等，具体而言，要从吸引人才、尊重员工、践行承诺、承担社会责任、创新产品、为员工提供机会、创建积极健康的工作氛围等多维度、广范围采取行动。强化自身，才能聚集优秀人才，依靠人才勇毅地顺应时代、拥抱变迁。

美国人工智能教育、科研与人才
发展特征及变化趋势

——基于 2017~2022 年《斯坦福人工智能指数报告》的纵向分析

黎 娟 陈 涛*

摘 要: 人工智能应用普及化是未来社会发展的必然趋势。自 2017 年起,美国斯坦福大学每年发布《斯坦福人工智能指数报告》,报告跟踪、整理、提炼和可视化人工智能相关数据并进行国际比较,美国是传统科技强国,报告对其描写较多。在人工智能教育方面,重点着墨于美国课程概况及师资结构;在科研方面,描述其学术成果、科研主体、科研合作方式等;在人才发展方面,着重介绍了人才需求及毕业生去向。基于这些特征,美国人工智能表现出应用普及化、生态化、具象化、产业化的趋势。对我国人工智能教育科技人才发展有以下启示:人工智能促进教育转型,重构双向赋能培养和评价体系;政府搭台,平台赋能,科技共享,建立"创新联合体";培养"人工智能+X"复合型人才,为人才发展提供更多可能。

关键词: 人工智能 复合型人才 教育发展 科研发展 人才发展 美国

---

* 黎娟,西南财经大学公共管理学院硕士研究生,主要从事青年发展与人才研究;陈涛,西南财经大学公共管理学院副教授,博士生导师,主要从事青年发展与人才研究。

一　引言

人工智能技术发展所引起的技术革新和产业更迭冲击了社会各个方面。产业界借助人工智能不断更新换代生产技术，增强企业市场竞争力；政府机构利用人工智能提高工作效率、服务质量；而教育界与人工智能的结合，更是促进现代教育发展的不懈动力，人工智能与教育的深度融合已成为未来教育的必然趋势，推动教育知识生产主体、过程和形式的现代转型，[①] 以及人才培养模式顺应社会要求、国家政策和高等教育自身追求的变革。在此背景下，全球各国对人工智能的关注度与日俱增。2017 年起，美国斯坦福大学以人为本人工智能研究院（Stanford University Human-Centered Artificial Intelligence Institute）每年发布《斯坦福人工智能指数报告》（Artificial Intelligence Index Report，以下简称《报告》）。《报告》从 2017 年重点关注活动规模和技术性能，后经每年动态调整补充，2022 年从研发（R&D）、技术性能、技术 AI 伦理、经济和教育、人工智能政策和治理等五个方面介绍全球人工智能发展情况。本文基于 2017~2022 年《报告》，对人工智能教育、科研、人才流动特征及变化趋势进行纵向解读分析，以期对我国人工智能教育发展有所启示。

二　美国人工智能教育发展现状

进入数字时代以来，人工智能被广泛应用于教育教学实践、社会舆情监管、医学临床诊断等领域，特别是人工智能技术的发展为教育数字化提供了技术支持和物质基础。美国在人工智能教育发展方面也呈现出一些基本特征。

[①] 靖东阁：《人工智能时代教育学知识生产的转型、危机与重构》，《教育研究与实验》2022 年第 2 期，第 33 页。

（一）高校人工智能课程设置概况

随着人工智能在各领域应用的普及，人工智能相关人才需求量增大，作为人工智能人才"出口"的高校，其相关举措可称之为人工智能教育的晴雨表。

首先，各大高校开设人工智能课程的数量激增。2021年《报告》显示，2020~2021的一学年中，美国的顶尖大学均加大了对人工智能教育的投入。从国家层面来看，美国提供了居世界之最的人工智能专业课程数量，在本科和研究生阶段，设计和开设使用人工智能模型所需技能的课程数量分别增加了102.9%和41.7%。其中，本科课程数量从2016~2017学年的102门增加到了2019~2020学年的207门，研究生阶段课程数量从2016~2017学年的151门增加到了2019~2020学年的214门课程。[1] 美国高校人工智能课程数量大幅度增加从侧面反映出学生对于人工智能课程的高度需求。《报告》显示，1996~2017年的20余年间，斯坦福大学的人工智能入门课程入学人数增加了11倍。[2] 而在2020~2021年，注册或尝试注册人工智能入门课程和机器学习入门课程的学生人数增加了近60%。[3]

其次，人工智能课程分类更加细化，学生的课程需求偏好明显。在2018年《报告》中，机器学习（ML）作为人工智能的子领域，关注度大幅增长，选择入门级机器学习课程的本科生数比选择人工智能课程的学生数量增长速度更快，2017年入门级人工智能课程注册人数比2012年多3.4倍，而2017年的入门级机器学习课程注册人数比2012年时多5倍。2018年，超

---

① Daniel Zhang, Saurabh Mishra, Erik Brynjolfsson, et al., "The AI Index 2021 Annual Report," *AI Index Steering Committee, Human-Centered AI Institute*, 2021.

② Yoav Shoham, Raymond Perrault, Erik Brynjolfsson et al., "The AI Index 2017 Annual Report," *AI Index Committee of the One Hundred Year Study on Artificial Intelligence*, 2017.

③ Daniel Zhang, Saurabh Mishra, Erik Brynjolfsson, et al., "The AI Index 2021 Annual Report," *AI Index Steering Committee, Human-Centered AI Institute*, 2021.

过21%的计算机科学（CS）博士专攻人工智能或机器学习。[①] 2019年《报告》则呈现出更加细化的研究方向，机器学习成为人工智能活跃程度最高的研究领域之一，而在机器学习领域中，深度学习（DL）方法又是近年来最受欢迎的学习和研究内容。

最后，高校人工智能伦理教育兴起，双轨模式并行。在2019年的《报告》中，提及在计算机科学课程中伦理教学有两种实施办法：一是设置独立的人工智能伦理课程，即将伦理教育和政策相结合而设立的独立课程；二是在计算机科学课程中的其他相关尝试，如哈佛大学的嵌入式计算机科学伦理课程，将伦理教学模块融入核心计算机科学课程中。[②] 在2021年的《报告》中，高校人工智能伦理教育的"双轨模式"有了进一步的发展，关于人工智能伦理教育的其他尝试日益多样化，如与人工智能伦理相关的学生团体或组织得到显著发展，在学生活动中以人工智能伦理为主题的演讲或小组讨论数量明显增多。这体现出高校对于人工智能伦理教育的重视和学生对于该领域的高度关注。双轨并行的伦理教学模式在一定程度上有利于人工智能伦理教学的推进，多样化的活动类型便于学生参与和了解人工智能伦理。

（二）教职人员性别比例持续失衡

《报告》显示，2017~2022年，人工智能教师的性别多样化进展缓慢，教职人员的性别比例在不同地区和学校存在的差异非常细微，在被调查的学校中，平均80%的人工智能教师都是男性，女性教师仅占20%左右，人工智能教职人员性别比例失衡现象明显。在2017~2022年的《报告》中，尽管人工智能教职员工数量一直在稳步增长，但教职员工男女性别比例并无明显变化，这表明按性别划分的人工智能教师多样性并没有取得很大进展。

在新教师性别比方面，由于各大高校开设人工智能课程的数量日益增

---

① Yoav Shoham, Raymond Perrault, Erik Brynjolfsson, et al., "The AI Index 2018 Annual Report," *AI Index Committee of the One Hundred Year Study on Artificial Intelligence*, 2018.

② B. J. Grosz, D. G. Grant, K. A. Vredenburgh, et al., "Embedded EthiCS: Integrating ethics broadly across computer science education," *Communications of the ACM*, 2019.

多，随之而来对相关教师的需求量也大大提升，新教师招聘人数日益增加。2019年《报告》显示，2018年人工智能女性新教师人数占新教师人数比例不到20%。[①] 2020年，美国计算机研究协会（CRA）的一项年度调查显示，北美人工智能博士女性毕业生人数占所有博士毕业生人数的比例不到18%。[②] 女性人工智能专业博士毕业生占比的减少，意味着未来人工智能女性教师的占比仍然难以取得更大进展。在计算机科学终身教职方面，计算机科学和人工智能快速发展的十多年来，计算机科学专业女性终身教职员工的比例一直很低。2020年一项人工智能指数调查结果显示，世界上的几所顶尖大学中计算机科学系终身教职员工中仅有16%是女性，这一比例低于世界大学的平均水平。尽管人工智能和计算机科学的终身教职员工总数一直在稳步上升，占教师招聘人数的一半，但新入职女性终身教职员工的比例基本没有变化，略高于21%。[③] 均衡的教师性别比例便于让学生同时获得男性和女性的榜样力量，有利于多样化课堂环境的形成。促进人工智能女性教师的培养应从高校入手，培养更多人工智能博士女性毕业生，从内在激发其专业发展动力，搭建利于人工智能女性教师专业发展的平台，使更多女性人工智能博士毕业生能够进入、愿意进入人工智能教育领域。

三 美国人工智能科研发展现状

（一）论文数量逐年增长

论文发表数作为科研发展的重要指标，在很大程度上体现了科研发展的活力度和流行方向，而不同的论文数据库体现了不同领域的发表情况。据统

---

① Raymond Perrault, Yoav Shoham, Erik Brynjolfsson, et al., "The AI Index 2019 Annual Report", *AI Index Steering Committee*, *Human-Centered AI Institute*, 2019.

② "2020 Taulbee Survey," CRA, https：//cra. org/wp-content/uploads/2021/05/2020-CRA-Taulbee-Survey. pdf.

③ Daniel Zhang, Saurabh Mishra, Erik Brynjolfsson, et al., "The AI Index 2021 Annual Report," *AI Index Steering Committee*, *Human-Centered AI Institute*, 2021.

计，1996~2017 年在 Scopus[①] 学术论文数据库中发表并标记关键字"人工智能"的计算机科学论文数量，每年增长 9 倍以上。在 2015~2020 年，arXiv[②] 上与人工智能相关的论文数量增长了 5 倍多，从 2015 年的 5478 篇增长到 2020 年的 34736 篇。[③] 因此，2018 年的《报告》显示人工智能领域论文发表量取得了里程碑式的进展，人工智能领域年度论文发表数量的增长高于同年传统计算机科学领域年度论文发表增量。这说明人工智能论文发表数量的增长动力来源不仅仅是外界对计算机科学兴趣的增长，而是有更多学者将目光投入到人工智能这一更细化的领域。

在同行评审方面，1998~2018 年，同行评审的人工智能论文数量增长了 300% 以上，占同行评审期刊出版物的 3% 和已发表会议论文的 9%。2019 年公开发表的人工智能论文的数量占全球同行评审科学论文总数量的 3.8%，高于 2011 年的 1.3%。同时，人工智能期刊论文发表数量方面也表现亮眼，2019~2020 年人工智能期刊论文的数量增长了 34.5%。这一数据比 2018~2019 年的增长比例（19.6%）要高得多。[④] 同行评审常用于判断稿件的学术价值，保证学术出版的质量，减少在出版过程中可能存在的偏见，使学术发表和出版更加公平公正。同行评审是学术期刊遴选论文和提高学术质量的重要途径之一，也是国际学术期刊普遍遵循的论文评审程序。[⑤] 人工智能期刊论文发表数量的大幅度上升，相关研究成果呈现不断增长之势，这体现了人工智能论文发表的高活跃度和学界对于人工智能领域较多的关注。

---

① Scopus 是全世界最大的摘要和引文数据库，被 Scopus 索引的期刊都是由业内权威专家评审的专业期刊，目前 Scopus 涵盖了 15000 种科学、技术及医学方面的期刊。
② arXiv 是一个收集物理学、数学、计算机科学、生物学与数理经济学的论文预印本的网站。
③ "Submissirus by Category since 2009+," arXiv, https：//info.arxiv.org/about/reports/submission_category_by_year.html.
④ Daniel Zhang, Saurabh Mishra, Erik Brynjolfsson, et al., "The AI Index 2021 Annual Report," *AI Index Steering Committee, Human-Centered AI Institute*, 2021.
⑤ 刘丽萍、刘春丽：《eLife 开放同行评审模式研究》，《中国科技期刊研究》2019 年第 9 期，第 949~955 页。

（二）科研主体多层次化

传统的科研主体一般为学术机构（如高校、科研院所等），但随着社会发展，科研主体也呈现多层次化的趋势，现阶段美国人工智能科学研究仍是学术论文占主导，发表同行评审人工智能论文数量最多的机构类型是学术机构，但政府、企业和医疗机构等其他机构的论文数量也开始明显增多。

一方面，美国人工智能的科研主体多层次化，其最明显体现在美国企业人工智能论文占比更大，增长也最为显著。2017 年企业人工智能论文数量是 2009 年的 1.7 倍。同时，从全球横向比较而言，2017 年美国企业人工智能论文的占比是欧洲的 4.1 倍，成为世界之最。2021 年《报告》显示，在美各大企业附属的研究机构所发表的论文占论文总数量的 19.2%，这些附属研究机构的人工智能论文在美国占比更高。[①] 这体现出美国人工智能科研与其他国家和地区明显的不同，即企业在美国人工智能科研发展中起着十分重要的作用，企业科研创新潜能较大。

另一方面，美国人工智能科研主体的多层次化还呈现新的特征，如教育机构和其他组织之间的合作日益紧密，主要体现在合作数量的增加、合作规模的增大、网络联结的增强。同时，双方合作的多样性更加明显，合作双方通过资源共享、团队共建，以项目为驱动，以合作为基础，有效提高国际科研网络合作的多样化。在此合作中，2010~2021 年教育机构和非营利组织合作完成的人工智能出版物数量最多，其次是私营公司和教育机构合作以及教育机构和政府机构合作。

（三）科研合作方式多样化

在科技全球化背景下，由于科研过程的复杂性和长期性、技术更新迭代的持续性和知识增长的动态特征，科研合作成为提升科研质量的重要方式。

---

① Daniel Zhang, Saurabh Mishra, Erik Brynjolfsson, et al., "The AI Index 2021 Annual Report," *AI Index Steering Committee*, *Human-Centered AI Institute*, 2021.

现阶段的科研合作不仅是科研机构间的合作，更是跨国和跨行业的合作，科研合作有利于充分利用技术优势，从而节约成本和提高效率。

跨国合作是现阶段科研合作的主要方式之一。2021年《报告》显示，全球科研的跨国合作有以下两种方式。一是会议，包括峰会及其他会议，如人工智能造福人类（AI for Good）全球峰会。[①] 二是双边协议，以人工智能为重点关注内容的双边协议成为日益受欢迎的另一种国际合作形式。人工智能通常被纳入发展数字经济的背景之下，如2020年9月英美两国通过经济工作组宣布，将推进有关人工智能的双边对话。科研合作成为新阶段跨国合作的重要内容，2010~2021年，中美两国在人工智能出版物方面的跨国合作数量最多，2021年较2010年增加了5倍。中美合作产出的出版物是中英合作产出的2.7倍，居跨国合作出版物数量榜单首位。[②] 跨国科研合作是对各国科研工作相互促进的过程，国际科研合作有利于将全球资源进行整合利用，人工智能打破地域、空间限制，合作双方相互取长补短，激发更大的创造力。

跨行业合作是现阶段科研合作的另一方式。跨行业合作的方式从2017~2022年的《报告》中可以看出，人工智能科研跨行业合作的特点是产学研合作。学界和企业合作是指至少一位作者与学术机构和至少一位作者与企业机构合作的出版物。20世纪80年代以来，美国学术界和产业界之间的研发合作日益紧密，主要表现在产学研中心数量的激增以及企业对大学科研的贡献增多。2015~2019年，美国出版的产学界合作、合著的同行评审的人工智能出版物数量居世界之首。[③] 跨行业合作的另一特点体现在人工智能伙伴关系的成员超半数是非营利组织，包括美国公民自由联盟、牛津大学人类未来研究所和联合国开发计划署等。人工智能的自动化认知技术、深度分析预测

---

① AI for Good 全球峰会是由国际电信联盟、XPRIZE 基金会举办，全球参与，重点关注人工智能技术的可信、安全和包容性发展以及公平获取其利益的会议。

② James Dunham, Jennifer Melot, Dewey Murdick, "Identifying the Development and Application of Artificial Intelligence in Scientific Text," *arXiv*, 2020.

③ Elsevier/Scopus，2020年同行审查出版物数据库

能力有利于机构运作流程的自动化，使非营利组织的运作更加高效、安全和透明。

四 美国人工智能人才发展现状

（一）美国人工智能劳动力需求概况

人才需求是由多重因素复合驱动的，包括人工智能在各个行业的日益普及，技术创新的快速迭代，以及对数据分析和解释的需求日益增长。当前，人工智能已成为各个行业的重要组成部分，其应用遍及教育、医疗、金融、交通等多个行业，这使得人工智能人才培养与发展成为炙手可热的领域。

近年来，美国对人工智能人才的需求不断增长，各组织机构都在寻求开发和使用人工智能，以期改善其运营现状，并在竞争中保持领先地位。因此，2017 年《报告》显示，美国 Indeed[①] 平台上需要人工智能技能的工作岗位数量占比较 2013 年增长了 4.5 倍。人工智能相关的工作份额从 2010 年发布的占就业总数的 0.26% 增加到 2019 年 10 月的 1.32%。但其发展也有阶段性的波动，2019~2020 年美国的人工智能职位比例首次有所下降，美国发布的人工智能工作岗位占所有工作岗位总数的比例下降了 8.2%，发布人工智能岗位总数量从 2019 年的 325724 个岗位减少到 2020 年的 300999 个岗位。[②]《报告》认为，出现这种下降情况的原因，可能是新冠疫情肆虐和美国相对成熟的人工智能劳动力市场对人工智能人才的需求达到暂时性相对饱和状态。

从按技能划分的劳动力需求来看，2013~2020 年美国在线人工智能职位招聘中，与机器学习和人工智能相关的人工智能职位数量增长最快。其中，

---

① Indeed 平台是一个在线招聘网站，也是世界最大的招聘搜索引擎。
② 资料来源：Burning Glass Technologies，2020 年人工智能招聘信息。

机器学习相关职位占总职位数的比例从 0.1% 增至 0.5%，人工智能相关职位占比从 0.03% 增至 0.3%。值得注意的是，尽管机器学习是需求最多的技能，但深度学习技能需求的增长速度最快，从 2015 年到 2017 年深度学习技能的岗位需求数量增长了 35 倍。2021 年，人工智能招聘职位在所有招聘职位中所占的份额中，机器学习的份额最大（占所有招聘职位的 0.6%），其次是人工智能（0.33%）、神经网络（0.16%）和自然语言处理（0.13%）。[1] 职位技能要求的细化，是产业细化分工的折射，人工智能领域不再是传统计算机科学的附属板块，而是更加精细化分工、产业化发展的蓬勃发展领域。

（二）北美地区人工智能毕业生概况

劳动力市场对人工智能人才日益增长的需求，也促进了在北美地区攻读人工智能相关学位的学生数量的增加，高校传统计算机科学专业毕业人数占比降低，人工智能成为最受欢迎专业。在本科阶段，北美地区大多数的人工智能课程都是计算机科学课程的重要组成部分。2010~2020 年，北美地区高校应届计算机科学本科生数量增长了 3.5 倍。2020 年，有超过 31000 名学生完成了计算机科学专业本科阶段的学习，比 2019 年的人数增加了 11.60%。[2]

在研究生阶段，美国计算机研究协会的调查显示，2010~2019 年，人工智能已迅速成为北美计算机科学博士生中最受欢迎的专业，人数是安全/信息保障专业（第二大受欢迎专业）人数的两倍多。在美国获得计算机科学博士学位的总人数中，人工智能博士人数所占比例从 2010 年的 14.2% 上升到 2019 年的 23%。同时，其他以前非常流行的计算机科学博士学位的受欢迎程度有所下降，包括网络、软件工程和编程语言。2010~2020 年，人工智能/机器学习和机器人/视觉专业的计算机科学博士毕业生人数分别增长了

---

[1] 资料来源：Burning Glass Technologies，2020 年人工智能招聘信息。

[2] "2020 Taulbee Survey," CRA, https://cra.org/wp-content/uploads/2021/05/2020-CRA-Taulbee-Survey.pdf.

72.05%和50.91%，且这两个专业的博士毕业生的数量在2019年达到历史最高水平。[①] 2019～2020年，这两个专业应届博士的总人数略有减少，可能是受到了新冠疫情的影响。但从总体走势来说，人工智能博士毕业生人数仍呈增加态势。

北美地区人工智能博士毕业生还有一个特点，即国际博士毕业生占比较大。在美国、加拿大的人工智能专业毕业的国际博士生人数持续增长，2022年毕业的所有计算机专业博士中，有65.1%是国际学生。可以说，美国人工智能专业发展主要是由国际学生推动的。在人工智能专业博士国际毕业生中，81.8%的人留在美国，8.6%的人选择在美国以外工作。相比之下，在所有已知专业领域的留学生毕业生中，有77.9%选择留在美国，10.4%选择到其他地方就业。[②] 美国是世界上最大的国际博士生接收国，全世界的国际博士生约2/3在美国。[③] 博士生跨国流动为美国提供了充足的博士生源，也对美国大学的科学研究起到了重要作用，众多留学生毕业后选择留在美国工作也为美国的科学、技术与经济发展做出了杰出贡献。美国整体技术创新和科技人才供给都在相当程度上获益于国际博士生。[④]

（三）高层次人才的企业化特征明显

随着人工智能相关产业的不断发展壮大，高层次人工智能人才的企业化特征日益明显。其特征主要表现在两个方面：一是博士毕业生流入企业工作；二是高校教师流入企业工作。原本作为学术职业人才培养的博士毕业生和高校教师大规模进入企业工作，这体现出企业对高层次人工智能人才的

[①] "2020 Taulbee Survey," CRA, https：//cra. org/wp－content/uploads/2021/05/2020－CRA－Taulbee－Survey. pdf.

[②] "2021 Taulbee Survey," CRA, https：//cra. org/wp－content/uploads/2022/05/2021－Taulbee－Survey. pdf.

[③] B. Wildvsky, *The Great Brain Race：How Global Universities are Reshaping the World*（New Jersey：Princeton University Press, 2020）.

[④] 沈文钦、王传毅、金帷：《博士生跨国学位流动的国际趋势与政策动向》，《高等教育研究》2016年第3期，第46～55页。

需求。

迄今，产业界已成为人工智能人才的最大消费者。美国计算机研究协会的一项年度调查显示，2010~2019年北美地区越来越多的人工智能专业博士毕业生选择在产业界工作，而选择学术界工作的则较少。其中，选择进入产业界工作的人工智能专业博士比例增加了48%，从2010的44.4%增至2019年的65.7%。相比之下，进入学术界的人工智能专业博士比例下降了44%，从2010年的42.1%降至2019年的23.7%。[①]这些变化在很大程度上反映了，进入学术界的博士毕业生人数在过去十年中基本保持不变，而大幅增加的人工智能专业毕业博士主要都进入了产业界。但该现象在2020年出现了一定程度的扭转，2021年《报告》显示，2020年北美地区应届人工智能专业博士选择在产业界工作的比例略有下降，其份额从2019年的65.7%下降到2020年的60.2%。这亦可能与新冠疫情大流行而导致企业招聘数量减少有关。

与人工智能专业博士毕业生进入产业界相似的是，2010年起美国人工智能教师离开学术界进入产业界的速度逐步加快，在2018年达到峰值，2018年有40多人离职，远高于2012年的15人，而在2004年则没有人工智能教师离开学术界进入产业界。美国流失人工智能教师最多的大学有卡内基梅隆大学、华盛顿大学和加州大学伯克利分校。在经历了两年的增长之后，2019年北美地区人工智能领域由大学转到产业界工作的教师人数从2018年的42人下降到了2019年的33人，这一趋势与人工智能专业博士毕业生毕业去向相似。学生对于人工智能课程的需求度居高不下，与此同时，教师规模的增幅不够与教师离开学术界进入产业界趋势叠加，这使得人工智能专业的师生比愈加紧张，高校面临着人才流失的困境。人工智能教师进入产业界是多重原因复合导致的，如产业界所给予的薪酬更高、资源更易获得、学术界的竞争较激烈等。

---

① "2020 Taulbee Survey," CRA, https://cra.org/wp-content/uploads/2021/05/2020-CRA-Taulbee-Survey.pdf.

五　美国人工智能"三合一"变化趋势

从美国人工智能的总体发展趋势来看，美国人工智能在教育、科研、人才这三方面呈现出差异化的发展特征，但也有共性的趋势特征。

（一）人工智能应用普及化

一是在人工智能教育应用方面，人工智能应用从最初局限于学校教育到现在广泛应用于网络教育、家庭教育及特殊教育领域，也是人工智能应用普及化的体现。网络教育是人工智能教育应用的重要领域。随着互联网信息技术的发展，网络教育从最初的网络精品课程，到全球开放教育资源，再到慕课（MOOCs）平台，网络教育的发展日益蓬勃。现阶段人工智能在网络教育中的应用更加广泛，如用于监控学习过程的学习分析技术、大数据挖掘分析技术、符合个性化学习的自适应学习软件等。[①] 家庭教育是人工智能教育应用的另一重要领域。家庭教育作为学校教育和社会教育的补充手段，在学生的身心发展中发挥着重要的作用。人工智能技术的应用为家庭参与学校与社会教育提供了技术基础，如校园人脸识别安防系统、在线课堂关注度监测、家庭机器人等。特殊教育是人工智能教育应用的又一值得关注的领域。美国的残疾人比例较高，特殊教育领域对人工智能相关技术有更高的需求，[②] 如对于聋哑学生，自然语言理解技术可以帮助其用口语或手语与教育机器人进行交流；对肢体残疾学生，可使用人体姿态估计技术如眼动技术翻阅电子学习材料，帮助扩大其阅读量、辅助其进行创作书写。

二是在人工智能科技创新方面，机器学习、知识图谱、生物识别、服务机器人等人工智能技术在金融科技、城市公共安全技术优化、人工智能音乐

---

① 张莉：《人工智能教育应用研究现状与发展趋势》，《第 17 届教育技术国际论坛论文集》，2018 年，第 171~181 页。

② 邓柳、雷江华：《人工智能应用于特殊教育的知识图谱分析》，《中国特殊教育》2021 年第 3 期，第 18~25 页。

创作、卫星行业发展、无人驾驶汽车等领域广泛应用。人工智能技术是科技创新与发展的重大推动力，如在金融科技方面，人工智能普遍用于金融预测、反欺诈、授信决策、智能投资等领域；在城市公共安全技术优化方面，人工智能在提高城市公共安全保障能力方面优势明显；在卫星行业发展方面，人工智能可管理虚拟通信网络，帮助卫星提供可靠的通信服务，实现通信任务自动化。随着人工智能算力的不断提高和算法的优化与技术的突破，应用人工智能技术的成本将大幅降低，更会促进人工智能在科技创新领域应用的普及并且将带动相关产业迅速发展。

三是在人才发展方面，2017 年《报告》显示，2013 年以来美国 Indeed 平台上需要人工智能技能的工作份额增长了 4.5 倍。随着企业和社会对人工智能技能需求的增加，部分大众对于人工智能的大规模应用会产生就业替代效应而感到焦虑。但从长远来看，人工智能在扩大就业空间、提高人才就业质量方面大有可为。首先，人工智能通过促进企业技术发展、产品更新换代来推动经济的发展，在这一过程有利于创造更多的就业岗位。其次，人工智能的应用打破招聘面试的地域界限，使企业招人更便捷、人才应聘更高效。最后，人工智能有利于提高就业质量、丰富岗位类型，人工智能可优化调整工作内容和工作实施方式，使远程办公成为可能，突破线下实地工作的限制，提高人才就业的自由度和舒适度，有利于人才充分利用自身资源，实现人力资源的优化配置。

（二）人工智能交叉融合

人工智能的交叉融合体现在跨学科融合、跨行业融合、跨虚实融合。人工智能领域的跨学科融合指构建可持续发展的学科体系，打破了传统学科之间的学科壁垒，促进人工智能核心学科与分支学科相交叉、传统学科与新兴学科相融合，促进文理渗透、理工交叉；在跨行业融合方面，人工智能显著提升制造业、服务业和软件应用行业的降本增效能力；跨虚实融合则打破了数字世界与物理世界的割裂感。

一是跨学科融合。由于人工智能本身对于计算机科学知识、技术和能力的要求远高于普通计算机软件的开发，因此人工智能领域的专业人员的知识储备不能只局限于计算机技术，而是应具备计算机科学、哲学、教育学、生物学、心理学和相应学科领域的多学科知识。人工智能应用是计算机科学、学习科学、心理学、教育学、教育神经科学、生物学等学科优势的融合。[1]这使得高校在课程设置方面更加注重人工智能与不同学科、不同领域的有机结合，培养发展人工智能所需要的复合型人才。

二是跨行业融合。随着人工智能的广泛应用，高校与企业之间的产学合作、政府与企业之间的合作、政府与非营利组织之间的合作、不同行业企业间的合作百花齐放，合作形式多样，合作成果丰富。跨行业融合的趋势促进了企业科技创新能力，如人工智能与数字内容产业的深度耦合，将有利于为行业释放更大的科技势能。

三是跨虚实融合。主要体现在线下物理世界与线上虚拟世界的融合以及人工智能科技开发研究与应用实践的融合。线下物理世界与线上虚拟世界的融合是指借助各类传感设备，用人体姿态估计、人脸识别与检测、语音识别等 3D 视觉技术将线下物理世界反映到线上，对三维空间、物体及环境进行真实还原与重建，使虚实边界不断淡化。而随着技术的更新，基于 3D 视觉技术的衍生应用如教育互动等层出不穷，这一区别于传统教育领域的科技应用，也为教育人才的培养带来了新的思考。

（三）生态化、具象化、产业化

《报告》中人工智能显示出明显的生态化、具象化、产业化取向。一是生态化指从人工智能研发角度，设计开发阶段应考虑具体的应用情境，结合已有的技术，不盲目试图重新建构新的技术体系，充分利用发挥现有技术，使人工智能技术生态化、可持续化和可继承循环利用。人工智能生态化强调可持续发展，不仅是行业的可持续发展，更是科研、人才的可持

---

① 刘德建、杜静、姜男等：《人工智能融入学校教育的发展趋势》，《开放教育研究》2018 年第 4 期，第 33~42 页。

续发展。

二是具象化是指现阶段的人工智能研究层次已经从理论研究阶段进入到技术开发阶段，并不断将开发结果应用于实践，如深度学习、机器学习、情感计算和学习分析等技术，在教育、科研、人才培养方面发挥着重要的作用。人工智能技术引领是关键，实际应用是检验技术的重要手段，人工智能技术不断具象化将会是具体的趋势。具象化要求人工智能技术不断向实践应用研究深入，这对人工智能人才提出了更高、更切实的要求。

三是产业化是人工智能在一定程度上长期发展的产物，技术的开发与应用需要大量的人力物力，成本高昂。如2019年9月，美国白宫国家科学技术委员会发布了一份报告，汇总了所有公共部门的人工智能研发资金，联邦民事机构2020财年为人工智能研发拨款9.735亿美元。[①] 随着美国数字化基础设施建设不断完善，商业化应用加速落地，人工智能产业化进程加速。人工智能产业化有利于降低成本和获取相对丰厚的利润，使盈利能够反哺人工智能开发与应用，促进人工智能的生态化良性可持续发展。产业化趋势对教育、科研、人才均具有深远影响，随着人工智能技术突破，新一代人工智能是推动科技跨越发展、教育优质均衡、人才素质整体跃升的驱动力量。

（四）重视人工智能伦理问题

目前，人工智能教育领域的伦理机制还没有得到很好地回答，[②] 正处于多种伦理原则相融合的规范架构与协同运行的发展阶段。[③] 但2018年《报告》显示各国日益重视人工智能领域的伦理问题，人工智能伦理关注兴起，算法的公平性和偏见问题已经从主要的学术追求转变为一个具有广泛影响的主流研究课题，这也促进各国出台相关政策以探寻本国的人工智能伦理相关

[①] 2020年美国NITRD项目，https://www.nitrd.gov/pubs/FY2020-NITRD-Supplement.pdf。

[②] W. Holmes, D. Bektik, D. Whitelock, et al, "Ethics in AIED: Who Cares," 19*th International Conference on Artificial Intelligence in Education*（*AIED*'18），（London: Springer International Publishing, 2018）.

[③] 谢娟:《人工智能与教育融合创新之伦理内涵及实现路径》，《中国远程教育》2023年第2期，第1~8页。

规范。如 2016 年 10 月，美国奥巴马政府提出了一项国家人工智能研发战略，用于解决人工智能的安全、伦理道德、法律和社会影响问题，创建公共数据集，通过制定规范和原则来评估人工智能技术和伦理机制。[①] 再如 2018 年 4 月，欧盟成员国签署了《人工智能合作宣言》（Declaration of Cooperation on AI），欧盟委员会发布了《人工智能通报》（Communication on AI），旨在构建一个符合道德伦理与法律的框架。在这些人工智能伦理规范性文件中，最受关注的是人工智能算法的公平性、可解释性和信息的安全性，这些疑虑使得一部分大众对于人工智能诸如人脸识别使用、数据隐私录入持怀疑态度。保证算法的公平性、构建更大型更丰富的数据集、在算法训练中引入公平性约束损失、提高机器学习算法的可解释性，这些都需要科技持续进化、科研更加深入探索，这对人工智能科研和人才培养领域提出了更高的要求，这也使得高校计算机科学伦理课程受到很大关注，各高校举办各种形式的人工智能伦理活动，如人工智能伦理课程、以人工智能为主题的演讲比赛和小组活动，这也将在一定程度上促进高校课程设置的更新变革。

六　思考与启示

（一）人工智能促进教育转型，重构双向赋能培养和评价体系

一是学科知识体系交叉融合促进课程体系改革。人工智能的发展催生了新的知识生产方式，使得知识的生产、利用速度加快，为知识体系的调整优化提供了基础。打造"自主学、翻转教、教研相融"的新形态，全面推进人工智能与教育深度融合，[②] 培养学生从事各类智能信息领域工程实践、教学与科学研究的能力，开展理论与实践并重的多元化人才培养。同时，在教

[①] Yoav Shoham, Raymond Perrault, Erik Brynjolfsson, et al. , "The AI Index 2018 Annual Report," *AI Index Committee of the One Hundred Year Study on Artificial Intelligence*, 2018.

[②] 潘旦：《人工智能和高等教育的融合发展：变革与引领》，《高等教育研究》2021 年第 2 期，第 40~46 页。

育课程体系中加强价值观引导，树立正确的价值观，培养具有人工智能思维和社会责任感的公民。

二是重构评价体系，关注能力评价，转变教学方式。重构评价体系是指从传统的以结果为导向转变到以过程为导向，不仅仅以绩点学分作为衡量学生学习质量的唯一标准，强调学生的自主学习自主研发能力，使创新实践与课堂教育相结合。转变教学方式是由于人工智能发展模糊了物理世界和网络虚拟世界的界限，拓宽了教育教学空间，使三元融合的空间融合成为可能。在这一前提下，"智能助教"蓬勃发展，实现科研教学双向赋能模式，提供数据驱动的教、学、测、评、管服务体系，实现"个人空间+小组空间+课程空间+课堂空间"有机融合，实现教学理论具象化发展、教学设计标准化模式、教学行为数据化趋势、教师评价精准化表达，全面促进大数据、人工智能等新兴技术与教育教学的深度融合。

（二）发挥政府引导作用，促进平台企业为科技创新及共享赋能

当前我国人工智能正经历飞速发展期，重塑传统行业发展格局，打造新兴产业链，推动经济社会从数字化向智能化加速飞跃，成为经济发展的"新引擎"。但在蓬勃发展的背后，可看到我国人工智能仍处于发展阶段，亟待政府引导与支持。

从我国发展现状来看，人工智能发展动力强劲。我国人工智能产业水平位列世界第2，仅次于美国。在科研成果方面，我国专利申请量和 PCT（Patent Cooperation Treaty）专利①均居世界第3，科技论文发文量全球第1，但论文质量、论文被引用量与美英国家仍有差距。2021年，中国产出论文数量排名第2的机构为政府。在人工智能企业发展方面，当前世界人工智能发展呈现三足鼎立的局面，全球人工智能企业主要集中在美中欧。美国硅谷是当今人工智能技术层面产业发展的重点区域，形成以谷歌、微软、亚马孙等为代表的集团式发展模式。中国的人工智能研究在2000年之前一直较学

---

① PCT（Patent Cooperation Treaty）是专利领域的一项国际合作条约。

术，随着腾讯和百度等公司的出现，开始了政府与企业平台合作开发人工智能解决方案的阶段。到2019年，我国已陆续确定了百度、阿里云、科大讯飞等15家企业为国家新一代人工智能开放创新平台。平台对于人工智能发展的赋能作用日益明显。当前，中国在人工智能领域的投融资占到了全球的近40%，主要集中在技术层和应用层。

面对新的发展局面，我国要继续深入发展人工智能，一是要充分发挥政府对于人工智能发展的引导作用。中国学术论文受政策激励和推动效果明显，如2008年前后中国人工智能论文数量的增加是《国家中长期科学和技术发展规划纲要（2006-2020年）》的出台以及政府为人工智能研究提供科研基金和其他一系列政策激励的结果。这些都说明在中国国情下，政府对人工智能的发展有着极强的引导和调节作用，因此，发挥政府引导作用对于人工智能发展不可或缺。二是要重视数据共享、成果共享，加强多方交流协作。2018年，我国数据量占全球数据量的23.4%，达到7.6ZB，预计到2025年将增至48.6ZB，成为最大数据国。[①] 各领域的海量数据和各平台的科技成果不仅为人工智能提供了深度学习训练的土壤，也为智能化应用提供了丰富的应用场景。三是要加快建设多层次科研主体创新平台，推动构建集人才配备、基础研究、技术攻坚和科研成果产业化发展全过程创新生态链，在合作中提升自主创新能力，在实践中强化科技成果转化能力。因此，人工智能发展不能仅为一家之力，多方参与、多平台发展建设更有利于促进人工智能行业发展形成良好生态、突破关键核心技术。

（三）培养"人工智能+X"复合型人才，为人才发展提供更多可能

人工智能时代，跨行业、跨学科、跨虚实的融合使培养"人工智能+X"的复合型人才成为必然趋势。"人工智能+X"指"人工智能+各行业"，但

---

① 资料来源于国际数据公司（IDC）发布的《IDC：2025年中国将拥有全球最大的数据圈》白皮书。

这并不是两者简单相加，而是让人工智能与各传统行业和新兴行业进行深度融合，创造新的发展生态。随着智能化发展，人工智能应用领域也不断拓展，在无人驾驶、可穿戴设备、智能金融、智能营销、智能家居、智能医疗、智能农业、智能教育等方面都得到了良好应用。这就要求高校在培养人工智能人才时，建立多路径的培养模式，探索深度融合的学科建设和人才培养新模式，提升人工智能领域人才培养水平。具体而言，一是注重复合学科建设。在兼顾素质教育和基础课程通识教育的同时打造特色专业课程并附以复合 X 课程，深化人工智能与基础科学、传统计算机科学、医学、教育学、哲学等相关学科的交叉融合，使学生既具有人工智能主干知识也具备跨学科的知识储备体系。二是注重复合人才培养。以产业行业人工智能应用为导向，借助"双师课堂"（学校教师与企业实操教师），深化校企合作和产教融合。使学生在掌握人工智能相关知识和技能的同时，能够有多元化的复合背景，兼备与行业岗位渗透融合的人工智能技术应用能力和职业素养，从而提升其个人竞争力和不可复制性，为学生就业与未来发展提供更多可能和更大空间。

后　记

　　《四川人才发展报告（2021~2023）》的编写，得到了四川省内外各界的支持、启发、帮助与指导。首先感谢中共四川省委组织部、中共四川省委政研室、中共四川省委网信办、成都市委组织部等部门领导以及西南财经大学领导的亲切关怀和大力支持，特别感谢四川省委网信办刘海燕处长、成都市委组织部阳夷部委等领导的赐稿；其次要感谢四川省社会科学院、电子科技大学、西南财经大学、西安铁路职业技术学院、四川中医药高等专科学校、共青团都江堰市委员会、全球化智库（CCG）、成都市双流中学九江实验学校、中稀广西稀土有限公司等多家单位参与本书编写工作的所有研究人员与工作人员。

　　此外，我们还要感谢社会科学文献出版社冀祥德社长，皮书出版分社邓泳红社长、陈颖副社长对本书的出版所提供的积极支持。

　　新冠疫情等因素给我们研究工作带来一定影响，使得本书出版工作有所延迟，在此深表歉意。鉴于本书撰写和编辑时间仓促，加之学识所限，书中各种疏漏、不足自然难免，在此欢迎社会各界批评指正，以使我们在未来的研究中加以改进与完善。衷心希望本书能为政府、企业、高校、科研院所及社会大众对四川人才发展状况的系统了解起到帮助作用，特别是对地方政府有所裨益，积极推动四川人才发展。

王辉耀　陈　涛

2023 年 10 月

图书在版编目（CIP）数据

四川人才发展报告 . 2021-2023 / 王辉耀，陈涛主编
. --北京：社会科学文献出版社，2023. 11
（中国人才研究丛书）
ISBN 978-7-5228-2598-4

Ⅰ . ①四… Ⅱ . ①王… ②陈… Ⅲ . ①人才-发展战
略-研究报告-四川-2021-2023 Ⅳ . ①C964. 2

中国国家版本馆 CIP 数据核字（2023）第 193291 号

中国人才研究丛书
四川人才发展报告（2021~2023）

主 编 / 王辉耀 陈 涛

出 版 人 / 冀祥德
组稿编辑 / 邓泳红
责任编辑 / 侯曦轩 陈 颖
责任印制 / 王京美

出 版 / 社会科学文献出版社 · 皮书出版分社 （010）59367127
地址：北京市北三环中路甲 29 号院华龙大厦 邮编：100029
网址：www. ssap. com. cn
发 行 / 社会科学文献出版社（010）59367028
印 装 / 三河市龙林印务有限公司

规 格 / 开 本：787mm×1092mm 1/16
印 张：19.75 字 数：298 千字
版 次 / 2023 年 11 月第 1 版 2023 年 11 月第 1 次印刷
书 号 / ISBN 978-7-5228-2598-4
定 价 / 128.00 元

读者服务电话：4008918866